科学不信の時代を問う

福島原発災害後の科学と社会

島薗 進(東京大学名誉教授)＋後藤弘子(千葉大学大学院教授)＋杉田 敦(法政大学教授)［編］

小林傳司・吉岡 斉・広渡清吾・寿楽浩太・藤垣裕子・吉川泰弘・
吉川弘之・鬼頭秀一・城山英明・舩橋晴俊

合同出版

故舩橋晴俊さんを偲んで――

もくじ

はじめに 【杉田　敦】 ……………………………………………………………………… **4**

第1部　原発災害への科学者の対応

1　もっと前から学んでおくべきだったこと
　：3.11 福島原発事故の後で　【小林傳司】 …………………………… **8**

2　放射線健康影響をめぐる科学の信頼喪失
　──福島原発の初期被曝線量推計を中心に　【島薗　進】 ………… **30**

3　大規模核災害における危機管理システム崩壊の教訓　【吉岡　斉】 ……… **54**

第2部　科学者の社会的責任

1　科学者コミュニティーと科学者の社会的責任　【広渡清吾】 ………… **80**

2　舩橋晴俊「「分立・従属モデル」から「統合・自律モデル」への
　転換のために」とその解説に代えて　【寿楽浩太】 …………………… **101**

3　科学者／技術者の社会的責任　【藤垣裕子】 ………………………… **122**

第3部　公共空間における科学技術

1　科学と社会──BSE 問題についての科学者の役割　【吉川泰弘】 ……… **142**

2　政策形成における科学者の役割　【吉川弘之】 ……………………… **156**

第4部　シンポジウム

「科学者はフクシマから何を学ぶのか?──科学と社会の関係の見直し」……… **208**

資料

提言　科学と社会のよりよい関係に向けて
　──福島原発災害後の信頼喪失を踏まえて ……………………………… **262**

あとがき　【島薗　進・後藤弘子】 ………………………………………… **290**

はじめに

　2011年3月11日の大地震とそれに続く原発事故の中で、科学者への信頼は地に堕ちた。17世紀以来の科学革命によって、森羅万象を科学が説明できるという「神話」が広まり、とりわけ現代においては、工学的な思考の浸透と共に、この世界を人間が隅々まで統御できるという知的ヒュブリス（驕慢）が横行するに至った。

　しかしながら、確率論にもとづく科学者たちのリスク計算を一笑に付すかのように、津波は原発に到達し、放射性物質が大地に舞った。以来五年余を経過してなお、事故の終息は見通せず、数万人の人びとが不安な避難生活を余儀なくされている。

　本書は、こうした危機を背景に、科学と社会の関係を再構築するための知的作業を進めるべく編まれた。その論点は多岐にわたり、本書の執筆者の間でも、議論のニュアンスはさまざまである。ここでは、本書で追究されている問題の中から、大きく三点を整理しておきたい。

　第一は、科学の自律性ないし中立性をめぐる議論である。科学者の研究活動に影響を与えるものとしては、政治権力や経済的な影響力などが考えられる。それら政府や市場による入力を断つことができれば、科学は自律的・中立的に展開できるという議論がある。しかし、これに対して、いかなる科学であれ、さまざまな影響力から完全に独立することはできないという考え方もある。権力に屈したり利益を求めたりする一部の悪質な科学者がいるから問題なのか、それとも、多かれ少なかれ影響力は発生するのであって、それをどう制御するかが問題なのか。

　第二は、科学の限界に関する議論である。一方では、科学の可能性についてきわめて高く見積もる議論がある。今回、津波の高さの予測や、原発に必要な安全対策については判断を誤ったとしても、それは例外であり、基本的に科学は高度の分析・予測能力をもつという立場がある。これに対して、科学が解明できることには限界があり、科学では解決できない「トランス・サイエンス」ともいうべき領域が残るという考え方もある。この論点は、社会に対して科学

4

がどう働きかけるべきかとも直結する。科学がすべてをとらえられるのなら、科学に対する人びとの疑問は感情的な反応か誤解にすぎないので、それに対して科学者が一方的に教育することが必要である。しかし、もしも科学に限界があるなら、科学者と市民が不断の対話を続けることが求められる。

　第三は、科学的な論点をめぐる熟議の仕方に関する議論である。科学者に「丸投げ」することができないとすれば、人びとの民主的な熟議が必要でとなる。そもそも、これまで社会は、本来科学者が判断できない領域、たとえば、原発にどれだけのコストをかけるべきかといった問題さえ、「専門家」たる科学者に委ねてきた。しかし、もはやそのようなやり方に合理性がないとすれば、リスクをどこまで負担するかといった実践的な問題について、人びとが決める以外にない。ただ、情報が不足した中で、反射的・非合理的な判断がなされてはならず、人びとが合理的な判断をするために、科学者がどのような役割を果たすべきかも問われる。

　日本学術会議では、震災・原発事故を受けて、さまざまな論点について審議・提言を行ってきた。第一部（人文社会系）の「福島原発災害後の科学と社会のあり方を問う分科会」では、上記のような諸論点にかかわる審議を 2012 年から 2014 年にかけて行った。本書は、そこでの審議内容と、同分科会が 2013 年 7 月に福島市で開催したシンポジウム「科学者はフクシマから何を学ぶのか？——科学と社会の関係の見直し」（本書に第 4 部として収載）とを下敷きにしている。分科会の審議結果は提言「科学と社会のよりよい関係に向けて——福島原発災害後の信頼喪失を踏まえて」（本書に資料として収載）という形で広く社会に向けて発信されたが、そこで展開しきれなかった論点を含めて、同分科会の関係者が改めて執筆したのが、本書の第 1 部から第 3 部までの部分である。哲学・科学技術社会論・社会学・法学・政治学の研究者に加えて、自然科学分野の指導的な研究者らも加わり、率直な問題提起がなされていることにご注目いただきたい。

　科学と社会とが建設的な関係を再構築するという課題に向けて、本書がその第一歩となることを期待しつつ。

2016 年 5 月

杉田　敦

第1部

原発災害への科学者の対応

1 もっと前から学んでおくべきだったこと ：3.11 福島原発事故の後で

大阪大学理事・副学長　**小林 傳司**

1. トランス・サイエンス状況

　1972 年に原子力工学者のアルヴィン・ワインバーグは「科学に問うことができても科学 [だけ：引用者補足] で答えられない問題」が増えていることを指摘し、それを「トランス・サイエンス」と呼んだ（Weinberg 1972）。そしていくつかの事例を挙げているが、とりわけ注目されるのは、低線量被曝の安全性判断の問題と原子炉の多重防護システムの信頼性の問題である。どちらもワインバーグの専門領域の事例であり、自らの研究生活での経験からこの概念を生み出したことが予想される。他にも、社会科学の予測能力の問題や科学技術政策における基礎研究と応用研究への資源配分の問題などが事例として挙げられており、それぞれ興味深い問題ではあるが、本稿では深入りすることは避けたい（小林 2007）。

　さて、この低線量被曝及び原子炉の多重防護システムの問題である。福島原発事故を経験したわれわれからすると、あたかも予言されていたかのような気分になる。低線量被曝に関しては、それが人体にどのような健康影響を与え得るかを科学的に解明するためには動物実験に頼るしかなく、実験を設計すると莫大な数のマウスが必要になり、実質的に実施不可能になるということが指摘されている。いわゆる、確定影響の生じる 100 ミリシーベルト以上とそれ以下の確率的影響の生じる範囲の区別は知られるようになったが、では 100 ミリシーベルト以下の場合、とりわけ 20 ミリシーベルト以下の場合、人体にどのような影響が出るかを明確に科学的に取り出すことは困難である。しかし政策的にはどこかで「線引き」をし、賠償金や帰還といった現実的行政判断の根拠

とせざるを得なくなる。この場面で科学は「解答」を与える能力を持たない。

　原子炉の多重防護システムの信頼性に関しては、以下のような議論がなされている。原子炉には多重の防護システムが装備されている。それらの防護システムが全て機能しなくなった場合には何が起こるであろうか。科学技術の専門家はこの問いに対しては答えが一致する。大変な原子炉暴走事故が生じると。では、このような多重防護システムが全て機能しなくなるような事故の生起確率はどの程度のものであろうか。ここでも科学技術の専門家の答えはほぼ一致する。「きわめて低い確率である」と。もちろんこの確率の計算においては、前提の置き方などに多様性が残るため、専門家の計算結果が完全に一致はしないであろう。しかし「きわめて低い」という定性的表現に対して異論はまず出ないであろう。

　問題は次のステップである。このくらい低い確率なのだから、事故の可能性はないと「みなしてよい」のか、それとも、いかに確率は低くとも万が一事故が発生した場合の被害は途方もない規模が予想されるのだから、更なる対策を検討すべきと考えるべきなのか、という問いになると、科学技術の専門家の意見は一致しない。ワインバーグはこの段階において、問題は科学を超えている（トランス）と主張する。そして、この段階で科学は解答を与える能力を失うというのである。

　ではどうするのか。ワインバーグの解答は単純明快である。「専門家だけで意思決定するな」である。原子炉の多重防護の問題で言えば、原子力の専門家「だけ」で判断してはならない。社会全体（当然一般市民も含む）で議論して決めるべきだというのである。もちろん、原子力の専門家以外の人々が参加する以上、原子力の専門家からするとあまりに無知で基礎的知識を欠いた発言が登場することは避けられない。原子力の専門家からすれば「非合理」に思える意見も出てくるであろう。でも、専門家はそれに耐えなければならない。専門家として明確に言える部分と不確実な部分とをきちんと表明し続けることが責務なのだ。そして、最終的にこの種の問題の判断は「社会が決める」という原則を専門家は受け入れなければならない。これがワインバーグの主張なのである。アメリカの民主主義はこういう原則の下に科学技術を扱うのであり、それが当時のソ連とは異なるアメリカの「良さ」なのだと言う。そして、ともすれば科学技術の専門家が陥る「傲慢さ」を戒めるように、ハロルド・ラスキの次のような言葉を引用して、論文を閉じている。

第１部　原発災害への科学者の対応　　9

……専門知識と高度な教育を受けた知性は、いずれも自らの限界を生み出してしまう。……専門知識は……強烈な経験によって常識が持つ洞察力を失う。……専門知識には、……一種の階級意識がある。その結果、専門家は自分の階級に……属さない証拠をすべて無視してしまいがちである。……人間の問題が関係する部分について、事柄の性質上純粋に事実に基づいてはいない判断を自ら下すたびに、特別な正当性が一切ない価値体系を持ち込んでいることに、専門家は気がつかない。(Weinberg 1972, p.222 強調は原文)

　この文言をみると、オルテガの「大衆」をめぐる議論を思い出す向きもあろう。科学者の専門分化の進行とともに、科学者は宇宙の総合的解釈といった課題に関心を持たず、狭い領域に関する専門知の蓄積にいそしむようになる。さらには、自分の専門領域以外のことについての無知を美徳とみなし、総合的解釈への関心を「ディレッタンティズム」と揶揄するにいたる。そしてこの「無知の知者」とも言うべき専門家が、専門領域を越えたあらゆる問題に対して支配権を振るおうとする。「踏み荒らす専門家」とでも言うべき存在。これこそが「大衆」の典型なのだというのがオルテガの論旨である（Ortega y Gasset 1929／邦訳 2002）。

　3.11 の際にわれわれが痛感したことは、このような専門家の振る舞いへの違和感であった。しかし、この専門家の傲慢さは単なる個人的パーソナリティーの問題ではなく、むしろ構造的にこういう専門家集団を生み出す、現代科学技術の存在様態と結びついているように思われる。

　さしあたり、本節では、「科学に問うことができても、科学（だけ）では答えることができない」トランス・サイエンス的問題の存在、その解決の方向性としての「社会的討議」という課題、そして専門家の構造的「傲慢さ」という論点を確認しておきたい。以下の節では、3.11 で顕在化したが、それ以前から実は気づかれていた（あるいは気づいておくべきだった）、科学技術と社会の界面に発生する問題群を提示し、ささやかな考察を加えたい。

2. 3.11 以前に語られていたこと

3.11 以前から地震や原発についてはさまざまなことが語られ議論されてき

た。さしあたり地震予知の話から始めよう。

　1995 年の阪神淡路大震災でいっそう明瞭になったことは、地震予知の困難さであり、また「関東大震災に耐えられる耐震基準」という言説、いわゆる安全神話の崩壊である。1989 年のサンフランシスコ地震や 1994 年のロサンジェルス地震の際、高速道路が倒壊したが、日本の専門家はこの「耐震基準」の厳しさゆえに、日本ではこのようなことは起こりえないと発言していたのであった。ちなみに 1995 年の阪神大震災のマグニチュードは 7.2 であり、関東大震災よりも小さかった。

　そもそも、日本の耐震基準は、関東大震災の際の東京の下町の不正確なゆれの記録に基づいて作成されたものであった。三浦半島や下田はもっとゆれが大きかったことは当時から知られていたのである。つまり、耐震基準は「東京の下町のゆれを関東大震災級と定義した場合の」という但し書き付きで当時の専門家には理解されていた。言い換えれば、地盤やその他の条件が異なれば話は変わるということである。

　この耐震基準は、当初は、今述べた「但し書き」付きで六大都市にのみ適用されていたが、徐々に全国に適用されるようになった。そして、「東京の下町を対象とした留保条件つきの耐震基準が、次第に「関東大震災級」に一般化され、全国どこでも、その基準さえ守れば「起こり得る最大級の地震でも大丈夫」だという確信に変わっていった。留保条件は忘れ去られ、確信は過信に近づいた」。（外岡　1997、247 ページ）

　また、耐震計算における「みなし」あるいはコンピュータの利用も、問題を増幅していた。コンピュータによる解析の際にはさまざまな「みなし」がなされている。これにより「机上の計算では分析が可能になるが、実際に建物がどう振動するかは、実際に地震が起きてみないとわからない。当初は「みなし」に過ぎないという約束事で出発しても、長い間に「みなし」が不動の原理として受け容れられてしまい、科学技術の進歩が妨げられてしまう」（外岡　1997、278 ページ）のであり、「技術者が傲慢になった過程は、コンピュータが安くなった時代に対応している」（外岡　1997、223 ページ）と外岡は述べている。

　地震の予知や対策に対するこのような反省的な議論は、他にもいくつもあったが、今回の東日本大震災に対して十分に生かされたようには見えない。例えば石橋克彦は「原発震災」を警告し、次のように述べていた。

第 1 部　原発災害への科学者の対応　　*11*

阪神・淡路大震災直後の衝撃をあらためて思い返していただきたい。関西には大地震はおこらないはずだった。日本の高速道路やビルは大地震で崩壊することはあり得ないはずだった。しかし、現実には地震が起こり、惨害が生じた。原発だけは将来も安全神話が成り立つという合理的な理由は何もない。（石橋、1997、724 ページ）

　また、高木仁三郎も阪神淡路大震災を踏まえて、1995 年の物理学会誌において以下のように警告していたのである。

　　……楽観論の積み重ねの上に築いてきた砂上の楼閣が音を立てて崩れたのが、阪神大震災の実際ではなかったか。その教訓に学ぶとすれば、「安全神話は成り立たない」事を前提にして、原発が地震に襲われて損傷を受けた場合の対策を考えておくのが現実的ではないだろうか。……（中略）
　　仮に、原子力容器や一時冷却材の主配管を直撃するような破損が生じなくても、給水配管の破断と緊急炉心冷却系の破壊、非常用ディーゼル発電機の起動失敗といった故障が重なれば、メルトダウンから大量の放射能放出にいたるだろう。（高木、1995、 820-1 ページ）

　念のため強調しておくが、この論文は 1995 年のものであって、2011 年ではない。
　実際のところ、地震の予知が困難であることは専門家の間で広く知られている。しかし、阪神淡路大震災を契機に「地震に関する調査研究の成果が国民や防災を担当する機関に十分に伝達され活用される体制になっていなかったという課題意識の下」設立された文部科学省の地震調査研究推進本部（以下「推進本部」）は、「長期評価」において将来の地震発生可能性を評価するとして数値を発表している^{（＊1）}。意図は理解できるが、そこでの説明は極めて曖昧と言わざるをえない。一例として、2011 年 1 月 1 日に推進本部が公表した「長期評価」の一部を以下に示しておこう。
　この数字を見て、3.11 の東日本大震災を予知できていたとか、できなかったといったことを論うつもりはない。むしろ問題にしたいのは、この数字をどう理解すべきかがわからないということである。推進本部の長期評価では、ここに挙げた 30 年以内とは別に、10 年以内と 50 年以内の確率も挙げられてい

表1　地震発生確率の例

30年以内発生確率（地震調査研究推進本部　2011年1月1日）

・宮城県沖　　　　　　M7.5前後　99%

・三陸沖南部　　　　　M7.7前後　80-90%

・福島県沖　　　　　　M7.4前後　7%以下

・東海地震　　　　　　M8前後　87%

る。当然予想されるように、10年以内の発生確率は小さく、50年以内の発生確率はより大きくなっている。

　推進本部のホームページには、この発生確率の数字の読み方について一般向けに説明が載せられているが、なかなか理解が困難である。まず、地震の規模や発生日時を正確に予測することは現在の地震学では不可能であることが述べられている。そして「同じ場所で同じような地震がほぼ規則的に繰り返す」という仮定にしたがって、過去の地震記録を統計的に処理したものがこれらの発生確率であると説明されている。その上で留意点として、地震が起こらない限り、時間の経過とともに発生確率が上昇すること、発生確率の算定においては不確定性が存在すること、さらに活断層で起きる地震は発生間隔が数千年程度と長いので、30年程度の期間における発生確率は小さくなると指摘されている。そして最後にだめを押すように、「地震発生確率が小さいように見えても、決して地震が発生しないことを意味してはいません」と記載されているのである。

　この説明はもちろん確率の理解として間違ってはいない。ただ、最後の文章を書くのであれば、何のために確率の数値を公表しているのかがわからなくなる。0%と100%の場合を除けば、地震は起こるときには起こるという話になってしまうからである。あえて言えば、この数値に基づいて、防災対策の予算配分の優先順位を決めることは可能かもしれない。何かの基準がなければ優先順位は決まらないからである。しかしそうだとすると、通常の意味での「地震発生確率」から連想される地震「予知」とはかなり異なる考え方ということになろう。いずれにせよ、3.11前の時点において、確率論的な表現の意味に

ついて、あるいはそれをもとにした意思決定の方法について、われわれはきちんとした理解を形成してこなかったというべきであろう^(*2)。そして、現在もこの点が改善されたとはいえないように思う。

　原発に関しても地震と同様の「安全神話」が存在していたが、3.11 を契機にそれが崩壊したと言われている。確かにその指摘は正しいと思われるが、同時に工学関係の専門家は一般市民がゼロリスクを求めていると想定した上で、工学的装置にはゼロリスクはありえないことを強調する言説を長年にわたって展開してきたことにも留意すべきである。つまり、「絶対安全」を言い募る専門家はそれほど多くはなかった。むしろ人びとを説得するための「方便」としてそのような物言いをしていたのではないかと思える。もちろん、だから許されるという話ではなく、きちんと説明していないこと自体が大問題であり、専門家の責任が問われる事柄である。

　工学系の専門家が繰り返し述べる、「一般市民はゼロリスクを求める」という言説は日本に限らず世界中で聞かれるものであるが、経験的研究によってこの一般市民のゼロリスク要求を証明したものは見たことがない。むしろ常識的に考えて、商売でリスクをとり、自動車保険をかけるのが常態の先進国の住民が、ナイーブにゼロリスクを要求するとは考えにくい。もしそのように見える事例があった場合、本当にゼロリスク要求をしているのか否かは、改めて研究する価値があるとさえ思える。しかしここではこの問題にこれ以上深入りせず、後段の主張「工学的装置にはゼロリスクはありえない」に注目しておこう。私はこの主張は正しいと考えるが、そこからどのような課題が生まれるかは、後で議論したい。

　ゼロリスクの論点とかかわるが、およそ全ての工学的装置にリスクが存在することを認めるならば、どの程度のリスクを受け入れるかに関してはメリットとの比較考量という判断が必要となる。そして、その判断を誰がどのように行うか、が問題になる。原子力発電所に関しては、3.11 以前から繰り返しその安全性をめぐって裁判が行われてきた。もちろん、被告となる国や電力会社が敗訴する事例はほとんどなかったが、それでも、これらの裁判を通じて、われわれの社会が原子力発電所のような巨大で複雑な工学的装置の持つリスクをどのように扱うかという問題に関して、興味深い論点が提示されていたのである（小林　2005）。

　例えば、原子炉の安全性をめぐって、その構造、各部分の材料特性、電気系

統の配線、炉の特性、燃料の特性など数限りない項目に関して、全てを把握できている単独の専門家などは存在しない。結局のところ、専門家「集団」によって原子力発電所は生み出され、運転され、維持されている。そこで生まれてくる言説は、専門家集団のベストエフォートというものである。例えば、名古屋高等裁判所金沢支部がもんじゅ行政訴訟において国の敗訴とした際に、当時の原子力安全委員会委員長・松浦祥次郎が述べた「当時として最高の専門家が、最高の審議をした」という発言などが典型である。行政側がベストの作業をしたのに、それを否定するような判決はけしからん、という意味である。

　ここには、工学装置などのリスクに関する判断は、専門家の裁量あるいは工学的判断に任されるべきだという思想が潜んでいる。事実、原子力安全委員会は原子力発電所の安全性にかかわる低確率事象に関しては以下のように述べていたのである。

　　　　原子炉のような潜在的危険性の高い工学的施設の安全確保を図るに際して、その設計の段階から講じておくべき手段は、個々の事象に関する発生の可能性に応じて決められるべきであり、また、それらの異常な状況や事象をどこまで仮定するかについては、高度な専門的知識をもとに判断され、その場合の事象想定には自ずと上限があるという工学的判断にもとづくものである。この考え方は世界的にも科学技術的にみて合理的な考え方であるとされている[*3]。(強調は引用者)

　また裁判所も、専門家の裁量を認める方向で以下のような見解を表明していたのである。

　　　　原子炉の設置許可の衝に当たる行政庁が、当該原子炉施設の安全性の審査において、種々の安全性のレベルのうち、どのレベルの安全性を持って許可相当の基準とするか、その線引きをするに当たっては、わが国の社会がどの程度の危険性であれば容認するかという観点を考慮に入れざるを得ないであろう。そうだとすると、右の判断においては、原子力行政の責任者である行政庁の専門技術的裁量にゆだねざるを得ない面があることは否定できないように思われる。(強調は引用者)(高橋、1993、55 ページ)

どちらの見解にも色濃く出ているのが、専門家中心主義である。工学の専門家（しかも「最高の専門家」）による「工学的判断」、「行政庁の専門技術的裁量」が疑問に付されることはなく、またその判断を補う仕組みの必要性という発想も見られない。ワインバーグは、科学だけでは答えが出ない問題に関しては社会的討議に委ねるべきであって、専門家だけで意思決定すべきではないと述べていた。日本にはこの発想はなかったのである[*4]。

結局のところ、3.11以前の日本において、阪神淡路大震災を経験していたにもかかわらず「安全神話」の危うさに対する真の反省はなく、さまざまな警告は無視されていた。また、確率論的な表現の意味をめぐる考察も真剣には行われず、専門家尊重という発想が無批判にまかり通っていたと言わざるを得ない。3.11はこれに冷や水を浴びせた。

3. 3.11が突きつけた問題

3.11の東日本大震災とそれに続く福島第一原子力発電所の事故は、巨大な事件であり、そこに含まれる論点は多岐にわたる。本稿でここまでに論じてきたことはその一部に過ぎない。本節ではここまでの議論を踏まえつつ、3.11が突きつけた問題について考察する。その際、これらの問題が3.11にまつわる一連の事件に固有の特殊なものではなく、むしろ現代社会に広く見られるタイプの、「科学技術と社会の界面に生じる問題」なのだということを指摘するつもりである。

3-1. 不確実性の扱い方

福島第一原子力発電所の電源喪失に関しては、地震と津波という自然災害がきっかけとなったことは周知のとおりである。そして送電塔の倒壊と配電盤及びディーゼル発電機の水没による全交流電源の喪失からメルトダウンを引き起こした。事故直後から、東京電力や原子力安全委員会、原子力保安院の津波対策や想定の不備が指摘された。

先に述べたように、石橋による「原発震災」という警告や、高木仁三郎の警告もあった。さらに貞観地震（869年）による巨大な津波についての警告もなされていた。これに対して、原子力工学関係者たちはどう対応したのであろうか。

16

これを考える上で興味深い記述が、東日本大震災時に東京電力福島第一原子力発電所の所長として事故対応の陣頭指揮を執った吉田昌郎へのインタビュー記録、「吉田調書」に残されている。原子力発電所関係者の中では、平成19年7月の中越沖地震が柏崎刈羽原発の設計の際の想定を超えた加速度を記録し、原子力発電所自体はスクラム停止したものの、緊急時対策室が大被害を受け変圧室に火災が生じたことから、原子力発電所の耐震性能の強化が課題になっていた。福島第一原子力発電所に免震重要棟（東日本大震災の際に吉田所長が指揮を執った建物）が整備されたのもこの地震がきっかけであった。そしてこのような対応と並行して、福島原子力発電所に関しては、津波の問題が提起されていた。

　吉田所長の聴取記録を見てみよう。前述の推進本部が従来の想定を超える津波の可能性を指摘していることに関して、吉田は、国と自治体の防災対策会議が何の対応もしていないと反論し、「学者さんたちが可能性あるよというのは幾らでも言えるんだけれども、ちゃんとものを設計したりだとかいうレベルまでなっているんですかと言うと、なっていないわけです。可能性を指摘しているだけの話ですから[*5]」と言っている。そして、津波の想定を変更し、対策を立てるためには、具体の設計をするための情報（例えばどこを波源として何メートルの津波が来ると想定するのかといった事項）が必要になる。さらに株式会社として、こういった対策費用を支出するための根拠も必要になる。こう指摘した吉田は、企業として対応策に乗り出すための根拠としては、「土木学会の検討結果」を待つという姿勢になっていたと述べている。つまりここには、地震と津波に関する科学的不確実性と経営判断の相克があり、その相克を解消するために土木学会による検討結果が必要となるという構造が見て取れるのである。平たく言えば「学会のお墨付き」がなければ企業として経営判断ができないタイプの問題だった、という主張である[*6]。

　したがって、政府事故調の地震の専門家が、少しでも可能性があるのであれば対策を採っておくべきだったと発言したことに対しては、吉田は語調を荒げて反論しているのである。

　質問者が「本当に［大津波が：引用者補足］来るかわからないけれども、今やれるところから、結局そこまでやっておかなくてもよかったとなったら、それはそれでいいではないかという感じで、いくつか対策をやってみるという」と問いかけると、吉田は「その辺は……学者さんの発想であって、要するに、

第1部　原発災害への科学者の対応　　*17*

設計が決まらなければデザインできないではないですか。それを、何をもって、ちょっとでもと。……実際に実務でものをつくる人間が、デザインベースをもらわなければ設計できないですよ。……こういう津波が来るよという具体的なモデルと波の形をもらえなければ、何の設計も出来ないわけです。ちょっとでもというのは、どこがちょっとなのだという話になるわけです」と応じている。

　ここには、工学的思考のエッセンスとも言うべき論点が潜んでいる。吉田が「学者さん」という揶揄するかのような表現を使ってまで反発を示しているのは、いわゆる「理学的思考」に対してなのである。工学的思考は、科学的正当性に加えて常に現実の社会の具体的な制約条件（経済性、時間、実行可能性）といったものを本質的成分として組み込みつつ展開される。理学的思考においては、あえて言えば、この種の制約条件は「外的」であり、できれば無視したい、あるいは本来あってはならない条件に過ぎない。理学的思考にとっては、真理の追究こそが至高の価値なのである。したがって、こういう理学的発想から、「ちょっとでも可能性があれば対応しておくべきだった」などと言われれば、工学的思考は何が「ちょっとでも」だと反発することになる。この論点は3.11の後広く知られるようになった班目原子力安全委員会委員長の発言につながる。

　2007年2月、静岡地裁における浜岡原発運転差し止め訴訟で、中部電力側の証人として出廷した班目春樹（東京大学教授：当時）は、原告側の非常用電源が全て失われる可能性を想定する必要はないのかという問いかけに対して、「ちょっと可能性がある。そういうものを全部組み合わせていたら、ものなんて絶対造れません」と証言した。これを踏まえて福島瑞穂議員は、2011年3月22日の参議院予算委員会において原子力安全委員会委員長の班目春樹を政府参考人として召喚し、「班目さん、2007年、平成19年2月16日、浜岡原子力発電所の裁判の証言で、非常用ディーゼル発電機が二個とも起動しない場合に大変なことになるのではないかと質問を受け、そのような事態は想定しない、そのような想定をしたのでは原発は造れない、だから割り切らなければ設計なんてできませんねと言っていますね。割り切った結果が今回の事故ではないですか」と問い質した。

　これに対して班目はこう答えている。「確かに割り切らなければ設計ができないというのは事実でございます。その割り切った割り切り方が正しくなかっ

たということも、われわれ十分反省してございます」と。福島第一原発事故を見てしまった現在、この発言は極めて無責任に感じられるかもしれない。しかし私は、論理的には、班目そしてひいては吉田の発言を無碍に非難・否定できないと考える。

　津波が来るか否か、どの程度の高さの津波が来るのか、外部電源の喪失が起こりえるのか否か、非常用ディーゼル発電機が全て起動しなくなる可能性があるのか、こういった事象は全て不確実でかつ低確率事象であろう。こういったものも含むありとあらゆる低確率事象を全て考慮に入れれば、班目の言うとおり、ものは設計できない。市場経済においては経営判断も必要になる。無限に資源を投入は出来ない。したがって、割り切らざるを得ない。「線引き問題」がここで発生している。ゼロリスクがないということは、低確率事象ではあっても生起確率ゼロではないということである。後知恵で批判することは容易である。確かに、今となってみれば、福島第一原発に対して更なる津波対策を施しておくべきであった。しかし、3.11以前の状況において、更なる対策を求める声をどう評価すべきだったのであろうか。土木学会のお墨付きなしに取り入れることができたであろうか。

　ワインバーグが指摘した、トランス・サイエンス的構造が明瞭に現れている。さしあたりここでは、このような問題群の判断を班目氏のような原子力工学関係の専門家集団に任せ、彼らが失敗したという状況において、彼ら専門家の判断（「割り切り」）の失敗を論難するだけでよいのだろうか。また、そもそも彼ら専門家集団にこの種の問題の判断を全面的に任せてよかったのだろうか、という問いを提起しておきたい。

3-2.「見逃し」あるいは「黙殺」の構造

　現代の先進国では、科学技術が関与する政策的課題は膨大であり、政府は多数の専門家を動員してさまざまな審議と意思決定を行っている。原子力行政に関しても多数の組織や審議会が存在し、さまざまな専門家が動員されてきた。先ほどの吉田調書でも、経営資源を津波対策に投入するためには土木学会の見解を必要としていたと反論していたように、専門家集団は正当な知としての専門知の提供と、さまざまな経営的、社会的意思決定の「正統性」の提供という二種類の役割を果たしている。

　この構造の中で、ともすれば忘れられがちな論点が2つある。1つは、課題

に対して十分な専門性を備えた適切な専門家を集めることに成功しているか否か、という論点である。もう1つは、専門家の見解が確定的ではない、あるいは異論が存在するという状況において、社会的意思決定の健全さはどうすれば確保できるのか、という論点である。

　最初の問いから始めよう。3.11の原発事故発生以降、官邸は次々と専門家を招き内閣官房参与に任命したことは周知のとおりである。原子力発電所の状況や事態の推移について、専門的知見を入手しようとしたのであった。今でこそ、事態は一応の収拾を見ており、当時の官邸の対応や招集した専門家の人選などに問題があったといった議論も可能になっている。しかしこのような議論は後知恵の典型というべきである。当時の官邸内では、今後事態がどう推移するかまったくと言っていいほどわからない状態において、さまざまな判断と意思決定をする必要があったのである。その状況に身をおいて、官邸の行動を評価しなければならない。

　実際のところ、当時官邸内で事故の対応に当たっていた下村内閣審議官は、インタビュー（2012年3月12日）に答えて、事件当時「政府として発表できるに足る確度の情報のあまりの少なさに、茫然としました。とにかく、元のデータがまず分からない。仕方なくデータを仮定しても、それが安全なのか危ないのかという評価が、科学者によってそれぞれ違う。仕方なく最も合意されている科学者たちの解釈に則ろう、と決めても、それに対する国民の受け止め方が、またそれぞれ違う。すべてがグラデーションの中だったんです」と述べている[*7]。どの専門家の意見に従えばよいかがわからない状態だったということである。

　われわれは通常、何か問題が起こった場合に、専門家を動員して解決を図ろうとする。しかし厄介なのは、一番適切な専門家が本当に動員できているか否かを、どうやって判断するかなのである。当該の問題に関する専門知のありようや専門家の分布を「俯瞰」出来ればいいことは確かである。しかし問題は本当に「俯瞰」出来ているかどうかの判断なのである。

　この論点は、20世紀末のイギリスにおけるBSE問題でも明らかになっていた。従来、スクレイピーとして羊などで発症することが知られていた海綿状脳症（今では「プリオン病」と総称される）が牛に発生した事件である。羊の場合には、他の種に感染はしないとされていた。牛の場合、牛肉という形で大量に人間の食料として利用されていたので、単に牛の奇病というだけではなく、

人間への感染も問題にされたのであった。当然イギリス政府は専門家委員会を作った。1988 年のことであった。

　問題は委員会の人選である。どうやって専門家を発見し、集めるか。極めてまれなプリオン病のしかも牛の事例に関して専門知を持っている人、さらに、食事などを通じての人間への感染の可能性に関する専門知を持っている人、こういう専門家はどこにいるのか、どうやって探せばいいのか。イギリスでは、農水省と日ごろから付き合いのある人脈を頼った人選と、有名大学の教授の動員という形で委員会が作られた。委員長はサウスウッド（Richard Southwood）・オクスフォード大学教授であった。彼は政府の保健・環境政策のアドバイザーでもあったが、専門は動物学、それも昆虫学であった。したがって彼にプリオン病に関する正面からの専門性が備わっていたわけではなかった。むしろ政府のアドバイザーという立場から委員長に就任したのだと思われる。

　いずれにせよ、このような場面で、適切な専門家を集めることは容易ではないし、またその人選の適切さを評価することも難しいのである。BSE 事件後に行われた事後検証調査（Phillips 委員会）では（＊8）、サウスウッド氏を長とした専門家委員会は当時のイギリスにおける BSE に関する専門家のベストの布陣とはいえなかったが、その割には良い仕事をしたと評価されている。問題が進行中の場合に、ベストの布陣を組むことは容易ではない。むしろ、ほとんど不可能というべきなのであろう。

　2 つ目の論点に移ろう。専門家の見解が確定的ではない、あるいは異論が存在するという状況において、社会的意思決定の健全さはどうすれば確保できるのか、という論点である。ここでもイギリスの BSE 事件が参考になる。以後の記述において、BSE を原発事故と、イギリス政府を日本政府と読み替えてみれば、BSE 事件と福島原発事故とがいかに相似的であるかがわかるであろう。

　BSE が発生したことに関して、政府から助言を求められたサウスウッド委員会は、食品行政や保健政策に関するいくつかの提言をまとめたが、中でも特に注目されたことは、人体への影響であった。この委員会の報告書ではこの点について「BSE の人間への感染はほぼ無いように思われる（appears remote）」と述べた。しかし同時に、報告書の末尾のあたりで、「BSE が人間の健康に何らかの影響を与えることはほとんど考えられない。しかしながら、こういった見積もりの評価が誤っていれば、結果は大変深刻なものとなるであろう。（強

調は引用者)」とも述べていた。当時、生物学の理論はBSEの原因や感染の実態について、明確に説明できる能力を持っていなかったのである。

　したがって、この結論は、サウスウッド委員会が現実に手にすることができている証拠やデータと、当時の理論的説明（不確実さを伴っていた）に照らし合わせた場合に、人体への影響はほぼ考えられないという判断をしているという意味で、条件文なのである。当然、前提となっている条件が変われば、その判断は変わり得る。より良いデータや新たな理論が登場すれば、結論は変わり得る。これは科学においては当たり前のことであり、サウスウッド委員会が報告書の末尾近くでこのような留保を記したのは、科学の立場からは極めて健全なことであった。

　科学がいつも正解を持っているというのは高校までの理科の世界だけである。むしろこう言ったほうがいいだろう。正解のわかっている事柄や、理論がすでに確立されていて今後そう簡単に否定されない事項だけが高校までの理科の教科書には書いてあるのだ、と。現実の研究はそうはいかない。数年もすれば理論や解釈が訂正されることはありふれたことであり、現時点での定説も仮説的な性格を完全に払拭できないことが多い。わからないことがあるから研究しているのである。

　しかし行政官は、具体的な政策や対策を必要としている。不確実さを伴ったままの政策や対策は採りにくい。明確な判断が欲しいのである。イギリス政府は、サウスウッド報告の末尾付近の留保は無視し、前半の「人間への感染はほぼ無いように思われる」という部分を繰り返し国民に宣伝したのであった。農業大臣は「サウスウッド報告をバイブルとみなしている。これ以上に優れた学識ある科学者グループはない」とまで述べていた。一流の科学者がこのような結論を出しているのに、それでも不安がる国民に対しては、それが情緒的で非合理な発想であると論難もしていたのである。しかし周知のとおり、事態は暗転した。1996年、イギリス政府は人間へのBSE感染を認めざるを得なくなったのである。

　先に触れた事後の検証委員会報告書には、「『牛肉は安全である』というメッセージを国民に発し続け、重要な情報を公表しなかった。……BSEが人間に感染しないという、イメージを国民に与えてしまった」と記されている。「重要な情報」とはもちろんサウスウッド委員会の報告書末尾付近に書かれていた留保のことである。

検証委員会の結論は極めて興味深い。

> BSE について、政府は国民に対して嘘をついてはいなかった。政府内では、BSE による人へのリスクは起こりえないものであると信じられていた。リスクがあり得ないものと信じていたがゆえに、政府は BSE に対する不安を煽るような過剰反応が起こるのを防ぐことに終始していた。この国民を安心させるためのキャンペーンが誤りであったことは、今となっては明らかである。BSE はおそらく人に感染していた、とした 1996 年 3 月 20 日付の政府発表に対して、国民は裏切られたと感じた。また、リスクに関する政府発表に対する信頼は、BSE 問題によって損なわれた[*9]。

　日本でも、原子力発電所の事故は起こり得ないと考えられていた。もちろんシビア・アクシデントに関して何も検討されていなかったわけではない。ただ、工学的判断として、およそ起こるとは考えられない低確率事象（「残余のリスク」と呼ばれる）とされていたのである。3.11 の際に政治家のみならず関係行政機関が大混乱を示したのは、端的に言って、事故を想定していなかったということによる。「原発の事故は起こりえないものと信じられていた」のではなかったか（吉井　2013）。
　しかし、BSE 事件にせよ福島原発事故にせよ、後になってみれば、さまざまな留保や警告は存在していたことに気づく。原子力発電所に関しては、先に説明した高木仁三郎の警告や石橋克彦の原発震災の議論などがあった。ではなぜこれが見逃されていったのであろうか。原子力工学者の北村正晴はこのような警告が無視されたことを「黙殺の構造」と呼び、その原因の解明なしに原発の再稼働に進むことのリスクが検討されるべきではないかと指摘している。政治学者の藤原帰一は福島原発事故から 2 カ月程たった頃に、「コンスピラシー・オブ・サイレンス……目前の状況から目を背け、不正の横行や危険の拡大を見逃してしまう。原発事故を前にして感じたのは、それだった。……原発反対派が極端な議論をもてあそぶ「変な人たち」という立場に追いやられてゆくのを前に、私は何もしなかった」と記している。[*10]
　そもそもわれわれは、後知恵としてではなく、（場合によっては一部のあるいは少数派の、あるいは反対派の）専門家の留保や警告を適切に取り上げ、活用することができるのであろうか。福島原発事故の後、「見逃し」や「黙殺」

を防ぐ手立てを見出したのであろうか。このような見逃しや黙殺の原因はさまざまである。行政官の論理と政策のためのアドバイスを求められた科学者の論理や発想の違いから生まれることもある（BSEの事例）。研究者集団主流派の慢心により、異論がまっとうな検討の対象とならないような構造が生み出されることもある（原発の事例）。研究者集団主流派による「正統化」がなければ、対策が見送られるといった経営判断もあり得る（津波対策の事例）。

　主流派の専門家が本当にベストな専門家なのか、彼らの判断は社会的意思決定においてどのように利用されるべきなのか、この問いは依然として未決にとどまっているのではないだろうか。知識が不確実であり、ベストの専門家を動員できている保証はなく、重要な留保や警告を見逃したり黙殺したりしかねない中で、社会的意思決定を行っている（場合がある、とさしあたり言っておこう）、という構造をわれわれは改善できるのだろうか。

4. 専門家の役割

　次に、専門家の役割について考えたい。考察の手がかりとして、リスク論の研究者、中西準子の所説を見てみよう（中西、2012）。彼女は3.11の後、科学的不確実性が存在する課題についての社会的意思決定の場面で、専門家はどういう役割を果たすべきか、を自問しているからである。

　中西は、「科学的に不確実な場合どうすべきかは政治家に任せる」という対応策は、「学者にとって楽な生き方」であり、学者が安全を保証することがおかしいというのも正論だと認める。この発想は、広く科学者に共有された「分業論」とでも呼ぶべきものである。つまり、科学者は真理の追究に専念し、客観的な事実を取り出す。社会的意思決定に際しては、真理や客観的な事実を意思決定者（政治）に判断の材料として提供する。意思決定の責任は当然政治にあり、科学にはない、という役割分業である。「科学の任務というものがあるとすると、それはさまざまな場面での選択肢を用意し、その選択肢がもたらすものを淡々と述べることにある。どの選択肢を選ぶべきかは科学が言うことではない」[*11]

　私は、多くの問題がこの分業で対応可能と考えている。しかし今回の福島原発事故をめぐる一連の事態から浮かび上がってきた問題は、まさにこの分業では対応しきれない問題、あるいは正確には、仮にこの分業が成り立った場合で

も、その先の意思決定はどうなされるべきかという問題なのであった。トランス・サイエンス的問題である[*12]。

　ここで中西は悩むのである。「社会的意思決定に学者は参加しなくてよいのか。……専門分野を越えていても、全体としてこうあるべきという意見を出すことが求められている」のではないか、と。さらにこうも指摘する。「全体の専門家はいない。部分だからこそ専門家」なのだ。「でも、やはり、専門のつなぎや、全体的な判断をすべて政治家や役所に任すことは出来ないと思うのです」

　この問題は、近年、「科学的助言」のあり方というテーマのもと世界中で議論されている。先述の、「最適な専門家の動員」ができるかどうかといった問題も、この議論の一部である。中西はここでは、専門家の分業を超えた、あるいは本来の専門家の守備範囲を超えた領域への進出をどう考えるかという問いを提起しているのである。実際、イギリスのBSE事件の際に専門家委員会を率いたサウスウッド教授は後年のインタビューに答えて「あの段階（1989年）において、もう少し強い規制をかけることを提言すべきだったかもしれないが、そのようなことをすれば、欧州の畜産業界に多大な打撃を与えることになると考えて、やめた」（強調は引用者）と述べている。動物学者それも昆虫学を専門とする人間が、政府の専門家委員会に召集され、「欧州の畜産業界」への影響という政策的な含みを持った判断を求められ、それに答えたということなのである。分業論から見れば、専門家の仕事からの逸脱ということになろう。では、専門家はどうすればよかったのであろうか。答えるべきではなかったということなのだろうか。その場合、誰が答えるべきだったのだろうか。

　中西はこの場面において、専門家ではありつつもその領域を踏み出す覚悟を示している。

　　　　……1つ1つは不確実なのです。そして、自分の専門で判断できる範囲は狭いのです。でも、全体を見て判断しなければなりません。その判断の基礎は、不確実性の大きな推論の結果なのですが、最後は「イエス」か「ノー」、またはその中間のどこかという答えしかないのです。行動を決めるわけですから、原子力をまったく認めない、原子力をどんどん進める、五〇：五〇にする、三〇：七〇にするなどの決定をしなければなりません。その時、日本中の研究者、学者がそのことの意思決定に研究者として参加

第1部　原発災害への科学者の対応　　25

しないということでいいでしょうか？　私は、それはダメだと思うのです。やはり、専門分野を含まない領域はあるが、全体としてこうあるべきという意見を出すことが、学者として求められています（中西、2012、10-11ページ）。

　勇気ある発言である。しかし中西も書いている通り、本当に専門外のことについて発言できるのかという懸念は残る。専門外のことについて発言する際には、もはや専門家ではない立場での発言になるのではないだろうか。だとすれば、発言の「義務」が専門家にだけ課せられる理由はないのではないだろうか。中西の主張は、ややもすると、専門家の特権としての発言義務にさえ聞こえかねない。全体の専門家はいない、と彼女は述べている。言い換えれば、すべての問題に関する専門家はいないということであろう。だとすれば、当該の問題の非専門家としての発言ということになるし、それは一般市民の数多ある発言の１つということになるのではないだろうか。
　私は中西の議論を揶揄しているのではない。まったく逆である。理想的な専門家像の議論として、傾聴に値するものだと考える。しかし問題は、現実に実行可能なのかという点にある。「部分だから専門家」という言葉は重い。少なくとも、日本の専門家育成システムにおいては、限られた分野を深掘りする能力の持ち主を育成することが基本であった。したがって、中西の議論は一人の専門家がいくつもの分野に手を出して頑張って、それぞれについての専門家になるという話に見える。スーパー専門家である。これは下手をすると英雄待望論になりかねない。
　私はやはりこれには無理があるように感じる。むしろ、私は専門家の類型を再考すべきではないかと考える。科学技術に限ったところで、専門家が全員ノーベル賞を目指しているわけではない。専門家には多様な役割が期待されており、実際に研究スタイルも評価基準も多様であるし、多様であってよい。ここでの問題に限って言えば、英雄的精神を持つ専門家の出現に過度に期待するよりは（出現自体を否定はしない）、媒介の専門家のような類型を考えて、その人材育成に取り組むべきではないかと思う。もちろん、このようなアイデアは新しいものではない。知のブローカーとか知のクリアリングハウスといった考え方は今までも繰り返し出てきている[*13]。
　専門家像の多様性や新たな役割についての詳細な議論は、稿を改めて論じる

ことにしたい。ただここでは、仮にそのような「媒介の専門家」が存在すると
しても、「やはりこの新たな「専門家」が最終の責任を負うのか？　負えるの
か？」という問いを提出しておきたい。そして「われわれは本当に、この新た
な専門家に判断を任せるのか、そして彼らの判断が間違った場合も納得するの
か」という問いも。

5. まとめに代えて

　本章では、東日本大震災と福島原発事故を含む近年の科学技術と社会の界面
での問題を「トランス・サイエンス」という視点から検討してみた。その結果
明らかになってきたことは、科学技術と社会の界面に生じるいくつかの厄介な
問題群を、従来の真理追究と社会的意思決定の分業モデルで扱うことが極めて
困難だということである。工学的構造物の安全性をめぐる設計上の割り切りや
安全対策への投資をめぐる経営判断の場面で露呈する「線引き問題」は、正解
のある科学知が容易に入手できているという前提が成り立たないところでの問
題なのである。したがって、ここでの線引きは、科学的に正しいか否かではな
く、政治的・社会的、経営的に「正しい」か否かに依存する。科学的正当性は
十全に機能できず、社会的、政治的、経営的「正統性」が焦点化する。

　つまり、この正統性は単純に科学的客観的な真理を引き合いに出して担保さ
れるのではなく、不確実な科学知を前提に、判断のための最適な専門家を動員
できているかどうかによって担保されざるを得なくなる。しかし当然のごと
く、認識論的に「本当に最適な」専門家の動員に成功しているかどうかは、せ
いぜいのところ後知恵でしかわからないし、場合によっては永遠にわからない
かもしれない。われわれがベストエフォートをしたと「納得できるか否か」の
問題になってしまうのである。そしてこの「納得」は科学的真理の動員（科学
的証明の提示）と同じではない。そのようなものが不可能な場面での「納得」
である。

　こうして、われわれは現代社会における科学技術の扱いを語る場面では、科
学的正しさをめぐる「認識論的語り口」よりも科学知の社会的活用をめぐる
「政治学的語り口」を磨く必要があることがわかるのである。科学知の社会的
活用において、科学技術の専門家の重要性は疑うべくもない。しかし科学技術
が絡む社会的意思決定のすべてを彼らに任せることはできなくなっている。こ

第 1 部　原発災害への科学者の対応　27

の場面で「媒介の専門家」が必要であることは論じたとおりであるが、しかし社会的意思決定を彼らに全面的にゆだねることは不可能ではないかと思う。現代社会における科学技術は専門家だけにゆだねるには重要すぎる。こうして、科学技術のシビリアンコントロールという課題が浮上する。社会は科学技術とどう付き合っていくのか、その覚悟が問われている。

【注】

* 1　http://www.jishin.go.jp/main/p_hyoka02_chouki.htm
* 2　地震発生確率に関して、数学者の立場から解説したものとしては、小林（2012）を参照。
* 3　「高速増殖原型炉「もんじゅ」に関する名古屋高等裁判所金沢支部の判決に係る原子力安全の技術的論点について」（平成 15 年 3 月 26 日原子力安全委員会決定）
* 4　交告（2014）は、司法が専門家の技術的専門性を尊重することの意味や条件に関する興味深い検討を行っている。
* 5　11 月 6 日吉田昌郎氏聴取結果書
　　（http://www.cas.go.jp/jp/genpatsujiko/hearing_koukai/348_349_koukai.pdf）
* 6　校正時に追加。添田（2014）によれば、推進本部の指摘した大津波の起こる確率に関して、電気事業連合会（電事連）は土木学会に低く見積もるように働きかけたという。電事連は低めの津波想定を「オーソライズ」するために土木学会を利用したように見える。したがって、本節の議論は抽象的には成立していると考えるが、具体の事例としての津波想定については、より深刻な論点、即ち「学会自体の正統性」という問題を内包していると言わざるを得ない。これは従来、「御用学者」の問題として議論されてきたことである。
* 7　http://getnews.jp/archives/174390
* 8　The BSE Inquiry,2000 年 10 月
　　（http://webarchive.nationalarchives.gov.uk/20060715141954/bseinquiry.gov.uk/）
* 9　ibid. Vol.1 p.xviii
* 10　藤原帰一「朝日新聞」2011 年 5 月 18 日夕刊
* 11　この立場を、ある意味、極めて明晰に提示したものが、石黒（2014）である。
* 12　このような問題の立て方については、ラベッツのポスト・ノーマル・サイエンス論も参照されたい。Ravetz（2006/ 邦訳 2010）
* 13　知識経営という視点からの議論としては、例えば野中郁次郎、紺野登（2003）など。また STS でもさまざまな議論がなされてきているが、最近では Harry Collins & Robert Evans（2009）などが、媒介の専門家に類似の概念として "interactional expertise" という概念を展開している。「つなぎの専門家」とでも呼べばよいのであろうか。日本では、科学技術振興機構の社会技術研究開発センターが「科学技術と人間」領域（領域総括：村上陽一郎、総括補佐：小林傳司）の領域成果報告書「関与者の拡大と専門家の新たな役割」において、専門家像の多様性や新たな役割を議論しているが、そこでも分野を超えたつなぎのできる専門家を育成することが提案されている（http://www.ristex.jp/result//science/pdf/20131128_1.pdf）。

■文献

石黒真木夫「科学情報、その送り方・受け取り方」「科学」、Vol.84, No.2, 2014
石橋克彦「原発震災」「科学」、Vol.67, No.10, 1997
交告尚史「原子力安全を巡る専門知と法思考」環境法研究創刊第一号、信山社、2014

小林傳司「もんじゅ訴訟から見た日本の原子力問題」藤垣裕子編『科学技術社会論の技法』東京大学出版会、2005
小林傳司『トランス・サイエンスの時代』NTT出版、2007
小林道正『デタラメにひそむ確率法則──地震発生確率87％の意味』岩波書店、2012
添田孝史『原発と大津波：警告を葬った人々』岩波書店、2014
外岡秀俊『地震と社会』みすず書房、1997
高木仁三郎「核施設と非常事態──地震対策の検証を中心に」日本物理学会誌 Vol.50,No.10,1995
高橋利文「伊方・福島第二原発訴訟最高裁判決」「ジュリスト」No.1017、1993
中西準子『リスクと向きあう：福島原発事故以後』中央公論社、2012
野中郁次郎、紺野登『知識創造の方法論』東洋経済新報社、2003
吉井英勝「3.11福島原発事故に責任を負うべき者にその自覚がないことは許されない」「科学」、Vol.83, No.2, 2013
Harry Collins & Robert Evans *Rethinking Expertise*,the University of Chicago Press,2009
Ortega y Gasset *La rebelión de las masas*、1929（寺田和夫訳『大衆の反逆』中公クラシックス、2002）
Ravetz, J. *No-Nonsense Guide to Science*, Verso, 2006（御代川貴久夫訳：『ラベッツ博士の科学論』こぶし書房、2010）
Weinberg,Alvin "Science and Trans-Science", *Minerva*,10,1972

■ URL
http://www.cas.go.jp/jp/genpatsujiko/hearing_koukai/348_349_koukai.pdf
http://www.ristex.jp/result//science/pdf/20131128_1.pdf
http://getnews.jp/archives/174390
http://webarchive.nationalarchives.gov.uk/20060715141954/bseinquiry.gov.uk/

2 放射線健康影響をめぐる科学の信頼喪失
——福島原発の初期被曝線量推計を中心に

上智大学神学部特任教授、
上智大学グリーフケア研究所所長　**島薗　進**

1.　科学の信頼喪失

科学技術白書が認める意識の変化

　巻末の「資料」に収録した「提言」にも引いてあるように、『平成24年度科学技術白書』は東日本大震災と福島原発災害後の国民の科学技術観が大きく変化したと見ている。「国民は科学技術に対し、非常に厳しい目で見ている。正に、科学技術（「科学及び技術」をいう。以下同じ）のありようが問われている」（「はじめに」）。そして、「科学技術に対する意識の変化」という項では、世論調査の結果を引き、「震災前は12～15%の国民が「科学者の話は信頼できる」としていたのに対して、震災後は約6%と半分以下にまで低下した」という。

　読売新聞系列の中央公論社が刊行する『中央公論』2012年4月号は、吉川弘之日本学術会議元会長、元東大総長の「科学者はフクシマから何を学んだか——地に墜ちた信頼を取り戻すために」という文章を掲載している。

　吉川氏は原発に関わる「技術開発に関わる科学者の責任の重大さ」について述べたあとで、「加えて、「放射能の人体への影響」について、「専門家」たちのさまざまな見解が飛び交ったことが、大きな混乱を招く結果になった」と述べている。

　　　放射能に関して言えば、それがどの程度人間の体に悪影響を及ぼすのかについて人類が蓄積したデータは、十分と言えるレベルにはない。広島、長崎や、チェルノブイリの結果を、そのまま横滑りさせることはできない。「持つ

ている範囲の情報」さえも、有効に活用されることはなかったのである。

放射線健康影響に関する科学の信頼喪失

また、『国会事故調報告書』（東京電力福島原子力発電所事故調査委員会）は、福島原発事故以前の放射線リスクの伝え方について、「放射線の安全性、利用のメリットのみを教えられ、放射線利用に伴うリスクについては教えられてこなかった」とし、まずそこに信頼喪失の原因があるとしている。事故後も放射線量の情報、また放射線が健康に及ぼす影響についての情報提供が不十分だったという。そのよい例は「文科省による環境放射線のモニタリングが住民に知らされなかったこと、学校の再開に向けて年間 20mSv を打ち出し、福島県の母親を中心に世の反発を浴びた」ことだ。

そしてこう述べる。「政府は「自分たちの地域がどれほどの放射線量で、それがどれだけ健康に」影響するのか」という切実な住民の疑問にいまだに応えていない。事故後に流されている情報の内容は事故以前と変化しておらず、児童・生徒に対してもその姿勢は同様である」。これは政府に対する批判として述べられているが、政府が全面的に情報提供や対策案の作成を頼って来た専門家にも向けられてしかるべきものである。

国会事故調の委員長は吉川弘之氏に続いて日本学術会議会長を務めた黒川清氏である。1997 年から 2006 年にわたって日本学術会議会長を務めた日本を代表するといってもよい 2 人の科学者（工学者と医学者）が、放射線健康影響の専門家の対応が不十分であり、多くの市民の信頼を失わざるをえないものだったことを認めているのだ。

意見が分かれ討議がなされない現状

吉川氏や黒川氏だけではない。多数の有能な科学部記者が所属し、日頃、経済発展に貢献する科学技術に多大な関心を寄せている日本経済新聞社にも同様な認識を持つ編集委員がいた。『日本経済新聞』は 2011 年 10 月 10 日号という早い時期に、滝順一編集委員の「科学者の信用どう取り戻す――真摯な論争で合意形成を」という記事を掲載している。その前半部は以下のようなものだ。

　　科学者の意見が分かれて誰を信じてよいのかわからず、途方に暮れる。そ

んな状態が人々の不安を助長し、科学者への不信を増殖する。いま最も深刻なのは低線量放射線の健康影響だ。

1カ月前、福島医科大学で放射線の専門家が集まる国際会議が開かれた。年間の被曝量が20ミリシーベルト以下なら過度な心配は要らない。集まった科学者の多くがそう口にした。「できるだけ低い線量を望む気持ちはわかるが、20ミリシーベルトを超える自然放射線の中で健康に暮らす人が世界には多数いる」と国際放射線防護委員会（ICRP）のアベル・ゴンザレス副委員長は話す。

年間100ミリシーベルト以下の被曝では、後々がんになる危険（晩発性リスク）が高まることを実証するデータはない。安全のためどれほど少なくてもリスクが存在すると仮定し被曝を避けるのが基本だが、喫煙などに比べてとりわけ大きな健康リスクがあるとは言えない。これが世界の主流をなすICRPの見解だが、強く批判する声がある。

低線量被曝の晩発性影響を語る基礎データは米軍による広島、長崎の被爆者調査から得られた。調査を受け継ぎ発展させてきたのは日米共同の放射線影響研究所だ。「ICRPも含め、核や原子力を使う側が設けた組織が示す基準が本当に信用できるのか」と東京大学の島薗進教授（宗教学）は疑いを投げかける。また、データは大勢の人の被曝状況と健康状態を追跡して統計的に割り出す疫学研究による貴重な成果だが、「細胞生物学やゲノム（全遺伝情報）など最新の知識を反映していない」と児玉龍彦・東大教授（内科学）は指摘する。

「真摯な論争で合意形成を」
そこで、滝氏はこう提案する。

> ICRPの見解を支持する科学者はこうした批判や挑戦に対し、国民に見える形で説明や反論する必要がある。批判する側も既存の基準に代わる目安を示してはいない。いま目にするのは、科学の論戦でなく、2陣営に分かれた非難のつぶての投げ合いのようだ。

滝氏は科学者は国民に分かるような反論を行い、討議を進めるべきだと論じている。だが、これまでの経緯を見ると放射線の健康影響の専門家がそうした

討議の場に出てくることができるのかどうか、大いに危ぶまれる。

滝氏は最後に「社会と科学のコミュニケーションは双方向であるべきだ。ICRPの基準は今なお安全を考えるよりどころである。科学者は専門性の高みから教え諭すのではなく対話の姿勢が要る。再び信認を得るためには」と述べている。

もう1人、現代日本哲学をリードしてきた人物にも登場していただこう。日本学術会議哲学委員会の委員長で、2012年3月まで東北大学副学長だった野家啓一氏の「実りある不一致のために」『学術の動向』（2012年5月号）という文章を参照したい。野家氏はこう述べる。「おそらく政府関係者にせよ専門科学者にせよ、念頭にあったのはパニックによる社会的混乱の防止ということであったに違いない。しかし、そこで目立ったのは、むしろエリートたちの混迷ぶりであった」「もどかしく思ったことは、原発事故から数ヶ月に被災者が最も知りたかった放射線被曝の人体への影響について、国民目線に立ったわかりやすいメッセージと説明が、皆無とは言わないまでも少なかったことである」

牧野淳一郎『原発事故と科学的方法』

天体物理学を専攻する牧野淳一郎（当時、東工大教授）は『原発事故と科学的方法』（岩波書店、2013年）の第3章を「専門家も政府も、みんな間違えた？——あるいは知っていて黙っていた？」と題し、こう述べている。

> 本章では、政府や電力会社といった、原発を政策として推進してきた側から、「中立」かもしれない科学者が、事故の規模について桁での過小評価をしてきたことをみました。
> なぜそういう間違いをしたのかは正直にいって私には理解しがたいですが、当時、間違いを指摘するのは困難であったことは理解できます。（中略）言い換えると、今回の事故の後の数週間に起こったことが私たちに教えてくれることは、私たちも、専門家も、また政府や電力会社といった当事者も、事故の規模についてあとからみて極めて信じ難いようなとんでもない過小評価をした、ということであり、原発事故のたびにこのような過小評価が繰り返されてきたということです。（54ページ）

そして、後の低線量放射線の健康影響の問題にもふれている。事故後、影響

が多岐かつ長期にわたり混乱が著しいという点では、この低線量放射線の健康影響の問題はたいへん重要だ。政府や福島県が政策決定や対策遂行や情報発信を委ねた科学者たちは、低線量放射線の健康影響はとるに足りないほど小さく健康影響はほとんど出ないだろうと言い続けてきている。それが妥当なものであるかどうか異論が多いが、異なる立場の間での討議が行われる機会はほとんどない。

　政府側に立つ科学者からは、異論を述べることを非難するような発言もなされた。これは原発災害への対策の広範な領域に関わることだが、住民はどの見解に従ったらよいのかとまどい、それぞれの選択が異なることによって対立・分断が生じることにもなった。こうしてこの問題をめぐる科学者への信頼喪失はますます深刻さを増していった。

甲状腺がん以外のがんではどうか？

　チェルノブイリでは、5年後頃から子どもの甲状腺がんが放射線の影響であることが否定できないようになってきた。牧野氏は「チェルノブイリの甲状腺がんの例では被曝量の推定も、ある被曝量でどれだけがんが増えるかの推定も、何倍も間違っていました。その結果、すさまじい過小評価になったのです」と述べている（87-88 ページ）。

> 同様な過小評価が、チェルノブイリでの甲状腺がん以外では本当に起こっていないのか、また福島ではどうなるのか、というのは、現在のところ答がでていない問題、ということになるでしょう。
> もちろん、政府や専門家の主張は、「甲状腺がん以外では実際統計的に有意な増加はみられていない」というものなのですが、しかし、ここで政府や専門家のいうことを信用して大丈夫か？　ということには、やはりある程度留保をつけたほうがよいように思います。なぜかはわからないのですが、原子力発電の安全に関する限り、政府や専門家はすぐにばれそうな嘘でも平気でいう、ということが実際に示されているからです（88-89 ページ）。

　「統計的に有意な増加はみられていない」という時に政府や専門家は WHO の報告書（2006 年）を持ち出すが、実はそこに書いてあるのはもっと微妙なことだ。

34

いろいろ書いてあるのですが、要するに

・汚染地帯ではさまざまな病気が増えていることは確実である。

・でも、この増え方は従来の疫学調査（おそらく広島・長崎での調査のことを指す）の結果に比べて多すぎる。

・だから、これは被曝そのものの影響ではなくて、ストレス、喫煙、飲酒などによるのかもしれない。

といっています。つまり、被曝の影響だとすると「従来の調査」に比べて多すぎるので、被曝の影響ではなくストレス、喫煙、飲酒などが原因であるかもしれない、といっているだけなのです。従来の調査、というのは、広島・長崎での被爆者の調査です。

一方、甲状腺がんでは、それが被曝の影響で増えた、と広く認められるまでには、被曝量の推定も、どれだけ被曝したらどれだけがんになる人がでるか、を表す比例係数も、間違っていたことになっています。

私には、WHO のレポートでとられている方法論は科学的とはいいがたいもののようにみえます」（90-91 ページ）。

　これはそのとおりだが、科学的にはとても妥当と言えないような推論を持ち出して、政治的に有利な結論を維持しようとしているのだ。これは一国の中だけの話ではなく、国際的な事態だ。原発をめぐる科学の信頼喪失は世界的な事態であり、今の日本ではそれが他国よりかなりはっきりと見えるようになっていると言えるだろう。確かに日本の科学者に特徴的な失態が多々見られる。だが、同時に、そこに世界の科学の危うさを映し出すものを見てもよいと思われる。日本の事態をよく理解することによって、明るい科学文明の見かけの背後にある現代世界の闇を明るみに出すことができるかもしれない。

2.　放射線防護対策の混乱

国連科学委員会の報告書の遅延

　日本の市民の科学者・専門家への不信は、福島原発事故後に多くの被災者が受けた衝撃的な事態によって急速に高まった。ここでは、事故後の放射線の防護のための対応策がきわめて不適切なものだったことについて見ていこう。

　2013 年 10 月に国連科学委員会（UNSCEAR）が国連総会に提出するはず

だった福島原発災害による被曝量の推計と健康影響の評価についての報告書
が、アウトラインだけのいわば暫定版に留まり、詳しいデータについては
2014年1月まで延期になった。その主な理由は被曝推計について異論が多
かったことによる。ウィーンで5月に行われた国連科学委員会のすぐ後にベ
ルギーの委員から批判がなされた他、国際的にも多くの批判がなされてきてい
る。（http://togetter.com/li/557946、http://togetter.com/li/583086、参照）

　こうした批判について紹介するゆとりがないが、ここでは2011年3月11
日に福島原発事故が発生してから後、数カ月の間に放射性物質の拡散による放
射線被曝線量の推計がどのようになされ、その結果がどのように公開されてき
たか、そしてそれらの推計が信頼性が薄いと考えられているのはなぜかについ
て述べていく。2014年4月に提出された国連科学委員会の報告書の決定版に
おいても、そのことが明らかにされることはなかったが、これは報告書に示さ
れる被曝線量評価を読む上で、きわめて重要な背景事実となるはずである。

WHOの報告書（2013年2月）との関係

　なお、国連科学委員会に先立ってWHO（世界保健機関）は2013年2月
に *Health risk assessment from the 2011 Great East Japan Earthquake and
Tsunami, based on a preliminary dose estimation* という報告書を公表してい
る。これについては、『朝日新聞』が「大半の福島県民では、がんが明らかに
増える可能性は低いと結論付けた。一方で、一部の地区の乳児は甲状腺がんの
リスクが生涯で約70％、白血病なども数％増加すると予測した。日本政府は、
「想定が、実際とかけ離れている」と不安を抱かないよう呼びかけた」（2013
年2月28日）と報道している。

　ここにあるように、このWHO報告書についてはリスクの過大評価である
という批判が日本政府からなされた。同じ記事は「環境省の前田彰久参事官
補佐は「線量推計の仮定が実際とかけ離れている。この報告書は未来予想図
ではない。この確率で絶対にがんになる、とは思わないで欲しい」と強調し
た」と報じている。また、WHOの担当者が過大評価かもしれないが「過小評
価よりも良い」と述べたとある。他方、過小評価であるという批判文書も出
された（アレックス・ローゼン（Alex Rosen）［医学博士　ドイツ・デュッセ
ルドルフ大学付属病院・小児科クリニック］「WHOのフクシマ大災害リポー
トの分析」IPPNW（核戦争防止国際医師会議）、2012年9月14日）http://

lucian.uchicago.edu/blogs/atomicage/2012/11/26/wh-report-analysis-by-alex-rosen/）が、それについては記事はふれていない。

　このWHO報告書のもう少し具体的なリスク評価に踏み込むと、「被曝線量が最も高いとされた浪江町の1歳女児は生涯で甲状腺がんの発生率が0.77％から1.29％へと68％、乳がんが5.53％から5.89％へと約6％、大腸がんなどの固形がんは29.04％から30.15％へと約4％増加、同町1歳男児は白血病が0.6％から0.64％へと約7％増加すると予測した」。また、「事故後15年では、1歳女児の甲状腺がんが浪江町で0.004％から0.037％へと約9倍、飯舘村で6倍になると予測した」（『朝日新聞』、2013年2月28日）とある。

　原文にあたって甲状腺被曝線量の評価を見ると、「福島県のもっとも大きな影響を受けた地域では、甲状腺線量の推定は10〜100mSvの範囲だが、例外的なある地点では、成人の甲状腺線量は1〜10mSvの範囲であり、他の例では、幼児の甲状腺線量の高い範囲は200mSvと推定されている」（p.39）と述べている。ただ表題にもあるように、この線量評価は「予備的」（preliminary）なものとされている。つまり、線量評価についてはこれから後になされるだろうと示唆されている。ここでは、さかんに線量は過小評価しないように「保守的に」見積もったと書かれている（p.38）。これは日本側の委員が強く要求したことが反映しているものだろう。

放医研の初期内部被曝線量調査の報道

　このWHO報告書には組み込まれていない初期被曝線量の評価が放医研（放射線医学総合研究所）のプロジェクトとして行われていた。これについて日本の国民が初めて詳しい内容に接する機会を得たのは、2013年1月のことである。1月27日に東京の国際交流会議場（お台場）で「第2回国際シンポジウム・東京電力福島第一原子力発電所事故における初期内部被曝線量の再構築」が行われたが、その内容について報道されたのだ。これは放射線医学総合研究所の主催によるもので、第1回は2012年の7月10日に放医研で行われている。第2回のシンポジウムについては、『朝日新聞』が「甲状腺被曝は30ミリ以下」原発事故巡り放医研推計」と題された報道を行った。（2013年1月27日）朝日の記事の主要な部分を書き抜くと以下のようになる。

　「放医研の栗原治・内部被ばく評価室長らは、甲状腺検査を受けた子ども1080人とセシウムの内部被曝検査を受けた成人約300人のデータから、体

第1部　原発災害への科学者の対応　*37*

内の放射性ヨウ素の濃度はセシウム 137 の 3 倍と仮定。飯舘村、川俣町、双葉町、浪江町などの住民約 3000 人のセシウムの内部被曝線量から、甲状腺被曝線量を推計した。最も高い飯舘村の 1 歳児でも 9 割は 30 ミリシーベルト以下、双葉町では 27 以下、それ以外の地区は 18 〜 2 以下だった。国際基準では、甲状腺がんを防ぐため、50 ミリシーベルトを超える被曝が想定される場合に安定ヨウ素剤をのむよう定めている」

この記事を見ると、このシンポジウムで報告された甲状腺被曝線量は、WHO 報告書よりもだいぶ値が低かったように読める。放医研の国際会議の約 1 カ月後に公表された WHO の報告書に対して、「日本政府は、「想定が、実際とかけ離れている」と不安を抱かないよう呼びかけた」と報じられたのは、放医研が WHO よりも甲状腺被曝線量を一段と低く推定しようとしており、その放医研の見方を政府が代弁したものと見ることができるだろう。

甲状腺被曝線量の推計について、次に大きな報道がなされたのは、2013 年 5 月にウィーンで行われた国連科学委員会の会議に関わるものだ『朝日新聞』の 2013 年 5 月 27 日の記事は、「チェルノブイリの 1 ／ 30 福島事故、国民全体の甲状腺被曝量 国連委報告案」と題されている。他新聞も類似の記事を出しており、放医研の関係者から意図的に流されたものと考えるのが妥当だろう。

国連科学委員会に日本から提出された放射線線量評価

朝日の記事を見ると、分かりにくい数字や説明がいくつか記されている。

1)「甲状腺は、原発 30 キロ圏外の 1 歳児が 33 〜 66、成人が 8 〜 24、30 キロ圏内の 1 歳児が 20 〜 82 ミリシーベルトで、いずれも、がんが増えるとされる 100 ミリ以下だった」。

2)「日本人全体の集団線量（事故後 10 年間）は、全身が 3 万 2000、甲状腺が 9 万 9000（人・シーベルト）と算出され、チェルノブイリ事故による旧ソ連や周辺国約 6 億人の集団線量のそれぞれ約 10 分の 1、約 30 分の 1 だった」。

3)「チェルノブイリ原発事故と比べて、放射性物質の放出量が少なかった上、日本では住民の避難や食品規制などの対策が比較的、迅速に取られたと指摘した。避難により、甲状腺の被曝が「最大 500 ミリシーベルト防げた人もいた」とした」。

38

1）については、WHOでは甲状腺がんが増えるだろうと予測されていたのに対し、増えないだろうとの予測を示唆しようとするものと読める。だが、2つのリスク評価のどこがどう異なるのかは分からない。2）については、日本の約1億人と旧ソ連や周辺国6億人とを比較することにどのような意味があるのか理解しにくい。だが、甲状腺の被曝量がチェルノブイリの1／30ならそれほど被害は出ないだろうと受け取るような印象を与えるものだ、3）はもっと分かりにくい。後から述べるように、福島原発災害では安定ヨウ素剤の配布と服用指示がほとんど行われなかった。被災者を放射線から守るための対策がうまくとれなかったのだが、ここでは「迅速に取られた」となっており、これもたいへん分かりにくい内容だ。

「事故初期のヨウ素等短半減期による内部被ばく線量評価調査」成果報告書
　この国連科学委員会に日本の放医研から提出された放射線線量評価の内容に、公衆が接することができるようになったのは、2013年8月20日のことである。NPO法人情報公開クリアリングハウスの情報開示請求により、2013年2月に放医研から出された「平成24年度原子力災害影響調査等事業「事故初期のヨウ素等短半減期による内部被ばく線量評価調査」成果報告書」等が公開されたのだ（http://clearinghouse.main.jp/wp/?p=774）。
　この「報告書」は2013年1月27日のシンポジウムの時にはすでにおおよそできあがっていたはずだ。また、5月の国連科学委員会のウィーン会議においては日本側から提示される最重要資料の1つだったはずだ。だが、それを国民が読むことができるようになったのは、ようやく2013年8月20日のことであり、それも情報開示請求を受けていわばしぶしぶ提示されたものである。国際機関に提示するために準備された資料だが、被災者のいのちと健康に直接かかわる資料でもある。それが数カ月も公表されなかったことは、科学のあり方という点からも、民主主義社会のあり方という点からも問い直されるべき事柄だろう。
　では、この「事故初期のヨウ素等短半減期による内部被ばく線量評価調査成果報告書」（以下、「ヨウ素等内部被ばく線量評価報告書」と略す）では、どのように内部被曝線量評価を行っているのか。
　まず、明白なのは初期放射線ヨウ素内部被曝の実測資料がきわめて少ないということだ。チェルノブイリ事故後、ソ連政府は20万人近くの子どもの甲状

第1部　原発災害への科学者の対応　*39*

腺検査を実施している。それに対して、放医研の「ヨウ素等内部被ばく線量評価報告書」で報告されている子どもの実測対象者は 1080 人だけである。

　どうしてかくも少ないのか。政府と福島県、そして放射線健康影響・被ばく医療に関わる科学者・専門家が積極的に取り組まなかったためであることは明白ともいえるが、具体的な事実経過によって示そう。

原子力安全委員会の追加検査要請拒否

　2012 年 2 月 21 日の『毎日新聞』は「＜甲状腺内部被ばく＞国が安全委の追加検査要請拒否」と題する記事を掲載した。記事の内容は以下のとおりだ。

　国の原子力災害対策本部（本部長・野田佳彦首相）が東京電力福島第一原発事故直後に実施した子供の甲状腺の内部被ばく検査で、基準値以下だが線量が高かった子供について内閣府原子力安全委員会からより精密な追加検査を求められながら、「地域社会に不安を与える」などの理由で実施に応じなかったことが分かった。専門家は「甲状腺被ばくの実態解明につながるデータが失われてしまった」と国の対応を問題視している。

　対策本部は昨年 3 月 26 〜 30 日、福島第一原発から 30 キロ圏外で被ばく線量が高い可能性のある地域で、0 〜 15 歳の子供計 1080 人に簡易式の検出器を使った甲状腺被ばく検査を実施した。

　安全委が設けた精密な追加検査が必要な基準（毎時 0.2 マイクロシーベルト）を超えた例はなかったが、福島県いわき市の子供 1 人が毎時 0.1 マイクロシーベルトと測定され、事故後の甲状腺の積算被ばく線量は 30 ミリシーベルト台と推定された。対策本部から調査結果を知らされた安全委は同 30 日、この子供の正確な線量を把握するため、より精密な被ばく量が分かる甲状腺モニターによる測定を求めた。安全委は「ヨウ素は半減期が短く、早期に調べないと事故の実態把握ができなくなるため測定を求めた」と説明する。

　しかし、対策本部は 4 月 1 日、（1）甲状腺モニターは約 1 トンと重く移動が困難、（2）測定のため子供に遠距離の移動を強いる、（3）本人や家族、地域社会に多大な不安といわれなき差別を与える恐れがある、として追加検査をしないことを決定した。

この記事を理解するには、まず 2011 年 3 月 26 〜 30 日に行われた検査は「簡易式の検出器」を用いたもので、その信頼性は低いと考える専門家が多いという事実を念頭に置く必要がある。これは飯舘村、川俣町、いわき市の 3 市町村の 1080 人の児童を対象としたものだが、「スクリーニング」を目的とし、サーベイメーターで検査が行われたものだ。スペクトロメーターで測ればかなり正確な数値が出るが、サーベイメーターでは危うい。バックグラウンドの線量とその子どもの内部被ばくの線量とを分けるのは容易でないからだ。

原子力災害対策本部のスクリーニング検査に対する厳しい評価

　これについて京都大学の今中哲二氏はすでに 2012 年夏の講演で、次のように述べている。(「今中哲二さんを囲んで共に考える」『市民研通信』第 13 号通巻 141 号 2012 年 8 月、http://archives.shiminkagaku.org/archives/imanaka-20120616-matome-20120806-2.pdf)

> 　私はこの頃ちょうど飯舘村に行った。28 日、飯舘村で 30 μ Sv/h あった。役場の前あたりで 6 μ Sv/h か 7 μ Sv/h、役場の中に入ると 0.5 ぐらい。
> 　彼らがどこで測ったかというと、飯舘村の公民館らしいのだが、公民館の建物はどう見ても役場より遮蔽はよくない。議長席の裏で測ったため、議長の厚い衝立席があって遮閉がきいていたということらしいが、どっちにしろ 0.5 ぐらいあったはず。原子力委員会の誰がまとめたのか知らないけれど、バックグラウンドが 0.5 あるときに 0.01 なんて話は無理。0.1 も無理。
> 　シャーシャーとこんなことを書く神経が私には知れない。よくよくこういう体質なんだと。一番の問題は初期被ばくで、僕は子どもの甲状腺はちゃんとやらなきゃいけないと思う。

　この検査の危うさについては、すでに「ふくしま集団疎開裁判」の法廷に提出された早川正美氏の報告書「放射性ヨウ素の初期被曝量推定について 」(2013 年 2 月 20 日、http://fukusima-sokai.blogspot.jp/2013/03/blog-post_18.html) でも指摘されている。そこでは、1) 今中氏が指摘している点に加えて、2)「スクリーニングレベル「0.2 μ Sv/h」は、人が吸入した直後、甲状腺残留量が最大の時に当てはまるもので、12 〜 16 日間もたって甲状腺残留量が減衰してしまった時点では、当てはまらない」、3)「被曝シナリオの

描き方ひとつで、もとめる内部被曝線量は大きく変わる。シナリオに恣意性はないのか?」という問題点も加えられている。

この1080人の子どもの検査について、今中氏はこうも述べている。「3月23日にSPEEDI(緊急時迅速放射能影響予測ネットワークシステム)が初めて出てきた。私はてっきりSPEEDIは地震でつぶれたかと思っていた。原子力屋にとってSPEEDIがあるのは常識。SPEEDIが出てきてどうも甲状腺被ばくの可能性があるという。あわてて原子力(安全――島薗注)委員会が指示して対策本部が千人ぐらい測った。それが3月の末」(前と同じ資料、http://archives.shiminkagaku.org/archives/imanaka-20120616-matome-20120806-2.pdf)。

安定ヨウ素剤の服用とその後の被曝量検査がどちらも行われなかった

3月23日にSPEEDIによる放射性ヨウ素の拡散予測が出たときのことについては、『朝日新聞』の「プロメテウスの罠 医師、前線へ」の「21 まさかの広範囲汚染」「22 聞く度に話変わった(2013年11月8日)」が注目すべき記事を載せている。安定ヨウ素剤の配布を行わなかったことに責めを負う、福島県の放射線リスクアドバイザーの山下俊一氏が「3月23日にスピーディの結果を見て、ありゃーと」「放射性物質があんなに広範囲に広がっていると思わなかった」と述べているのだ。

かなりの甲状腺被曝が懸念されるのであれば、安定ヨウ素剤を子どもたちに服用させることができなかったとしても、今後のために甲状腺内部被曝線量の計測をできるだけ正確に行うよう全力を尽くしてしかるべきだろう。原子力安全委員会の指示に従って、より精密な甲状腺内部被曝線量検査を行うのが、医療倫理にのっとってもおり、真実を尊ぶ科学的態度にのっとった行為でもなかっただろうか。

しかし、前述したように「対策本部は4月1日、(1)甲状腺モニターは約1トンと重く移動が困難(2)測定のため子供に遠距離の移動を強いる(3)本人や家族、地域社会に多大な不安といわれなき差別を与える恐れがあるとして追加検査をしないことを決定した」(『毎日新聞』2012年2月21日)。この段階でもできるだけ検査を進め、被曝線量の高い子どもにはその後の被曝を避けるようにすれば、子どもの甲状腺を守るのにある程度、貢献できただろう。だが、これに責任を負う山下俊一氏や放医研の緊急被曝医療の専門家は、それを行わなかったのだ。

災害時の科学者・研究者の責任

　先の『毎日新聞』記事には次のような記述もある。「対策本部被災者生活支援チーム医療班の福島靖正班長は「当時の詳しいやりとりは分からないが、最終的には関係者の合意でやらないことになった。今から考えればやったほうがよかった」と話す。安全委は「対策本部の対応には納得いかなかったが、領分を侵すと思い、これ以上主張しなかった」と説明する」。多くの専門家は進んだ検査をやっておくべきだったと考えている。行われなかったヨウ素剤服用について、責任を負う専門家が後に「服用指示すべきだった」と述べているのと同様だ。

　もし、より正確な検査を行っていれば、ヨウ素の内部被曝のより高い値が出ていたかもしれない。そうなれば、さまざまな措置をとらざるをえなくなっただろう。また、山下俊一氏や明石真言氏、また政府や福島県の責任者は、子どもたちの甲状腺を防護するための安定ヨウ素剤の服用指示という措置を取らなかった責めを問われることになるだろう。それらを避けたかったのだろうか。「地域社会に多大な不安といわれなき差別を与える恐れがある」というが、子どもの健康を守るという科学者や医師としての責務はどこへ行ったのだろうか。

　これから見ていくように、初期被曝の検査データがチェルノブイリと比べて圧倒的に少ないという事態は甲状腺に限定されない。だが、甲状腺の内部被曝のデータの欠如という事実は、問題のありかを如実に示してくれるよい例である。災害時の科学者・研究者の責任を考える際、注目すべき素材の1つだ。以下、もう少し甲状腺内部被曝線量の問題について考えていきたい。

　（なお、この節を書く際、cyborg001（@cyborg0012）さんの連続ツイート http://togetter.com/li/583189（及び、http://togetter.com/li/583186 http://togetter.com/li/583187 http://togetter.com/li/583193）から多くを学んでいる。また、宍戸俊則さんの「プロメテウスの罠」（朝日新聞）をめぐる連続ツイート　http://togetter.com/li/587634　（及び、http://togetter.com/li/587257　http://togetter.com/li/587941　http://togetter.com/li/588313）からも多くを教えられている）

第1部　原発災害への科学者の対応　43

3. 初期被曝線量が不明になったわけ

原子力安全委員会が否定する科学的有効性

すでに見てきたように、放射線ヨウ素の拡散がかなり高いものであることを推測させる SPEEDI 情報が 2011 年 3 月 23 日に出たのを受けて、3 月 26 ～ 30 日に飯舘村、川俣町、いわき市の 3 市町村の 1080 人の児童を対象とした「スクリーニング調査」が行われたが、その信頼性はきわめて低いものと見なされている。

これについては、早くから原子力安全委員会がくり返し確認している。たとえば、原子力安全委員会は 2011 年 9 月 9 日の「小児甲状腺被ばく調査結果に対する評価について」の「所見（2）」で次のように述べている。

> 今回の調査は、スクリーニングレベルを超えるものがいるかどうかを調べることが目的で実施された簡易モニタリングであり、測定値から被ばく線量に換算したり、健康影響やリスク評価したりすることは適切ではないと考える。

この「所見（2）」には 2 つの注がついている。1 つは「簡易モニタリング」に付されたもので、「「緊急被ばく医療ポケットブック」（平成 17 年 3 月、財団法人原子力安全協会）の「頸部甲状腺に沈着した放射線ヨウ素の測定」に基づく測定であり、「放射性ヨウ素の体内量のさらに精密な測定、医学的な診察等を行う二次被ばく医療のためのスクリーニング測定の一部として、行われます」とされている」とある。もう 1 つはこの「所見」全体に付されたもので、G.Tanaka and H.Kawamura, "Measurement of 131I in the human thyroid gland using a NaI（T1）scincilation survey meter," *J. Radiat. Res.*, 19, 78-84（1978）がこの調査の基礎となるものだ。この論文には以下のような内容が記されている。英語原文とともに引かれている「仮訳」をここに引用する。

> 実際の検査において直面する、この方法に伴ういくつかの不確かさを考慮すると、本方法による甲状腺におけるヨウ素 131 蓄積量の推定は、放射能汚染の "スクリーニング" の目的のために使用されるべきであり、そのデー

タはスクリーニングの第一段階の推定値とみなされる。より正確な測定は、ゲルマニウム（リチウム）検出器、あるいは、厳密に設定された条件下におけるホールボディカウンターを用いたさらに精密な技術によって実施されるべきである。

だからこそ、「小児甲状腺被ばく調査結果に対する評価について」は「所見（2）」に続いて「所見（3）」が付され、「今後は、福島県が実施する県民健康管理調査において 18 歳以下の全ての子供を対象に甲状腺検査が実施されるものと承知しており、原子力安全委員会は、将来にわたる健康影響について注視していきたいと考えている」と述べられている。これは、放射性ヨウ素の内部被曝線量については信頼できるデータがないので、県民健康管理調査で甲状腺がんがどのように出てくるかを見なくては、放射性ヨウ素被曝量がどれほどだったか分からないという判断を示したものだ。

スクリーニング検査の値を用いた判断の危うさ

原子力安全委員会のこうした判断は、今中哲二氏や早川正美氏の判断と両立できるものだろう。だが、原子力安全委員会がそう判断していたことは、国民に、また国際社会に明確に伝わっていない。マスメディアもそれを分かりやすく伝えることがなく、有識者もこのことについてよく知らなかったというのが実態だろう。

たとえば、物理学者の田崎晴明氏（学習院大学教授）はよく読まれている『やっかいな放射線と向き合って暮らしていくための基礎知識』（朝日出版社、2012 年 10 月）の第 7 章「さいごに」の 7.1「被曝による健康被害はどうなるのか」で「健康を害する人が目に見えて増えることもない（だろう）」と述べ、その理由を 2 つあげている。第 2 の理由は南相馬市で 2011 年の 9 月以降に行われたセシウムの内部被曝の調査によるもので、時期も遅く初期被曝線量を知るには間接的なデータであり、地域的にも線量が特に高い地域のものでもなく被検者も限定された人たちなので、重要度がやや落ちる。より重要なのは第 1 の理由である。

そう思う理由の 1 つは、4.1 節でも紹介した、2011 年 3 月末の福島でのヨウ素 131 による甲状腺被曝量のスクリーニング検査だ。これは決して精密

な検査ではないが、それでも、チェルノブイリの子供たちが受けたような大量の被曝は、今回の福島ではおきなかったことは、（かなり）はっきりした。ともかく、チェルノブイリよりは、ずっとよかったのだ。（114ページ）

　健康影響が「ずっと」少ないかどうかまだ分からないが、たとえ「ずっと」少ないとしても、「健康を害する人が目に見えて増えることもない（だろう）」とまで言えるだろうか。その第1の論拠が、科学的な信頼性が乏しいとされているスクリーニング検査であることは、全体として正確さを心がけ分かりやすく書かれている『やっかいな放射線と向き合って暮らしていくための基礎知識』の大きな弱点と言わなくてはならないだろう。

　なお、田崎氏があげる第1の理由の詳しい説明は、ウェブ上の「放射線と原子力発電所事故についてのできるだけ短くてわかりやすくて正確な解説」の「2011年3月の小児甲状腺被ばく調査について」（公開：2011年11月12日、最終更新日：2011年11月29日）http://www.gakushuin.ac.jp/~881791/housha/details/thyroidscreening.html　に見られる。そこでは、「健康を害する人が目に見えて増えることもない（だろう）」という判断をする上で、このスクリーニング調査がいかに重要であるかがひときわ強調されている。

　田崎氏は言う。この調査は、初期のヨウ素131による内部被ばくの程度を知るための、ほぼ唯一の情報源だ。さらに、「SPEEDIの計算結果を信頼するなら、日本中のどこであってもヨウ素131の内部被ばくによる小児甲状腺ガンの心配をする必要がないことを示してくれる実に貴重な（そして、うれしい）情報源なのである」と。この危ういデータが「ほぼ唯一の情報源」であるなら、「健康を害する人が目に見えて増えることもない（だろう）」との記述は慎重であるように見えながら、やや性急なものと言わざるをえないのではないだろうか。

弘前大学床次氏らの甲状腺内部被曝調査

　先に、「放医研の「ヨウ素等内部被ばく線量評価報告書」で報告されている子どもの実測対象者は約1100人だけである」と述べたが、ここまではそのうち1080人を対象とした調査について述べてきた。残りの数十人を対象とした調査はどのようなものだったか。

その１つは、弘前大学被ばく医療総合研究所の床次眞司氏らが 2011 年４月 12 〜 16 日に行った調査だ。計画的避難区域に指定された浪江町津島地区に残っていた 17 人と、南相馬市から福島市に避難していた 45 人の計 62 人について、住民や自治体の了解を得ながら甲状腺内の放射性ヨウ素 131 を測定したものだ。（他に鎌田七男氏による調査がある。http://togetter.com/li/300220）

　検査の対象となった浪江町の人々はどのような経験をしてきた人たちだったか。『河北新報』は「特集　神話の果てに――東北から問う原子力」の「第２部　迷走怠慢／ヨウ素被ばくを看過」（2012 年４月 21 日）で次のような被災者の家族の例をあげている。

　　　昨年３月 14 〜 15 日、男性の一家は原発の北西約 30 キロの浪江町津島地区に避難。子どもたちは 14 日に１時間ほど外で遊び、15 日は雨にもぬれた。浪江町民約 8000 人が避難した津島地区は線量が高かった。15 日夜の文部科学省の測定では毎時 270 〜 330 マイクロシーベルト。事故前の数千倍だった。
　　　15 日午後、南相馬市に移り、男性と家族が検査を受けると、測定機の針が振り切れた。数値は教えられず、服を洗うよう指示された。
　　　男性は「子どもたちがどれぐらい放射線を浴びたのか分からない。まめに健康検査を受けるしかない」と途方に暮れる。

　床次氏らの測定はたいへん重要な意義を持つものだったはずだ。だが、その調査は両地域合わせて 62 人という少人数で終わった。『毎日新聞』はこの経緯を 2012 年６月 14 日号で「福島原発：県が内部被ばく検査中止要請…弘前大に昨年４月」と題して報じている。

　それによると、床次氏らが測定した 62 人のうち３人は２度測定した。「検査の信頼性を高めるためには３桁の被験者が必要とされる。床次氏は、その後も継続検査の計画を立てていた。ところが県地域医療課から「環境の数値を測るのはいいが、人を測るのは不安をかき立てるからやめてほしい」と要請されたという」

　　　県の担当者は事実確認できないとしつつ「当時、各方面から調査が入り『不

第１部　原発災害への科学者の対応　47

安をあおる』との苦情もあった。各研究機関に『（調査は）慎重に』と要請
しており、弘前大もその1つだと思う」と説明。調査班は「きちんと検査
していれば事故の影響を正しく評価でき、住民も安心できたはずだ」と当
時の県の対応を疑問視している。

床次氏らの調査結果

　床次氏らの調査の結果については、2012年3月9日の『朝日新聞』に次の
ように報道されている。

> 事故直後の3月12日にヨウ素を吸い込み、被曝したという条件で計算する
> と、34人は20ミリシーベルト以下で、5人が、健康影響の予防策をとる
> 国際的な目安の50ミリシーベルトを超えていた。
> 最高は87ミリシーベルトで、事故後、浪江町に残っていた成人だった。2
> 番目に高かったのは77ミリシーベルトの成人で、福島市への避難前に同町
> 津島地区に2週間以上滞在していた。子どもの最高は47ミリシーベルト。
> 詳しい行動は不明だ。

　ところが、この数値は大幅に改定される。ヨウ素を吸い込んだ日時の想定を
変えたところ、大幅に数値が変わったという。2012年7月の共同通信配信記
事では次のようになっている。

> 弘前大被ばく医療総合研究所（青森県弘前市）の床次真司教授のグループ
> は12日、福島県の62人を対象に、東京電力福島第一原発事故で放出され
> た放射性ヨウ素による内部被ばく状況を調査したところ、最大で甲状腺に
> 33ミリシーベルトの被ばくをした人がいたと発表した。
> 62人のうち46人の甲状腺から放射性ヨウ素を検出したが、国際原子力機
> 関が甲状腺被ばくを防ぐため安定ヨウ素剤を飲む目安としている50ミリ
> シーベルトを超えた人はいなかった。
> 床次教授は3月、62人が昨年3月12日に被ばくしたと仮定し、最大で87
> ミリシーベルトの被ばくがあったと公表していたが、福島県飯舘村のモニ
> タリングデータに基づき、同月15日の午後1時〜同5時の間に被ばくした

と条件を修正、再解析した。

　条件を変えることによって、数値がだいぶ変化するが、そもそも調査対象人数が少ないのだからやむを得ないところだろう。ちなみに62人中、19歳以下の子どもは8人だけである。この調査結果が科学的なデータとして価値が低いものであることは明らかだろう。

放医研報告書の床次調査結果の利用の仕方
　かくも科学的信頼性の薄い床次氏の調査結果だが、放医研の「事故初期のヨウ素等短半減期による内部被ばく線量評価調査」報告書ではこれを用いている。しかも、そこには明らかに誤りがある。
　甲状腺の個人計測としては、原子力災害対策本部が2011年3月26〜30日に行った1080人のスクリーニング調査のデータを主なものとしているのだが、その他の計測の中で主たるものがこの床次氏らの調査である。ところが、その調査対象者を誤って記述している。小児甲状腺被曝のスクリーニング検査以外の甲状腺計測データとして、弘前大学が行った浪江町住民の測定がある。測定場所は浪江町津島であり、2011年4月12日から16日にかけて延べ62名に対する甲状腺計測が行われた」（p.9）とあるが、これは誤りである。実際は、浪江町津島地区に残っていた17人と、南相馬市から福島市に避難していた45人の計62人だからだ。
　さらに、この報告書は、これを第4章「初期内部被ばく線量推計」の中で、対象者のいた場所についての誤った前提のままで用いている。4.2.2「個人計測から得られた線量との比較」というところだ。ここでは、実測値が欠けている中で仮定に仮定を重ねて導き出した計算推定値と、ここまで見てきたスクリーニング検査によるたいへん危うい甲状腺内部被曝実測値による推定値を比較している。そこには次の記述がある。

　　　前述したスクリーニング検査以外に拡散シミュレーションと比較検証できる甲状腺計測の実測データは十分ではないが、例えば、浪江町住民を測定して得られた結果では甲状腺線量の最大値は33mSvであり、放射性プルームの到来期間中に東海村（茨城県）に滞在していた日本原子力研究会発機構職員の甲状腺線量は数mSvであった。（47ページ）

第1部　原発災害への科学者の対応　　*49*

この「浪江町住民を測定して得られた結果」の数値というところには注が付され、床次氏らの論文があげられている。しかし、床次氏の調査対象のうち、浪江町の住民は 17 人であとの 45 人は南相馬市の住民である。17 人の中から得た最大値ということにどれほどの意義があるのか、きわめて危ういものと言わなくてはならない。

甲状腺内部被曝線量を少なく印象づけようとする科学者？

以上、見てきたように、甲状腺内部被曝線量について、政府と福島県に協力する科学者・専門家たちが、（1）実測資料が残らないように調査を制限し、（2）限られたわずかな実測資料をできるだけ利用して、推定値が少なくなるような評価をしてきたのではないかと疑われる。

放医研の「事故初期のヨウ素等短半減期による内部被ばく線量評価調査」報告書は、実測値に関する限り、原子力安全委員会が被曝量推定に用いてはならないとする数値と、途中で調査をやめさせられたこともあってきわめて貧弱な資料に基づいてなされた推定値を（後者についてはしかも誤って）用いているのだ。

国連科学委員会が福島原発災害による初期内部被曝の推定を、日本の一群の科学者・専門家たちが行ってきたかくも危うい作業に基づいてするのであれば、その信頼性は著しく損なわれざるをえないだろう。

4. 科学が信頼を失ったのはなぜか？

「御用学者」「原子力村」

原子力や放射線健康影響を専門とする科学者を中心に、多くの科学者が危険は小さい、被害の可能性を過大評価してはいけないとの立場にそった発言や情報提示を行ってきた。公衆が知りたいはずの重要な情報が公開されなかったり、隠されたりしていると疑われることも少なくなかった。放射性物質を帯びた気流が地域に及ぶことを予測する情報が適切に伝えられなかったことについて、あるいは汚染水処理対策がひどく遅れたことについても科学者に責任があるとの見方がある。これは安全のための措置を注意深く準備し、万全の対策をとるという立場と対立する。

リスクの評価に際しては、過大評価することが大きなデメリットをもたらすので、そうならないような「リスクコミュニケーション」が必要だという。そ

50

してそれは、安全のためのコストを縮減することに通じるから、原発推進に資するものと考えられた。そのことが公言されることもあり、そうでなくてもそう受け止められるような組織的行動が多々なされてきた。そこで、「御用学者」とか「原子力村」という用語が用いられるようになった。

原子力工学や放射線健康影響の分野で政府側に立つ科学者たちは、原子力発電を推進するための政治・経済的組織と密接な関係をもっていると見なされている。たとえば、大学の原子力工学の講座のスタッフと関連業界や政府組織との人事交流は密接だった。また、放射線健康影響研究の分野では、電力会社の出資によって運営されている電力中央研究所が、低線量被曝の健康被害は小さいということを示す研究で大きな役割を果たしてきた（拙著『つくられた放射線「安全」論』河出書房新社、2013 年）。このように政治的に対立が生じている領域で、多大な利益関与を持ち大きな影響力を行使することができる機関や専門家集団が科学的な事実認定や評価に独占的な力を及ぼしているのではないかと疑われる事態が生じた。

開かれた討議の欠如

政府と科学者との関係のあり方が適切であるかどうかも問われることとなった。原子力開発や放射線健康影響に関わる分野の政府の審議においては、異なる立場の科学者や分野が異なる科学者（社会科学者や人文学者も含めて）がメンバーとなり、審議に加わることが積極的に行われていただろうか。また、審議の内容が公衆に見える開かれた討議と公論の形成に資するようなものになっていただろうか。大いに疑いを持たれている。議事録が欠如していたり、委ねられた審議をほとんどせずに意思表明を行うというような例も見られた。

また、異なる科学的見解があるにもかかわらず、対立する意見の一方が排除されているのではないかと疑われもした。たとえば、一方の立場の科学者の能力や業績が正当に評価され、同じ場で討議をすることができないでいるのではないかと疑われることがあった。異なる立場の科学者の間で討議が行われることが求められるのは科学において当然のことだが、それが行われない状態が続いていると疑われた。原子力工学においても、放射線健康影響の分野でもそのような事態が生じた。

科学は異なる知見が争い合うことによって発展してきたのであり、異なる知見の公表と自由な討議は大いに歓迎されるべきものだ。統一的な知見を提示で

きない場合、公共的な討議を経てどのような知見をどの程度、政策に反映する
かは政治的な判断に委ねられることともあるだろう。だが、その前提は一方の立
場が排除されるようなことがなく、公開の場で異なる立場の間の討議が行わ
れ、公衆が理解し判断するための素材が十分に得られる必要があるだろう。し
かし、2011年3月以降の状況はそのようになっていない。むしろそれを否定
するような知見も政府周辺から示されている。こうした開かれた討議の欠如は
科学の信頼喪失の大きな要因となった。

国際的な構造体と一体の科学領域

このような科学のあり方は、日本だけに特徴的なものではない。国連科学委
員会（UNSCEAR）、国際放射線防護委員会（ICRP）、国際原子力機関（IAEA）
といった機関が背後にあり、日本の科学者・専門家はこれらの機関に出入りす
る世界各国の原子力関係の科学者・専門家と密接に連携して行動している。そ
してその背後には、アメリカ、フランス、イギリス、ロシアなどの核大国が控
えている。もちろん各国の代表の中にはさまざまな立場の人がいる。しかし、
核大国の影響下にある主流は、原子力推進に都合がよい「科学的情報」を提示
することに熱心なのである。

そして科学者の国際組織も、原子力、とりわけ放射線健康影響分野では、国
際原子力ロビーの影響下にあり、国連科学委員会というような政治的な学術組
織をもって、できる限りの科学の政治的統制、方向付けを行おうとしている。
科学の国際的統御体制ともいうべきものがあるのだ。日本政府は1956年に科
学技術庁を設立し、1957年に放射線医学総合研究所（放医研）を置いて放射
線健康影響分野を統御する体制を基礎づけて以来、この国際的統御体制に積極
的に加担しようとしてきた。だが、日本のこの分野の科学者が当初からそれに
積極的だったわけではない。

これは放医研の第2代所長である塚本憲甫の伝記を読めばすぐに分かる（塚
本哲也『ガンと戦った昭和史』）。塚本は放医研所長として何度も国連科学委員
会の会議に参加するが、当初からその政治性に辟易している。そして、核大国
の科学者たちがその国家意思を強く主張する中で、何とか被爆国日本の主張を
示そうと努めた。1980年代以降ともなれば、放医研所長の見識がだいぶ異な
るものになるだろう。チェルノブイリ事故以後は原発推進国の中核国の1つ
として、国連科学委員会でも大きな役割を委ねられるようになってくる。

現代世界の闇を明るみに出す福島原発災害

国連科学委員会のような組織は、学術組織として特異なものである。政府によって指名された国家代表として科学的問題について論じあう。そしてそれが世界の権威ある標準的科学説として認められることになる。あらゆる人々に開かれている自由な知的探求としての科学とは異なるものだ。現代科学には政治的意志に従属するある領域が隠し込まれてきたのだ。これは現代世界の闇を照らし出す事柄の1つと言ってよいだろう。

福島原発災害は放射線の健康影響問題を通して、こうした現代世界の闇を露わにしようとしている。チェルノブイリ事故後にもそういう可能性はあった。しかし、チェルノブイリ事故の当事国は旧ソ連統治下にあり、そこで統制された科学が力をふるうことはさほど不思議なこととは思われなかっただろう。日本の場合はそうではない。自由主義陣営に属し、長期にわたって民主主義を維持する、世界に名だたる経済大国である。その日本でチェルノブイリ当事国にもまさるとも劣らぬ統制された科学者・専門家が力をふるい、そのために著しく信頼を失ったのだ。

アメリカ合衆国がその先頭になって作り上げてきた現在の世界の自由主義国家体制には多くの闇が隠されている。科学も哲学もその闇を担う当事者としての側面をもっている。そのことに十分に自覚的でありつつ、現代世界の科学・学術のあり方を明らかにしていく必要がある。それは現代の科学哲学、公共哲学、また倫理学の重い課題の1つではないだろうか。

> 付記：この稿は、「科学の信頼喪失と現代世界の闇」（名古屋哲学研究会編『哲学と現代』29号、2014年2月、4-25ページ）に加筆修正したものである。

■参考文献

今中哲二他「今中哲二さんを囲んで共に考える」『市民研通信』第13号通巻141号20

牧野淳一郎『原発事故と科学的方法』岩波書店、2013年

野家啓一「実りある不一致のために」『学術の動向』2012年5月号

島薗進『つくられた放射線「安全」論』河出書房新社、2013年8月

滝順一「科学者の信用どう取り戻す――真摯な論争で合意形成を」『日本経済新聞』2011年10月10日号

東京電力福島原子力発電所事故調査委員会『国会事故調報告書』徳間書店、2012年

塚本哲也『ガンと戦った昭和史――塚本憲甫と医師たち』上・下。文藝春秋社、1986年、文春文庫版、1995年

吉川弘之「科学者はフクシマから何を学んだか――地に墜ちた信頼を取り戻すために」『中央公論』2012年4月号

3 | 大規模核災害における
危機管理システム崩壊の教訓

九州大学教授 **吉岡 斉**

はじめに

　2011年3月11日に発生した福島原発事故に際して、日本の大規模核災害に対する危機管理システムが、ほとんど崩壊とも呼べるほどの深刻な機能障害を起こした。本章では、この危機管理システム機能障害の諸相について考察する。そうした機能障害の核心には、危機管理システムを円滑に動かすための情報授受の麻痺があった。それについて論ずるには、ディザスター・コミュニケーションという概念が有用である。

　本章は5つの節からなる。まず第1節では、ディザスター・コミュニケーションの考え方について簡単に説明する。次の第2節では、福島原発事故における危機管理失敗の実際について、主としてコミュニケーション障害の観点から整理する。さらに第3節では、原子力災害の影響を予測し危機管理関係者に通報する有力なツールである緊急時迅速放射能影響予測ネットワークシステムSPEEDI（System for Prediction of Environmental Emergency Dose Information）の、福島事故での活用失敗の経緯とその教訓について論ずる。第4節では、日本の大規模核災害に対する危機管理システムを、福島原発事故を踏まえて、どのように改革すべきかについて述べる。最後の第5節では、科学の失敗という観点から見た福島原発事故について基本的考察を加える。

1. ディザスター・コミュニケーション

1-1. 福島原発事故における事故対処失敗

日本の大規模核災害に対する危機管理システムは大きく分けて２つのサブシステムからなる。第１の要素は、災害の物理的な進行・拡大を食い止めるためのサブシステムである。それが有効に機能するには災害の発生源（福島原発事故では、東京電力福島第一原発敷地内とりわけ原子炉建屋内）の状況に関するリアルタイムの実態把握が必要である。第２の要素は、災害による人的被害を最小限に止めるためのサブシステムである。それが有効に機能するには原発敷地内だけでなく災害の被災地域全体（福島原発事故では、福島県のみならず関東・東北の広範囲に及ぶ）の状況に関するリアルタイムの実態把握が必要である。

　この危機管理システムが、福島原発事故において深刻な機能障害を起こした。そうした機能障害プロセスの核心部をなすのが、危機管理関係者の間でのディザスター・コミュニケーションの失敗だった。ここで危機管理関係者には、国民・住民の福祉に公共的責任を負う政府・地方自治体や、原発事故を引き起こした加害者である電力会社だけでなく、災害の影響を受ける国民・住民自身も含まれる。福島原発事故のように長期におよぶ大規模避難では、災害の影響範囲も広大となり、周辺住民だけでなく国民全体の行動いかんによって人的被害の度合いは大きく異なってくる。つまり国民・住民もまた否応なしに危機管理関係者として大規模災害に巻き込まれる。危機管理についての当事者意識が必要とされるゆえんである。なお本章での「国民」という用語には、日本国籍を持ち日本に在住する者だけでなく、日本に居住・滞在する外国人も含まれる。

1-2. アメリカの災害時緊急コミュニケーション（DEC）

　ディザスター・コミュニケーションという概念は、筆者が 2013 年から講演などで使い始め、出版物の中で用いるのは今回が初めての新語である。その意味について少々説明しておきたい。

　アメリカでは、「ディザスター・エマージェンシー・コミュニケーションズ」（災害時緊急コミュニケーション：DEC）という行政用語が、広く普及している。国土安全保障省 DHS（Department of Homeland Security）の傘下にある緊急事態管理庁 FEMA（Federal Emergency Management Agency）が、その業務を担当している。緊急事態管理庁 FEMA は 1979 年、スリーマイル島原発事故をうけて大統領直属の連邦機関として発足した。大規模災害に対しては

第 1 部　原発災害への科学者の対応　　55

連邦レベルで一元的に対処する必要があるというのが設置理由である。その現在の親組織である国土安全保障省DHSは、2001年9月11日の同時多発テロ事件をうけて、対テロリズムの機能を統合する組織として2003年に発足し、FEMAもそこに組み込まれることとなった。

　FEMA設立によって、災害対策の行政組織が縦割り行政を克服して一元化されたことは前進である。多くの行政組織が臨時に組織された災害対策本部のもとに結集し、それぞれの行政組織の縄張りに対応する役割分担のもとで災害対処活動をするという従来方式では、それぞれの行政組織の利害の調整が必要となり、対処の空白領域が生じたり、面倒な事案について縄張りの譲り合いが起きるなど、連携が円滑に行われないおそれがある。また情報伝達ネットワークが行政組織別に運用されていれば、その連携に齟齬が生ずる可能性がある。緊急時に全ての行政組織に関わる情報伝達や指揮命令を連結する常設組織があれば、そうした弊害が避けられる。

　緊急事態管理庁災害時緊急コミュニケーション部（FEMA Disaster Emergency Communications Division）がウェブサイトに公開している文書（October 28, 2009）によれば、災害時緊急コミュニケーション（DEC）は「コミュニケーションのインフラストラクチャが異常なほど損傷するか、又は失われている状況のもとで、事故をうまく管理するために決定的に重要な音声・データ・ビデオメッセージ・情報・イメージを、発信および受信する手段と方法である」。ここで発信・受信の主体としては全ての危機管理関係者が念頭に置かれている。筆者のディザスター・コミュニケーション概念の意味は、このアメリカ流の災害時緊急コミュニケーション（DEC）に準拠したもので、表現のみ簡潔にしたものである。

1-3. インターナル・コミュニケーション障害分析の意義

　このディザスター・コミュニケーションに似た言葉は2つある。1つはクライシス・コミュニケーションである。これは学術用語ではないので意味が定まっているわけではないが、企業等の組織が不祥事による打撃を回避するための、外部への広報宣伝の手法という意味で使われることが多い。またリスク・コミュニケーションという概念がアメリカでは1980年代から、日本でも1990年代から、産官学のリスクを論ずる人々の間で普及し、今日ではマスメディア等でも使われるなど準日常語的なものとなりつつある。しかしそれは一

般市民を主たる相手として、政府や企業がみずからの事業推進に同意してもらうために、専門的な研究者や実務家の協力を得て行う広報宣伝の手法を実際上は意味している。

クライシス・コミュニケーションおよびリスク・コミュニケーションという2つの用語に共通するのは、その主体として統治組織を設定し、その外部（一般市民を含む）に対する広報宣伝という文脈で、コミュニケーションを把握していることである。いわば「エクスターナル・コミュニケーション」の手法が主題となっている。しかし大規模災害時においては、統治機構や災害対処に責任を持つ組織（福島事故の場合は東京電力など）の内部での「インターナル・コミュニケーション」が混乱をきたし、それが指揮命令系統の混乱へと直結することが多い。

福島原発事故において危機管理システムが深刻な混乱をきたし、結果として放射能の大量放出に至り、またその犠牲者を最小化できなかったのは、主としてインターナル・コミュニケーションの障害ゆえである。「コミュニケーション」を専門とする研究者・実務家は、エクスターナル・コミュニケーションの調査研究もさることながら、インターナル・コミュニケーションの失敗・破綻とそのメカニズムを分析することに注力すべきである。

1-4. C4I システムとしての危機管理システム

災害対処活動は、軍事活動にたとえることができる。そこにおいて重要なのは、C4I システム（Command,Control,Communication,Computer,Intelligence system）と呼ばれるものである。C4ISR や C4ISTAR など項目を追加していく用語法もあるが、C4I は最大公約数的な表現として 1980 年代以降、世界的に定着している。これをあえて日本語に訳せば「指揮・管制・通信・電脳・諜報システム」となる。なお、人と人とのコミュニケーションだけでなく、人と機械とのコミュニケーションや、機械と機械とのコミュニケーションもまた、C4I システムに含めることができる。この概念は大規模核災害に転用できる。その危機管理システムにおける主要な要素は、C4I システムとして把握することができる。

ディザスター・コミュニケーションは、危機管理システムを適切に動かす上で中核的機能を担うものである。なぜなら危機管理システムはディザスター・コミュニケーション・システムに、指揮命令系統が合体したものとして理解で

第 1 部　原発災害への科学者の対応　　57

きるからである。前述のように国民・住民もまた、大規模核災害のような空間的にも時間的にも広範囲に及ぶ災害においては、否応なしにこのシステムの末端の構成要素となっている。国民・住民の適切な行動が被害の最小化のために必要不可欠である。国民・住民が統治機構の命令・指示・勧告等に対して従順であれば、被害が最小化できるわけでは決してない。統治機構の命令・指示・勧告等が被害の最小化の観点から最善であればよいのだが、もしそれが不適切であれば、無用の大きな被害がもたらされる。

　国民・住民が統治機構の命令・指示・勧告等に従わずに行動することを統治機構関係者は「パニック」と呼んで強く忌避するが、それは統治機構側の無知と傲慢の産物である。統治機構はそれほど賢くはない。また被害の最小化というミッション以外にも、種々の利害関係を背負っている。しかも緊急時においてはC4Iシステムそのものがカオス状態に陥る。

　そのような事態であっても国民・住民の自主的判断による行動が被害を低減させることは可能である。一般論として「パニック」は避けるべきことでは必ずしもない。「パニック」を恐れるあまり統治機構が情報秘匿や情報操作に走ることは一般論として賢明ではない。情報公開要求をあらかじめ封じるために、防災情報システムの機能を劣化させておくことは言語道断である。

2. 福島原発事故における危機管理失敗の実際

2-1. 福島原発事故前の核災害対処システムの制度設計

　福島原発事故では、原子力災害対策特別措置法（原災法）に規定される核災害対処C4Iシステムが、全体として深刻な機能障害を起こした。それが十分機能していれば、被害を大幅に軽減できた可能性がある。原災法は1999年9月の株式会社JCOウラン加工工場臨界事故を踏まえて同年12月に成立したものであり、今回の福島原発事故はその真価が検証される初めての機会となったが、システムはうまく機能しなかった。そうした機能障害の根本的な背景には、原災法における事故想定があまりにも小さかったという事情がある。それは国際原子力事象評価尺度（INES）でレベル5の米国スリーマイル島2号機事故（1979年）以下の事故を、制度設計の下敷きとしたものだった。ソ連チェルノブイリ4号機事故（1986年）は考慮外だった。

　福島原発事故前の原災法のスキームでは、首相官邸に設置される原子力災害

対策本部（以下、政府対策本部と略記）が災害対処の総司令部となり、首相が本部長となる。この政府対策本部の事務局をつとめるのが経済産業省原子力安全・保安院であり、緊急時には ERC（緊急時対応センター）を設置する。また関係各府省の幹部が政府対策本部に常駐し、各府省への指示が円滑に伝わるようにする。それが事故対策本部緊急参集チームである。内閣府原子力安全委員会も首相官邸をサポートすることとなっている。

このように政府対策本部はそれ自体としてひとつの組織系統をなしている。これを第1の組織系統（政府中枢組織系統）と呼ぶこととする。この政府中枢組織系統の他に、以下に述べるように災害対処のための2つの組織系統が作られる。合わせて3つの組織系統があることになる。

第2の組織系統は、原子力発電所など核施設の敷地内（オンサイト）での対処のためのもので、原子力発電会社（福島原発事故では東京電力本店）が政府対策本部の配下に置かれる。さらに本店の配下に福島第一原発の対策本部（以下、発電所対策本部と略記）が置かれる。発電所対策本部は通常は事務本館に置かれるが、地震で大破したため福島第一原発では付近の免震重要棟に設置された。最前線での対処活動は原子炉建屋の内部や周辺で行われ、その最前線基地として原子炉の中央制御室が活用された。

第3の組織系統は、やはり政府対策本部の配下に作られる緊急事態応急対策拠点施設（オフサイトセンター）であり、ここに核施設の敷地外（オフサイト）での災害対処の拠点が置かれる。そこに主要関係機関（政府、都道府県、市町村、自衛隊、警察、消防、原子力事業者等）の代表が結集して、現地対策本部を形作る。それが政府対策本部の指示を仰ぎつつ現地での災害対処活動を指揮することとなる。

福島原発事故では、今述べた3つの組織系統（政府中枢、オンサイト対処、オフサイト対処）がいずれも、期待された機能を果さなかった。

2-2. 政府中枢の機能障害

まず政府中枢組織系統における危機対処活動では、政府対策本部をサポートする事務局として、原子力安全・保安院がほとんど機能しなかった。原子力安全・保安院は福島原発事故の進展状況に関する詳細情報を東京電力から入手・解析し、それにもとづき具体的な災害対処施策を企画立案すべき使命を負っているが、肝心の事故進展状況に関する情報を能動的に入手しようとせず、東京

電力本店から受動的に情報を得るにとどまった。原子力安全・保安院からの情報は官邸の意思決定に役立てられることはなかった。原子力安全委員会は班目春樹委員長が事故初期には官邸に詰めて菅直人首相ら政府首脳にアドバイスを提供したが、一専門家としての参考意見にとどまり原子力安全委員会の組織としての意思決定サポートはなかった。

　首相官邸に詰めた東京電力の武黒一郎フェロー（元副社長）も、現場の状況を政府首脳に聞かれても東京電力本店との電話連絡によって得た伝聞を伝えることしかできなかった。さらには政府首脳の意思を忖度して福島第一原発1号機の海水注入冷却を停止させようとするなど（3月12日夜）、災害対処の足を引っ張る役割さえ演じた。首相官邸と東京電力本店との間の電話での意思疎通も困難をきたした。たとえば3月15日未明の福島第一原発からの東京電力の撤退をめぐる両者間のやりとりは混乱に満ちたものだった。

　このように法令に定められた政府中枢組織系統は、政府首脳へのサポート組織が総崩れとなった。そこで政府首脳は法令上イレギュラーな行動に踏み切ることとなった。機能が麻痺した政府サポート組織（原子力安全・保安院など）や東京電力本店の頭越しに、免震重要棟（発電所対策本部）と直接連絡をとることが度々に及んだ。極めつけは3月12日早朝、菅直人首相が陸上自衛隊のスーパーピューマ（要人輸送ヘリコプター）に乗って福島第一原発を訪れ、福島第一原発所長の吉田昌郎と会見し、格納容器ベント実施を要請したことである。中間組織を全てスキップして首相と事故最前線責任者とが、事故の最盛期に現地で直接会見するのは前代未聞という他はない。

　だがそれは中間組織が悉く機能障害に陥ったことの帰結であり、首相の行動を非難するには当たらない。もちろん福島第一原発滞在中に事態が急変し首相の生命・身体に危険が及んだ場合には、首相の現地視察は無謀な行動として歴史に名を刻んだであろう。またもし首相視察により原発事故対処活動や、原発以外の東日本大震災への対処活動に重要な支障をきたしていたならば、それもまた不適切な行為と判断されたことだろう。だが幸いにもそのようなことはなかった。

　福島原発事故時の首相官邸におけるもう1つのイレギュラーな事態は、官邸において多くの官房参与が任命され、あるいは正式の任命なしにアドバイスを依頼されたことである。そうした人々が意思決定に実質的に関与した。だがこれもまた法令に規定されたサポート体制がしっかり機能していなかったため、止むを得ず政府首脳が官房参与のアドバイスに依存することとなったものと考

えられる。

　さらなるイレギュラーな事態は、3月15日朝に東京電力本店地下に福島原子力発電所事故対策統合本部が設置されたことである。これにより政府・東京電力本店・免震重要棟の三者間のコミュニケーションは劇的に改善された。

　これらイレギュラーな事態は、法令に規定された正規のシステムが麻痺し、その応急的な埋め合わせのために発生したと考えられる。

2-3.　オンサイト対処の機能障害

　次にオンサイト組織系統における危機対処活動についていうと、発電所対策本部（免震重要棟）は、原子炉そのものの状態をはじめとして、福島第一原発の敷地内で進行中の事態を十分把握できなくなった。原子炉の状態に関しては、地震・津波による電源喪失により中央制御室（2基ごとに1室設置されている）の計器類（温度計、圧力計、水位計など）の多くが読めなくなった。たとえデータを読むことができた場合でもその数字は必ずしも信用できるものではなかった。とくに水位計は過酷事故時には必ず誤表示する構造を持つ欠陥品だった。マン・マシン・インターフェースに深刻な障害が発生したのである。

　原子炉の状態を確認するには作業員が直接現場に赴くことが必要となった。しかし作業員が現場に赴くこと自体が容易ではなかった。東日本大震災の地震・津波による建物や道路の破壊が大きく、現場への移動自体が大幅に制約されたからである。さらに1号機・3号機・4号機の原子炉建屋爆発による破壊がそれに加わった。加えて3月11日夜以降に1号機の原子炉建屋内が高濃度の放射能に汚染され始めたのを皮切りに、次第に敷地全体で放射能汚染が進んでいったため、作業員の行動が著しく制約されることとなった。そうした事態のなかで、免震重要棟を司令部とした事故対処活動は、原子炉施設の全体状況が把握できないまま、手探り状態で進めるしかなくなった。

　福島第一原発の免震重要棟と東京・新橋の東京電力本店との間には、テレビ会議システムが設置されており、地震・津波による機能停止もなかった。免震重要棟が東日本大震災の8カ月前の2010年5月に完成していなければ、オンサイトでの事故対処は実質的に不可能であり、それが東京電力及び日本国民にとって、最後の命綱となった。しかし東京電力本店が事故対処に関して、免震重要棟に対して有益なアドバイスを提供したケースがあったかどうかは寡聞にして知らない。

第1部　原発災害への科学者の対応　*61*

東京電力本店もまた、福島第一原発とテレビ会議システムで四六時中コミュニケーション可能だったにもかかわらず、事故進展状況についてリアルな危機感を免震重要棟と共有できず、その情報を的確に首相官邸に伝えることもできなかった。この状態は３月15日朝に東京電力本店地下に福島原子力発電所事故対策統合本部が設置されるまで解消されなかった。

2-4. オフサイト対処の機能障害

　第３のオフサイト対処の組織系統についていうと、その中枢にあるのは原子力災害合同対策協議会である。それは政府の原子力災害現地対策本部（経済産業副大臣が本部長をつとめる）、都道府県の現地対策本部、市町村の災害対策本部からなり、技術的助言者を置いている。原子力防災専門官（経済産業省、文部科学省）が常駐している。合同対策協議会では、警察・消防・自衛隊をはじめ種々の防災関係機関への指示や情報提供を行うとされている。ただしそこにおける指揮命令系統はあいまいで、関係者の合議による寄り合い所帯的な意思決定をする仕組みになっている。

　合同対策協議会が置かれる建物は、オフサイトセンターと呼ばれる。1999年のJCO事故をきっかけに原災法が制定され、その規定により核施設の周辺に設置が義務づけられることとなった。しかし大量の放射能を周辺に放出する核事故が起こるとは考えられていなかったため、多くは核施設に近接して建てられ、その仕様も通常の建物と何ら変わらないものだった。

　福島原発事故では、大熊町にあるオフサイトセンターがほぼ完全に機能しなかった。地震・津波による損壊を免れたものの、通信回線がほとんど失われた。非常電源の燃料切れのため一時停電に陥った。さらに移動の困難などにより周辺６市町村のうち要員を派遣できたのは地元の大熊町のみだった。それだけでなく、福島第一原発からわずか５キロの近接地にあったため高濃度の放射能に汚染され、３月15日に福島県庁（福島第一原発から60キロ遠方にある）への移転を余儀なくされた。

　オフサイトセンターが機能を喪失したために、政府、福島県、福島県内市町村、防災機関の間の連絡・調整は、個別の機関ごとに行われた。福島県では住民避難に際して病院・養護施設の患者・要介護者合わせて60名が死亡したが、中でも大熊町の双葉病院および同病院系列の介護老人保険施設ドーヴィル双葉だけで50名が犠牲となった。その原因は、福島県、大熊町、自衛隊などの防

災組織において双葉病院およびドーヴィル双葉に取り残された患者・要介護者に対する実態把握が遅れ、防災組織間および組織内のコミュニケーションも円滑に行われなかったことにある。

これについて政府の東京電力福島原子力発電所における事故評価・検証委員会（政府事故調）最終報告（2012 年 7 月）の「総括と提言」の章では、福島県の避難区域内の入院患者を把握する任務が複数の班にまたがり相互に確認しなかったこと、入院患者の多くが寝たきりの状態にあることが関係諸組織の間で共有されず多大な負担を患者に強いる結果となったこと、など多くの問題点が摘出されている（371 ～ 372、380 ～ 381 ページ）。

周辺住民への情報伝達が的確に行われなかったことも、オフサイト対処失敗の重要な一面である。周辺住民は深刻な情報欠乏状態に置かれた。それは地震・津波による通信網・放送網の麻痺のためだけでなく、政府の厳しい情報管理のためでもあった。周辺住民は居住地や避難先の汚染状況について、被曝したあとで知ることとなった。モニタリング・データや SPEEDI を活用して作成した汚染地図の公開も大幅に遅れた。そのため無用の被曝が住民にもたらされた。

原子炉施設の状態に関する情報の発表が極端に遅れたのも、今回の事故対処の特徴である。たとえば 3 月 12 日 15 時 36 分、福島第一原発 1 号機の原子炉建屋の上部が水素爆発とみられる爆発で吹き飛んだが、それによる放射能の放出量の見積りは 5 時間近くも公開されないままだった。その情報は周辺地域の人々だけでなく、首都圏を含む広範囲の人々の防災行動の判断のために死活的に重要だったにもかかわらず、公開されなかった。

もう一例あげると、事故の規模を意図的に過小評価する広報が、約 1 カ月にわたって続けられた。3 月 18 日夕刻までは福島原発事故の規模は INES レベル 4 とされた。これは 1999 年の JCO 事故と同じである。同日ようやくレベル 5（スリーマイル島事故と同じ）とされた。チェルノブイリ事故と同じレベル 7 だと政府が発表したのは事故発生から 1 カ月も後の 4 月 12 日だった。また炉心溶融や格納容器損傷についても、原子炉建屋を吹き飛ばす水素爆発や大量の地下水の高濃度放射能汚染などから、一定の専門知識を持つ者にとっては明らかなのに、政府はなかなか認めようとしなかった。

そうした情報公開の極端な遅れや、深刻な事態を公式に認めることをできる限り遅らせようとする態度の背景には、政府の失敗や無能さを指弾されるリスクのある情報については秘匿し、隠しおおせない場合でもほとぼりが冷めてか

第 1 部　原発災害への科学者の対応　*63*

ら公開するという、政府関係者の公共利益に反する病的な行動様式がある。不都合な真実に対しては「見て見ぬふりをする」態度がとられ、それが到底できそうにない場合でも、その場凌ぎの対策が講じられる。政策の実質的な合理性ではなく様式的な辻褄合わせが重んじられる。「不作為」による失敗については屁理屈をこねて弁解すれば何とかなるので強い誘因が働く一方、「作為」による失敗を冒すことは最も恐れられる。「作為」という事実にごまかしは効かないからである。とくに核事故進展中にこの行動様式が用いられる場合には損害拡大のリスクは高い。

3. 活用されなかった SPEEDI

3-1. SPEEDI と ERSS の概要

　緊急時迅速放射能影響予測ネットワークシステム SPEEDI（System for Prediction of Environmental Emergency Dose Information）は、放射能の大気中濃度や被曝線量などを、地形データ、放出源情報、気象データをもとに、スーパーコンピュータを用い迅速に予測するシステムである。このうち地形データはあらかじめ入力済みであるが、放出源情報、気象データはリアルタイムで入手する必要がある。その開発が始まったのは 1980 年である。1979 年の米国スリーマイル島原発 2 号機事故を受けて、日本原子力研究所（2005 年に核燃料サイクル開発機構と合併して日本原子力研究開発機構となり現在に至る）で開発が始まり、1985 年に最初のモデルが完成した。

　その運用は科学技術庁傘下の財団法人原子力安全技術センターが行うこととなった。同センターは中央省庁再編にともない 2001 年から文部科学省所管となった。1999 年の JCO 事故をきっかけに原子力災害対策特別措置法（原災法）が作られ、そこにおいて SPEEDI は防災計画の主要な要素として位置付けられた。SPEEDI は防災計画の具体的運用のための主要ツールとなった。

　原災法において、SPEEDI と一体的に運用すべきシステムとして位置付けられているのが緊急時対策支援システム ERSS（Emergency Response Support System）である。両者の一体的運用が法令上の大前提となっている。ERSS は日本原子力研究所ではなく、通産省の委託により、財団法人原子力工学試験センターによって 1987 年から開発が始まり、福島原発事故時は原子力安全・保安院傘下の原子力安全基盤機構（JNES）が運用していた。そのデータは原子

力安全委員会など主要関係機関はもとより全国の原子力発電所等のオフサイトセンターに対して常時伝送される仕組みとなっていた。

ERSS は米国の過酷事故解析コードで日本の電力業界でも広く用いられている MAAP コードを用いる（一方政府規制機関は伝統的に MELCOR コードを用いる）。ERSS はプラント情報表示システム、事故状態判断支援システム、解析予測システム、プラント事故挙動データシステム、画面表示システムの５つから構成されている。そのデータは SPEEDI と同じく、主要関係機関および全国の原子力発電所等のオフサイトセンターに対して常時伝送されていた。

原災法のもとで、科学技術庁系の SPEEDI と、通産省・電力系の ERSS が、ドッキングされる形で放射能拡散の予測システムが運用されていたことは注意に値する。こうした２つの省庁の顔を立て「二兎を追う」混血型システムに組み込まれる形で、SPEEDI は運用されることとなった。福島事故までに SPEEDI に投入された開発・運用経費は約 120 億円とされる。年間運用経費は約 10 億円となっていた。

SPEEDI の最大の弱点は相方となる ERSS が、そもそも仮想的な計算に依拠している上に MAAP をベースとしているための信頼性の低さである。福島原発事故でも浮き彫りになったように、コンピュータ解析コードを用いたシミュレーションは、原子炉事故の実際の進展を再現することができなかった。そのことは政府事故調最終報告 II 章に詳しく書かれているとおりである。気象条件の変化について確実な予知は不可能であるが、天気予報程度の信頼性は期待できるので SPEEDI は十分実用的である。天気予報においては決定論的な予測はできないが、確率論的な予測は可能である。確率論的に最も確からしい予測は的中しないかもしれないので、避難計画を実施する際には予測が外れる可能性を念頭に入れた措置を考えておく必要がある。

3-2. 「失明状態」に陥った SPEEDI

福島原発事故における防災活動において、SPEEDI から得られる情報が活用される機会はなかった。その背景には地震・津波と原子炉施設の電源喪失（1・2号機は全電源喪失、3・4号機は全交流電源喪失）という事情があった。まず停電により中央制御室の制御盤の計器類のデータが読めなくなり、原子炉の状態が把握できなくなった。これに伴い ERSS は機能を失った。しかもすでに福島第一原発から ERSS システム中枢に送るデータ通信網の電源が、地震の本震に

第 1 部　原発災害への科学者の対応　　65

よって損傷し、津波襲来前からデータを送れなくなっていた。SPEEDIは単独での活用を迫られた。

SPEEDIを単独で使うには、放射線モニタリングにより放射能の放出量とその推移をリアルタイムで見積る必要がある。それにより風下での放射能の拡散パターンを推定することができる。しかし福島第一原発とその周辺のモニタリングポストはほとんど全てダウンしてしまった。福島第一原発敷地内に設置されていた8台のモニタリングポストと、各号機に接続する14台の排気塔モニターは全て使用不能となった。また福島県が県内に設置した24台のモニタリングポストのうち23基が使用不能となった。（政府事故調中間報告249〜251ページ）。これによりSPEEDIを単独で使うためのインフラも崩壊した。その後の政府・福島県・東京電力によるモニタリングでは、モニタリングカーが用いられたが、その能力は著しく限られていた。SPEEDIはいわば「失明状態」に陥ったのである。

それでも単位量放出を仮定した予測結果を、SPEEDIははじき出すことができた。それにより原子炉で放射能が大量に放出されたとき、その後の風向きの変化を丁寧に記録すれば、放射能雲（プルーム）の移動パターンを予測することができ、被曝を最小化するための避難指示を発することが可能だった。これはSPEEDIの本来の能力からみれば、きわめて不十分ではあるが、それでも避難にとって有用な情報提供が可能であった。地形のデータはすでにSPEEDIに入っているので、風向きの推移に関するデータを入力すれば、どの場所にどの時刻にどのくらいの放射能が来るかのマップを瞬時に作ることができる。ただしその場合にSPEEDIに対して、放射能がいつ大量に放出されたかのデータを入力する必要がある。だがSPEEDIはそのような形で活用されることもなかった。つまりSPEEDIは全く役立たなかった。

3-3. 時機を失した SPEEDI 活用

福島事故が始まって以来、SPEEDIは単位量放出を仮定した予測結果を出力し続けていた。これについて政府事故調最終報告（2012年7月）の末尾にある「総括と提言」には、「放出源情報が得られない状況でも、SPEEDIにより単位量放出を仮定した予測結果を得ることは可能であり、現に得ていたのであるから、仮に単位量放出予測の情報が提供されていれば、各自治体及び住民は、より適切に避難のタイミングや避難の方向を選択できた可能性があったと言え

66

よう」（376 〜 378 ページ）という指摘がある。政府がそのような限定された形においてさえ、SPEEDI 情報の活用に失敗した原因として、以下の 3 点が考えられる。

第 1 に、核災害に対する危機管理システムが十分に機能しない中で、核災害の物理的な進行・拡大を食い止めるオンサイト対処に努力の大半が注がれ、オフサイト対処については 20 キロ圏外に住民を逃がすことのみに手一杯となり、20 キロ以遠の住民の避難の必要性や、賢い避難経路・避難時刻の選択といったことを考える余力がなくなっていたと考えられる。SPEEDI を運用していた文部科学省の主脳もそのような機転を働かさなかった。

第 2 に、SPEEDI データを防災に活用するための行政上のルールが整備されていなかった。誰が責任者となってどのような条件下でどのように運用するかの具体的ルールが不在であった。SPEEDI を所轄していたのは前述のように文部科学省傘下の原子力安全技術センターであり、危機管理システムの末端に位置していた。その存在すら、政府首脳の頭に入っていなかった中で、政府対策本部の事務局をつとめる原子力安全・保安院など原子力防災関係機関はいずれも、SPEEDI の活用を政府首脳に対して進言することがなかった。その結果として SPEEDI の単位量放出の計算結果は垂れ流しのまま放置状態となった。あげくは文部科学省（鈴木寛副大臣）が 3 月 16 日、防災へのデータ利用について原子力安全委員会（久住静代委員）に委ねてしまった。原子力安全・保安院に委ねなかったのは、SPEEDI 開発・運用の歴史的経緯から考えれば自然の流れであるが、危機管理システムの傍流から傍流への責任転嫁であった。

原子力安全委員会の行動は鈍く、「逆推定」の計算結果にもとづく汚染地図を出すのは 1 週間後の 3 月 23 日となった。これは時期を逸していたため避難には全く役立たなかった。3 月 18 日頃までには、地上モニタリングによって高濃度汚染地域の多くは特定されていた。また米国エネルギー省（DOE）による航空機モニタリング（地表面の放射性物質の蓄積状況を確認するため、航空機に高感度で大型の放射線検出器を搭載し、地上に蓄積した放射性物質からのガンマ線を広範囲かつ迅速に測定する手法）による福島第一原発周辺の汚染地図も描けていた。しかも航空機モニタリングは実測によるものであり、SPEEDI を用いた「逆推定」よりも信頼性が高かった。かくして SPEEDI の活用は時機を失した。

第 3 に、災害情報を国民・住民に対して秘匿しようという強い動機づけが

防災関係者の中で働いていた。今述べたような行政上のルール未整備も手伝って、SPEEDIデータは防災組織内部で垂れ流し状態のまま放置された。SPEEDIデータだけでなく、モニタリングカーによる実測データも最も必要な期間、国民・住民に対して秘匿された。危険情報が国民・住民に広く共有されてこそ、納得にもとづく円滑な避難が可能になるという考え方が、政府の防災関係者には欠けていた。

　幸いにも放射能雲（プルーム）の放射能濃度が、急性放射線障害を起こさせるような高濃度ではなかったため、SPEEDI活用の失敗が目に見える惨禍をもたらすことはなかった。しかしそれは結果論である。原子炉格納容器が大破壊を起こせば、福島事故を大幅に上回る放射能放出があり得た。そのときSPEEDI活用は死活的意義をもち得た。

4.　危機管理システム改革の課題

4-1.　危機対処能力向上の痕跡は見られず

　日本の原子力発電施設は事故後、定期検査により次々と停止し、2012年5月に稼働ゼロとなった。同年7月から2013年9月にかけて関西電力大飯3・4号機が稼働したが、その後原発稼働ゼロ状態が続いた。日本では2016年1月現在、3基の商業発電用原子炉しか稼働していない。だが政府・電力会社による原発再稼働の動きも進んでいる。再稼働を国民・住民に容認してもらうために原子力関係者は、安全確保に関わる法令や計画の見直しを進めてきた。2012年9月の原子力規制委員会設置法制定とそれにともなう原子力災害対策特別措置法（原災法）改正、同年10月の原子力災害対策指針改定、2013年7月の新規制基準策定などが主な変更点である。このうち危機管理システムに深く関わるのは新規制基準以外の2つ、つまり原災法改正と原子力災害対策指針改定である。しかし後者はもっぱらオフサイト対処に関するもので、危機管理中枢での対処や原子炉施設でのオンサイト対処については、原災法改正のみが関係している。

　ところが原災法改正の中身を検討してみると、福島原発事故の教訓はあまり活かされているように見えない。基本的に従来の仕組みが変わっていない。原子力安全・保安院と原子力安全委員会を母体として、原子力規制委員会が発足したのが唯一の重要な変更である。そのこと自体は推進と規制の分離という観

点からみて重要な改善ではあるが、メンバーは基本的に2つの旧組織と、原子力安全・保安院傘下の原子力安全基盤機構（JNES）から引き継いでいる。

しかし福島事故で浮き彫りになったことは、原子力安全・保安院、原子力安全委員会、東京電力本店の危機対処能力の低さであった。また福島事故で目立ったのは、組織間コミュニケーションの悪さだった。C4I システムが組織ごとに分割され、1つの組織（たとえば福島県、自衛隊など）の内部でも部署間コミュニケーションが混乱を来した。さらに福島第一原発のオンサイトにおいては全電源喪失、放射能汚染の進行、地震・津波・原子炉建屋爆発による施設全体の物理的破壊などにより、原子炉施設の全体状況の把握もままならなくなった。さらに私たちは、福島事故への対処スピードが全般的にきわめて緩慢であることを思い知らされた。それが世界全体に共通することなのか、それとも日本固有の緩慢さであるのか、にわかには判断できないが、事故進展スピードが事故対処スピード（筆者が政府事故調の現地調査で経験したところでは、戦場よりも工事現場を思わせるゆったりしたスピード）をはるかに凌駕しており、それが福島第一原発1・2・3・4号機の波状的破壊をもたらした。

そうしたことが抜本的に改められなければ、過酷事故が再発したときの国民・住民の安全は保障されない。こうした危機対処能力の不足は解消されない可能性が高い。なぜなら過酷事故に陥った核施設では、事故進展スピードはきわめて速くなることが多く、それを制御することは本質的に困難であり、とくに複数の原子炉が同時多発的に過酷事故に陥った場合には、事故対処はますます困難となるからである。だが 2012 年の原災法改正はそうした福島事故の本質的な教訓を深刻に受け止めた形跡がない。政府は福島原発事故において危機管理体制が深刻な麻痺に陥った原因と対策について第三者による専門的な調査・検証組織を設置して本格的検討を行うことなく、従来の方式を踏襲している。指揮管制通信システムの麻痺というのは、あらゆる危機管理において致命的結果をもたらすものであるため、独自の調査・検証組織を作ってしっかり解明すべき課題であるが、それを行わぬまま部分的改善を実施するに止めている。

改正された原災法は、縦割り型の防災行政組織など従来のシステムを維持することを前提として、実施可能な部分的改善を並べただけのように見える。たとえば福島事故で有効性が実証された政府と電力会社との対策統合本部を設置する方式には一言も言及がない。米国 FEMA のような省庁を設置し、対処活

動の一元化をはかるというアイデアも一顧だにされていない。オフサイトセンターにおける指揮命令系統も依然としてあいまいで、関係者の合議による寄り合い所帯的な意思決定の仕組みのままである。国際的な指揮管制通信支援システムを構築することについても何ら考慮されていない。福島原発事故では国際的な情報発信が大幅に遅れ、外国からのアドバイスや物資・機器等の提供にも支障を来した。その反省を踏まえた原災法の抜本的改正が必要だったし、今でもそうである。

4-2. 放射能拡散予測システムをいかに改善するか

すでに見たように、福島原発事故において放射能拡散予測システムは全く役に立たなかった。もし原子力発電所を再稼働する場合には、新たな過酷事故が発生する可能性は否定できないので、福島原発事故の教訓を踏まえた改善が必要である。その改善の急所となるのは以下の5点である。

第1に、放射線モニタリングシステムの抜本的強化が必要である。それが地震・津波および原子炉施設の全電源喪失によりほぼ全面的に機能停止したことが、SPEEDIを「失明状態」に陥れ、その運用に重大な障害をもたらしたからである。モニタリングポストの増設は不可欠である。地震・津波等の自然災害によるモニタリングポスト損傷を防ぐために、その立地条件や耐震基準を抜本的に見直さねばならない（重要度分類指針におけるSクラスは必須）。その電源喪失に備えた非常用予備電源の整備も必須である。そうしたモニタリングシステムの脆弱性を克服することは、それ自体として原子力防災にとって死活的に重要である。その徹底的な強化が結果として、SPEEDI運用のインフラを守ることにつながる。

第2に、航空機モニタリングによる放射線実測システムの整備も必要である。アメリカのエネルギー省（昔の原子力委員会の改組によって生まれた組織で、核エネルギー事業全般を所轄し、核兵器の開発・運用も行っている）がこのシステムを使っているのは、冷戦時代に核戦争を常時想定し、冷戦終結後も破壊工作を行おうとする人々（いわゆるテロリスト）による核攻撃リスクに直面する国として、核爆弾の爆発を想定しているからである。原子力発電所などの固定核施設では、放射能を放出する場所が決まっているので、それを取り囲むようにモニタリングシステムを構築すればよいが、核爆弾はいつどこで爆発するか分からない。いかなる場所でも迅速に放射能汚染状況を把握するために

は航空機モニタリングしか方法がない。日本では現在のところ、核爆弾がどこかで爆発する可能性は低いが、せっかく開発されたシステムなのだから日本でもシステムを構築し、緊急時に活用しない手はない。

第3に、SPEEDIが確実に運用できるようなシステムを構築する必要がある。福島事故前のSPEEDIは、前述のようにERSSと一体的に運用するものとされていたが、信頼性の低いERSSと切り離し、モニタリングシステムと一体的に運用する仕組みへと改める必要がある。また（機能停止を免れた）モニタリングポスト群のデータから、放射能の放出量を正確に評価するための工夫も必要である。

第4に、SPEEDIを用いた放射能拡散予測情報を、できるだけ迅速に国民・住民に周知させるための仕掛けが必要である。パソコンやスマートフォンを用いての情報提供は必須である。そうした電子機器を使わない人々への配慮も必要であるが、過酷事故という深刻な事態の中でSPEEDI情報の伝達にそこまで配慮するのは困難のように思われる。もちろん単に予測情報を公開するだけでなく、住民・国民の被害を最小化するための指示・勧告を根拠データを添えて出すことが必要であることは言うまでもない（たとえば台風情報も、根拠データを添えて出される）。

第5に、放射能拡散予測において、SPEEDIのようなシステムに全面的に依存することは賢明ではない。より簡単なハザードマップを住民・国民に提供し、風向・風速など気象条件によってどのような避難が最適なのかを判断する材料として、住民・国民に活用してもらうことなども効果的である。

4-3. 放射能拡散予測システムを退役させる愚かさ

放射能拡散予測システムは有用である。福島原発事故ではそれが全く役立てられなかったが、それは技術的にはモニタリングシステムの災害に対する脆弱性ゆえであり、その徹底的強化により放射能拡散予測システムは高い「視力」を常時保持することができ、危機管理に有用なツールとなるはずである。

にもかかわらず原子力規制委員会は2014年、放射能拡散予測システムを避難に活用しない方針を決めようとしている。その理由について原子力規制委員会原子力規制庁は2015年3月4日、原子力災害対策指針の改正に関わるパブリックコメント募集に際して、「東京電力株式会社福島第一原子力発電所事故の教訓を踏まえた防護措置とSPEEDIの運用について」というスライド資料

を公表した。そこには以下のような記述がある。「従来の考え方では、SPEEDI等によって推定できるとした予測線量をもとに、各防護措置について定められた個別の線量基準に照らして、どのような防護措置を講ずべきかをその都度判断するとしていた。しかしながら、こうした防護戦略は、実際には全く機能しなかった」。このような認識に立って原子力規制委員会は、SPEEDIを原子力防災のツールから外した。2015年度予算は前年度の約10兆円から約2兆円に減額され、数年後にはゼロになるのではないかと懸念されている。

だが原子力規制委員会のこの判断は重大な誤りである。SPEEDIが「全く機能しなかった」のは事実であるが、その主たる原因はモニタリングシステムの崩壊である。モニタリングシステムを徹底的に強化し、災害に対する脆弱性を解消すれば、SPEEDIは高い「視力」を確保でき、その能力を存分に発揮しうるのである。そしてモニタリングシステムの徹底的強化は、原発再稼働をする場合の絶対的な必要条件である。(なお引用文に「SPEEDI等」という表現があるが、そこには原子力規制委員会がERSSも含めているように読める。それは不適切な判断と言うしかない。予測的手法全般について論ずるのであれば、ERSSと切り離した形でSPEEDIの効用を考えるべきである)。

このスライド資料には、もうひとつ以下のような奇妙な記述が含まれている。「SPEEDI等の予測的手法によって、放射性物質の放出のタイミングや放出量、その影響の範囲が正確に予測されるとの前提に立って住民の避難を実施する等の考え方は危険であり、原子力規制委員会はそのような防護戦略はとらない。予測結果が現実と異なる可能性が常にある中で、避難行動中に放射性物質が放出した場合、かえって被ばく線量が増大する危険性がある」

このような考え方をとる防災関係者は人間失格である。不確実な状況の中では確率論的にベストの選択肢を選ぶのが賢明である。もちろんそれが的中しない可能性も少なからずあるが、避難者は的中することによる利益と、的中しないことによる損失を秤にかけて行動しなければならない。人の生命・健康を賭けた選択とはそういうものである。ところが原子力規制委員会は、的中しないことによる損失のみを特筆大書している。それは防災関係者として失格であるのみならず、「作為」による失敗だけは回避したいという官僚機構メンバーの価値観を図らずも露呈させる結果となっている。防災当局の「不作為」による国民・住民の大量被曝は懸念の対象ではないのである。

このような屁理屈を弄してまでSPEEDIを退役させることが、住民・国民の

原子力防災関係者への信頼を大きく損なっていることに、関係者は気づく必要がある。福島事故により国民の誰もがSPEEDIの存在を意識するようになった。今後、核災害が起こるたびにSPEEDIデータを即時に公開せよという要求が、マスメディアや諸団体から出されるであろう。そうした要求をかわすためにはSPEEDI自体を退役させるしかないと、原子力規制委員会が判断した可能性は否定できない。

5. 福島事故における科学の失敗

5-1. 科学不信とは何か

　本書のタイトルは『科学不信の時代を問う』であり、福島原発事故によって科学・科学者への国民の信頼が大きく低下したことを「科学不信」というキーワードで表現している。筆者はそれに賛成であるが、この章では今まで科学不信について明示的に論じてこなかったので、編者の求めに応じて最後に簡単にこの話題に言及したい。

　科学不信について語る場合、科学という言葉の意味を明確にしておく必要がある。科学研究は「科学的方法」として大方の研究者によって承認されている方法（専門分野や研究の性格によって微妙に異なるので一律には定義できない）を用いて仮説を検証する行為であり、第三者によって検証可能な客観的根拠を明示することが科学的仮説が科学理論となるための欠かせない要件である。

　しかし科学研究は本質的に、知識の未開地を開拓していく行為であり、科学理論といえども多かれ少なかれ論争の余地を抱えている。その根拠は決して磐石ではなく、大なり小なり根拠不十分である。科学理論はそれなりの検証を経ていても所詮は理論に過ぎず、その中から法則や原理まで昇り詰めるものはごく一部である。だからこそ研究する意義がある。不確実さの中の確実さを追及する行為が科学研究なのであり、磐石の確証を得た科学理論は教科書に載るようになり、もはや研究者の興味を惹く対象ではなくなる。

　だが公害・環境問題では多くの場合、汚染原因者を擁護する人々が、根拠不十分な仮説・理論に対して「科学的でない」と激しく攻撃するケースが見られる。それは汚染原因者の責任を免責するための場合が多い。それは公害・環境問題への科学的探求を妨害する役割を果す。このように科学的という言葉は手

第1部　原発災害への科学者の対応　　*73*

垢にまみれており、しばしば本来の意味とは正反対の意味に使われるので注意が必要である。

　福島原発事故によって日本国民の間で高まったといわれる科学不信にはさまざまの側面があるが、中でも重要なのは次の２つである。第１は、科学が現実問題の解明・解決に無力だという認識からくる科学不信である。第２は、科学的データ・情報や科学知識が、現実問題の解明・解決に潜在的に有効であるにもかかわらず、その能力が市民の利益のために発揮されないという認識からくる科学不信である。

　福島原発事故に際してはとくに後者の側面がクローズアップされた。しかし前者の側面についても地震・津波・火山噴火等の「予知」の本質的な困難さが再認識された。福島第一原発はいわば赤子のような無防備状態で巨大地震・津波に襲われたのである。なお福島原発事故では、無知・無能をさらけ出したり真実を語らなかったりする科学者が多数出現したが、国民の多くはそれを単なる個人的資質の問題ではなく構造的な問題として理解したのではないか。

5-2.　応用科学の問題

　医学や工学など「応用科学」とも呼ぶべき専門分野においては、解決すべき問題は実用的問題であり、その解決に科学知識や科学的方法が活用されることは疑いないが、実用的問題を科学的問題として定式化できるというのは妄想である。むしろ科学知識や科学的方法は、実用的目的を達成するための手段として位置付けられる。そして実用的目的にはもちろん政治的・経済的目的が深く浸透している。

　それゆえに「応用科学」は認識の構えからして政治・経済権力と結びつきやすい。いわゆる「基礎科学」にも同様の認識の構えが浸透してきている。そうした傾向は、科学と技術の間の距離が接近したといわれる現代世界において強まっていると考えられる。とくに日本では基礎科学も含め科学・技術全体に経済的イノベーションへの貢献が求められるようになっており、そうした傾向はますます強まっている。

　科学者は研究費を自分で稼ぎだすことはできず、ほぼ全面的に政府資金に依存しているので、真実に対して忠誠を心がけるだけでなく、スポンサーに対しても忠誠を心がけるものである。ときに両者は相反関係となる。とりわけ「応用科学」では学界と業界が一体化しており、また業界と政府が密接な関係にあ

74

ることが常である。たとえば原子力工学者が「原子力村」の住民であることは周知の事実であり、個人によって濃淡の差はあるが、それに相応しい行動様式をとる傾向があることは否定できない。

5-3. 科学の失敗

　福島原発事故への防災関係者の事故対処（事前、事後）には、多くの失敗があった。それが福島原発事故の発生を許し、被害を拡大させた。その直接的または間接的要因として「科学の失敗」がある。ここでいう「科学の失敗」とは、原子力防災に関する科学的データ・情報や科学知識が、原子力防災のために有効に活用されないか、ときには災害を拡大させる逆効果をもたらしたことを指す。また事故後の被害対策のために事故最盛期において取得しておくべき科学的データ・情報が、不十分にしか取得されなかったことを指す。「科学の失敗」は一般に、関係者の作為と不作為との複合効果だが、どちらが主であり、どちらが従であるかは千差万別である。また不作為の原因には無能と傍観の２つがあり、両者はしばしば重なり合う。

　多くの科学研究者は、そうした失敗は自分自身の責任ではなく、政府の無策や情報統制のためであり、「科学」が責任を負う筋合いはないと考えるかもしれない。だがそうではない。科学が政治経済体制に組み込まれ、その主要な構成要素のひとつとなったことを、広重徹は「科学の体制化」と名付けた（広重徹『科学の社会史——近代日本の科学体制』中央公論社、1973年）。体制化された科学の運用の決定権をもつのはもちろん科学者ではなく政治経済体制の中枢をになう人々である。

　このように科学の失敗は、政治経済体制全体を巻き込んだ構造的なものである。福島原発事故の経験によって原子力災害時において科学者の話は信頼できないということが浮き彫りにされたが、そこで考察を打ち切ったのでは物事の本質に迫ることはできない。すでに述べたように、科学上のデータ・情報・知識の社会的活用において、政・官・業の「パワーエリート」は一般に、科学者以上に大きな影響力をもつ。科学者は脇役であることが多い。

　それでも科学者は「科学の失敗」に対する責任の相当部分を負わねばならない。そのことは第２次世界大戦期の原爆製造計画の経験などから、すでに自明だった。福島原発事故に際してもそれが繰り返された。もちろん科学者は、科学上のデータ・情報・知識の正しい活用法について、政府など防災関係者に

第1部　原発災害への科学者の対応　　*75*

提言することができる。もしそれが予防的行動であったならば多少とも科学者の責任は軽減されるだろう。たとえ後知恵の反省であっても再発防止のための貴重な教訓を提供してくれるだろう。

5-4. 福島原発事故における科学の失敗

福島原発事故における「科学の失敗」は、事故発生前、事故最盛期、事故安定期（事故収束を模索する時期で、今も続いている）の３つの時期に分けて整理すると分かりやすい。

第１に、過酷事故に対する事前対策において、科学知識や科学的方法の活用がきわめて不十分だった。とくに巨大地震・津波に対する警告が学界から出されていたのに、それを東京電力が無視して何の対策も施さず、政府もそれを黙認していたことが、福島第一原発における１・２号機の全電源喪失と、３号機の全交流電源喪失という致命的結果を招いた。

第２に、事故最盛期における防災対策において、科学知識や科学的方法が十分活用されなかった。原子力安全・保安院、原子力安全委員会、東京電力本店など、事故対策のエキスパートを結集したはずの組織が無能力をさらけ出した。またモニタリングデータやSPEEDIデータが死蔵され住民避難に迅速に活用されなかった。とくに放射能の大量放出が実際に起きたか、または起きた恐れがある肝心な瞬間に（たとえば１号機、３号機の原子炉建屋爆発時など）、それに関する情報が迅速に出されなかった。一例をあげれば３月12日午後の１号機爆発からようやく５時間後に、その放射線計測情報が出された。

また事故の進行状況に関する政府・東京電力の発表には、できるだけ現状認識を楽観的に表現するよう強いバイアスが掛かっていた。メディアに登場した科学者たちの発言は、事故の実態とかけ離れており、その深刻さを著しく過小評価していた。たとえば原子炉建屋の地下に大量の高濃度汚染水がたまっていることをみれば、原子炉圧力容器のメルトダウンおよびメルトスルーが起きたことは自明なのに、関係者はなかなかその事実を認めなかった。そうした楽観論を圧倒するほどの堅実な議論が、原子力防災コミュニティと利害関係をもたない科学者たちによって展開されることはなかった。

もうひとつ重要なのは、事故最盛期における科学的なデータ・情報（それは入手手続きが科学的であるものの、理論的な意味があるかどうかは保証の限りではない）の入手に政府が不熱心だったことである。たとえば放射線被ばくに

関する科学的なデータ・情報情報の入手に、政府が不熱心だったことである。そのため事故直後の住民被ばくについての正確なデータ・情報はあまり残っていない。

　第3に、事故最盛期から事故安定期へと移行するようになると、今まで科学的根拠に基づくとされてきた安全基準が、合理的説明なしに突如として改変された。とくに放射線被ばくに関しては、規制値がハイパーインフレーションを起こした。その一例としては、放射性物質として処分しなければならない下限値が1キログラム当たり100ベクレルから8000ベクレルへ80倍も緩和された。また高濃度放射能汚染物質を通常の一般廃棄物・産業廃棄物と同様の簡易型の処分場に捨てる動きも進んでいる。

　なお事故安定期とは、急速な状況悪化が食い止められている時期を意味する。福島原発事故は今なお収束していない。「止める」「冷やす」「閉じ込める」の3条件を満たすことが事故収束の条件である。だが「閉じ込める」が未達成である。広範囲に飛び散った放射能を回収できる見通しはない。「冷やす」もあわてて設置した循環注水冷却システム鉄壁に頼っており、その機能が失われたときに核燃料デブリの再燃が起きる可能性も皆無とまでは言えない。それゆえ事故収束期という言葉を使うのは適切ではない。

5-5. 「過小評価症候群」をこえて

　これら一連の「科学の失敗」のケースをみてくると、それらが偶然起きたことではなく、全体を貫く共通の傾向が認められることがわかる。それは現実化するかもしれないリスクや、起きてしまった事態の深刻さを過小評価し、それによる住民・国民の被害も過小評価し、事態の深刻さを示唆する情報を無視したり秘匿したりする傾向である。政府をはじめ原子力防災関係者の間に、そうした「過小評価症候群」は一貫して認められるものだった。そして現在もそれは改められていない。

　福島原発事故の最大の教訓のひとつは、ここにあるように思われる。原子力災害の被害者となる恐れのある国民・住民は、政府や電力会社をはじめ原子力防災関係者からの情報については、「過小評価症候群」の強いバイアスが掛かっている可能性が高いという前提で解読し、利用価値のある情報を取捨選択することが必要である。また最小限の自衛手段（通常の防災用品に加え、放射線計測器、風向きごとの放射線ハザードマップ、防塵マスクなど）を用意して

おく必要がある。さらに政府や電力会社とは独立したセカンド・コンサルテーションを提供してくれる情報源を確保する必要がある。福島原発事故に際しては信頼できる情報をリアルタイムで常時提供してくれる情報源はほとんどなかったが、福島自他での失敗を繰り返すまいと、少なからぬ科学者やNPOは決意しているものと思われる。

そうした公的機関以外からの情報の信頼性は千差万別であるから、国民はあらかじめ信頼できそうな科学者やNPOについて目星を付けておくことが望ましい。多くの国民が原発事故について最小限の基礎知識を身につけておけば、さまざまの情報の信頼度について自主的に判断できるはずである。たとえば福島第一原発の6基のうち1基でも原子炉が大破すれば近隣の原子炉の冷却注水が不可能となり連鎖的に原子炉大破が重なり、首都圏も避難区域になりうることは、原子炉についての若干の知識があれば誰でも予想できたはずである。また放射線への子供の感受性が大人の数倍にのぼることも、放射線に関する若干の知識があれば誰でも理解できたはずである。そうした最小限の基礎知識を多くの国民が身につけることが、政府など防災関係者の「過小評価症候群」の強いバイアスの掛かった情報を無力化し、さらには改善を促す力となる。

おわりに

本章では、福島原発事故における日本の核災害危機管理システムの深刻な機能障害の諸相について考察した。とりわけ放射能拡散予測システムSPEEDI活用失敗の経緯とその教訓について検討した。その主要な結論は2つある。第1は、日本の核災害危機管理システムが福島事故後も部分的改善しか加えられておらず次回の過酷事故に有能に対処できる保障がないことである。第2は、放射能拡散予測システムは危機管理の有力なツールとなり得るのでそれを退役させるのは賢明ではないことである。両者に共通するのは、莫大な犠牲をもたらしている福島原発事故の教訓に対して、政府の学習能力がきわめて低いという事実である。

第 2 部

科学者の社会的責任

1 | 科学者コミュニティーと科学者の社会的責任

東京大学名誉教授　**広渡 清吾**

1.　はじめに──テーマについて

(1)「3.11」の意味

「3.11」は、大震災と原発事故に直面した多くの人がこれまで通りにやっていくことができない、そうすべきでないと考えた。そのような意味で「日本社会の転機」になると思われた。しかし、そのような思いは、その後の民主党から自民党への政権交代と安倍政権の原発再稼働推進路線のなかで、永田町・霞が関政治の「空気」から一掃された。このような「3.11」以降の日本社会のなかで、多く語られているが明確な答えや合意が決して自覚的に追求されているように思われないこととして、「科学者の社会的責任」とはなにか、というテーマがある。

「3.11」後、多くの人が多かれ少なかれ、次のような思いに駆られたはずだ。大震災は予測できなかったのか。原発事故は防げなかったのか。事故後の住民避難や住民への対応は適切に行われたのか。被害の拡大防止は適切に行われたのか。事故原因の調査・解明に基づいて今後の災害防止と安全対策は適切に行われようとしているのか。いうまでもなく、市民のこれらの疑問に日本の政治も行政もまともに向き合っているようにはみえない。そして、もう１つ重要なことは、これらの問いが、災害の予知と対応に知見を提供し、あるいは、安全であるべく原発のシステムを制作し、あるいは、原発事故による人体への放射線被害について対策のための知見を提供した「科学者たち」に痛烈に投げかけられていることである。

2012 年３月、福島市で「震災・原発問題と社会科学の責任」と題するシン

ポジウムが経済系4学会の主催で開催され、筆者も日本学術会議の取り組み
を報告する趣旨で「東日本大震災・原発事故と社会のための学術」という講演
をした（広渡2012b、107-131ページ）。終了後、地元の有力新聞の記者から
「ここでは、科学者を信用する人はいませんよ」と語りかけられた。このよう
な科学者・科学への信頼喪失は、被害の現場である福島に限られたことではな
い。政府の『科学技術白書』（2013年度版）は、次のように述べている。

　「近年の科学技術の発展に伴い、科学技術に対する期待が高まる一方で、東
日本大震災、特に東電福島第一原子力発電所事故によって、危機管理の不備が
明らかとなり、科学技術に対する国民の不安と不信を生んでいる。科学技術イ
ノベーション政策の策定と実施に関し、国は、社会と国民の期待と不安を十分
考慮するとともに、研究者、技術者、研究機関と連携し、科学技術の可能性、
リスク、コストについて、国民に率直に説明し、その理解と信頼と支持を得る
ことが重要である。」（同書285ページ・傍点引用者）

　白書のこの指摘は、「国民の不安と不信」について、その原因を「危機管理
の不備」に限定し、また、これから「科学技術イノベーション政策」を進める
ための障害要因という文脈でしか位置づけていず、そこに政府の状況認識のご
都合主義があるとしても、科学技術に対する「国民の不安と不信」がいかに膨
れ上がっているかを述べざるをえないでいる。

(2)「科学技術に対する国民の不安と不信」の意味

　本章のテーマは、「科学技術に対する国民の不安と不信」という問題をどの
ように受け止めるかを考えるものである。そこで、どのようにこの課題に取り
組むのかを最初に整理してみたい。

　「不安と不信」は、「安全」なので「安心」だという「信頼」が裏切られたこ
とから生まれた。原発システムは科学技術が構築し、科学技術の知見に基づい
て運転されるものである。「科学技術」という抽象名詞は、事態をあいまいに
するが、具体的に見ればそこに関与する一人ひとりの科学者・技術者が存在し
ているのであるから、安全で安心だという信頼は、突き詰めればそのような科
学者・技術者に向けられたものだ。いうまでもなく、市民が科学者・技術者に
寄せる信頼は、宗教的信仰などによる非合理的なものではない。それは、科学
者・技術者の言明を、真理の探究を目的とする科学の知見に拠るものであると
考えるところに由来する。それゆえ、市民の信頼は、科学者・技術者という

第2部　科学者の社会的責任　　*81*

個々の主体のあり方と同時に、かれらが営んでいる科学というもののあり方に基礎づけられている。

「科学者の社会的責任」とは、端的にいえば、このような市民の信頼に応える責任のことである。より明瞭に表現すれは、その責任は「応答責任」（responsibility, Verantwortung）の性格をもつ。すなわち、その職務や地位ゆえに、他者に悪しきことが起こらないように、配慮し、助け、世話をする義務のことである。それゆえ、ここでは、職務や地位をどのようなものとして理解するか、科学者の職務とはなんであり、どのような役割を果たすべきか、ということについて、信頼を寄せられる科学者に自覚がなければならず、また、信頼を寄せる市民との間で共通の了解があることが望ましい（藤垣 2010 は何についての責任かという視点から、知的生産物についての品質管理、製造物責任、そして市民からの問いへの呼応責任に 3 分類する。前 2 者も当然に応答責任に含まれる）。

「応答責任」の意義を明瞭にするために、これと区別して用いる「罪責」（fault, Schuld）の用語を挙げてみよう。罪責とは、社会のメンバーが個人としてその職務や地位と関係なく、他人の生命・身体・権利などを侵害してはならないという義務に反するときに負う責任である。罪責は、このように、①職務や地位に関わりなく社会のメンバー一般としての責任であり、②具体的に特定された被害者に対して負う責任である、という点において科学者の社会的責任との違いがある。

応答責任と罪責は、責任のレベルにおいても異なるものである。罪責は、明確に法的な責任である。個人がその行為によって他者を侵害する結果を生んだのであるから、それについて刑事的（刑罰）、かつ、民事的（損害賠償）に法的責任を負う。これに対して、科学者の社会的責任は、一般に法的責任とは考えられていない。それは、科学者としての職務、役割において科せられる職業倫理的責任である。かりに科学者が科学的営みに関連して罪責を負うような行為をしたとすれば、なるほどそれは科学者の違法行為として科学者の社会的責任に悖る行為であるが、そもそも社会のメンバーとして許されない行為についての法的責任であり、いわば科学者の社会的責任以前の問題として考えられる。

ところで、科学者が科学者としての職務において、罪責と法的責任を問われた次のような事件は、科学者の社会的責任の議論に深刻な意味をもつものであろう。

2009年4月6日にイタリア中部地方でマグニチュード6.3の地震が発生し、震源地付近のラクイラ市を中心に大きな被害が生じ、309名が犠牲者となった（ラクイラ地震）。地震発生の6日前、それ以前からの同地方の群発地震の発生によって地域住民の不安が大きくなり、その状況に鑑みてイタリア政府の「大災害の予測と防止のための国家委員会」がラクイラ市で開催された。同委員会は、委員会の審議の結果として「群発地震が大地震につながらない」という見方を示し、地元テレビ局のニュースは「安全宣言がだされました」「市民の皆さまには朗報です」と報じた。しかし、この6日後に大地震が勃発した。被害者の遺族は、審議に関与した国家委員会の2名の行政官と5名の科学者を告発し、かれらは集団過失致死罪で起訴され、第1審のラクイラ地方裁判所が2012年10月、7名全員に禁錮6年、永久公職追放の有罪判決を言い渡した（纐纈／大木2013）。

　この事件は、市民に対する科学者の科学的助言についての責任を問題にしている。大地震が来る可能性について、そして、住民が避難すべきか否かについて適切な助言をしなかった責任を問われたのである。科学的助言が科学者の社会的責任の重要な内容をなすとすれば、この事件では、科学者の社会的責任の不履行として罪責を負うことになったといえる。ラクイラ地裁の判決は、控訴され、その後、2014年11月にラクイラ高等裁判所が5人の科学者については証拠不十分として無罪判決を下した（朝日新聞2014年11月12日付朝刊）。ラクイラ地震裁判は、このように科学者の社会的責任を考える限界事例であり、本論であらためて取り上げることにする。

（3）本章の論点

　科学者の社会的責任は、以上に述べたように、罪責と異なり、科学者の職務・役割が何であるか、科学者のあり方と科学者の営みとしての科学のあり方とは何であるか、と相関してその責任のあり方と内容が論じられるようなものである。社会的責任の主体は、もちろん、個々の科学者である。とはいえ、科学者のあり方や科学者の営みとしての科学のあり方は、個々の科学者がそれぞれ個別に営む専門的研究とは違った次元において、「科学者たち」が相互に議論し、より普遍的なスタンダードを形成していくべきものとして考えられる。そしてまた、そのような「あり方」は、信頼関係の相手方としての「市民たち」との交流において、確かめられ、フィードバックによって発展させられる

ものであると考えられる。それゆえ、科学者の社会的責任は、個々の科学者の責任のみならず、「科学者たち」の責任を重要なものとして位置づけるべきものである。「科学技術に対する国民の不安と不信」と言われる場合の「科学技術」とは、「科学者たち」が担っており、応答責任の主体は、まさに「科学者たち」でなければならない。本章ではこの「科学者たち」を「科学者コミュニティー」という用語で把握し、科学者の社会的責任を履行するうえで、科学者コミュニティーがどのような役割を果たし得るか、果たすべきかを論じることにする。そして、科学者コミュニティー論を踏まえた上で、科学者の社会的責任をどのように考えるべきかをあらためて論じることにしたい。

2. 社会への応答主体としての科学者コミュニティー

(1) なぜ「コミュニティー」なのか

「科学者たち」は、いろいろな形で集団を形成している。「学会」はその典型例である。また、学会までの組織的規模はないが、共同で活動する研究グループも多くみられる。大学も多様な専門の科学者で構成される科学者の集団といってよく、その中の学部や研究所は、もっと密度の高い同じ専門の科学者集団である。

「コミュニティー community」（共同体）という用語は、一般に「居住地域を同じくしそれによって利害をともにする共同社会」と辞書的に定義される。これは、地縁による共同体であるが、さらに血縁による共同体として家族があげられることが普通である。このようにコミュニティー（共同体）は、地縁や血縁という人々にとって「所与」の要素を共同の契機とするものである。これに対して、特別の目的の選択の下に人々が任意に共同する集団は、共同体と区別して「結社 association」という概念によって把握される。

このような共同体と結社の概念的区別を前提にすると、たとえば、学会は、学会規約で学会の目的を明示し、その選択された目的に賛同し、共同しようとする人々の集団であるから、結社の定義にあてはまる。学会という組織的規模にない多くの研究者グループもまた、学会類似の集団として結社というべきものであろう。また、大学、学部・研究所は、それぞれ設置目的があり、あるいは学則による目的規定があり、そのメンバーとなる雇用契約を個人の任意の結社参加と同じように、当事者の自由意思によるものとみなせば、これも共同体

ではなく、結社の系列と理解できる。そうだとすると、最初に示した、科学者集団は、結社としてとらえるべきであり、共同体＝コミュニティーではないということになる。では、なぜ、科学者「コミュニティー」として科学者集団を位置づけようとするのか。

　科学者コミュニティー（scientific community）という概念は、対象となる集団の性格を事実としてどう把握するか、という視点から立てられたものではない。端的に言えば、科学者コミュニティーの概念は、科学者の社会的責任の履行という視点から科学者集団を捉え返そうとするもの、別の言い方をすれば、科学者がその社会的責任を履行しようとする場合に役割を果たすべき科学者集団の捉え方として、立てられるものである。そのような意味では、科学者コミュニティーの概念は、事態を記述する概念というより、科学者集団のあり方を論じる規範的概念という性格をもっている。

　科学者の社会的責任の概念は、すでにふれたように、科学者の職務・役割に対する市民の信頼に応える責任を意味する。このような信頼への応答責任関係は、その根底において、社会のなかで、社会ために科学がどのような位置を占め、役割を果たすかについての基本的、原理的考え方を必要とする。そうすれば、それに見合う形で、科学を営む者＝科学者のあり方の基本的、原理的な考え方が求められる。このように、社会と科学、社会と科学者の関係を普遍的に論じることを求められるのが科学者の社会的責任を履行する前提であるとすれば、科学者は全体として科学者という位置づけにおいて共通に社会のなかで「所与」の立場に置かれているといわなければならない。そのように見れば、なるほど、個々の学会は、特別の研究目的を共同に選択した人々の集団であるから結社であるが、他方で学会を構成する科学者たちは、社会に対して科学者としての責任を果たすべきだという共通の「所与」の地位に置かれている。これが、科学者集団をコミュニティーとして捉えることの理由であり、意義である。

　以上のように、科学者コミュニティーの概念は、科学者の社会的責任というそれ自体規範的な概念（なんらかの価値判断基準に立って責任の内容が論じられなければならないから）と相関して立てられ、意義をもつものである。

（2）科学者の共同討議空間としての科学者コミュニティー

　科学者コミュニティーの概念は、科学者を集団として捉えて、社会と科学の

関係、社会に対するその役割や責任を考えようとする視点から立てられている。そのような科学者コミュニティーは、科学者集団の共同討議空間として、様々なレベルで存在する。たとえば、世界的には、1931年に非政府・非営利の国際学術組織として設立された「国際科学会議」（International Council for Science）がある。この組織は、現在117の国を代表する学術組織および30の国際的学術団体（多くは分野ごとに組織されている）によって構成されている。

国際科学会議は、ユネスコと共催して1999年6～7月にブダペストにおいて「ユネスコ世界科学会議」を開催した。この成果を踏まえて採択されたのが「科学と科学的知識の利用に関する世界宣言」（ブダペスト宣言）である。この「宣言」は、科学の意味づけを次の4つ、すなわち、①「知識のための科学、進歩のための知識」、②「平和のための科学」、③「開発のための科学」、そして④「社会における科学、社会のための科学」に整理した。このような定式は、教条としてではなく、世界の科学者への問題提起として提示され、かれらの間で議論が展開する。このような議論の共同空間は、世界的な規模での科学者コミュニティーの存在形態として捉えることができる。

日本の科学者は、総務省の統計によれば、約84万人である。このような多数の科学者が共同の討議空間としてのコミュニティーを形成しうるとすれば、それは、「わが国の科学者の内外に対する代表機関」（日本学術会議法第2条）と規定されている日本学術会議の存在と活動によるものである。学術会議は、1948年に制定された同法に基づいて設置された国の機関である。国の機関として内閣府に属するが、法によって「独立に職務を行う」ことが保障されている。学術会議の職務は、「科学の向上発達を図り、行政、産業および国民生活に科学を反映浸透させることを目的」（同法第2条）として、科学に関する重要事項を審議し、広く社会に対して、助言・提言を行うことである。

この職務を担う学術会議は、その創設以来210名の会員によって構成され、2004年の法改正の後には、約2000名の連携会員がこれに加わって活動している（2004年法改正後は、会員・連携会員いずれも任期6年、3年ごとに半数改選で会員は再任がない）。学術会議は、創設以来、日本の科学者の「代表機関」とされてきたが、この15年来「科学者コミュニティー」の考え方を取り入れ（日本学術会議第13代会長の吉川弘之の提唱にかかる）、その代表機関としての性格を明確にし、「共同討議空間」への問題提起を自覚的に進めてきた。

(3) 討議空間の社会的責任に関わる論題

　それでは、学術会議が共同討議空間としての科学者コミュニティーに対して、科学者の社会的責任に関わって、どのような論題を提起しているかにつき、若干の例を挙げてみよう。学術会議は、2010年4月の総会で『日本の展望——学術からの提言2010』を採択した。これは、学術会議のおおよそ2年にわたるプロジェクトの成果である。とりまとめられた主提言は、A4判50ページの分量であるが、これを基礎づけるものとして、テーマ別分科会が作成した13の提言および専門分野ごとに作成された31の分野別報告が「日本の展望」プロジェクトの中身をなす。関与した科学者の数は1371名、諸提言・報告の総ページ数（毎日新聞の記者が数えあげて記事にした）は1295ページであり、学術会議が文字通り総力をあげて取り組んだことが分かる。

　『日本の展望——学術からの提言2010』（主提言）は、「3.11」直前の学術会議の大きな取り組みであった。そこには、「科学者の社会的責任」というテーマが明示的に前面に展開されているわけではない。とはいえ、同文書の第1章第1節は、「日本学術会議と科学者コミュニティー」と題され、次のように述べられている。

　「日本の科学者コミュニティーは、日本学術会議の活動を通じて、その存在を『代表』される。日本学術会議の活動は、『代表』にふさわしく、社会に対して、科学者コミュニティーの共同性を形成し、社会に対する責任を自覚し、履行するものでなければならない。」（同文書1ページ・傍点引用者）

　そこで、主提言にみられる社会に対する、あるいは社会における科学のあり方についての論題を、科学者の社会的責任論に関わるものとして拾ってみよう。これらの論題は、まさに共同討議空間に提起されたものである。そして、同時に、助言を行うべき相手としての「政府と社会」に対して示される科学者コミュニティーの自己理解でもある。

① 2つの科学者像と2つの科学

　主提言の基礎には、科学者の社会的責任の考え方に関連して2つの科学者像と2つの科学がある。2つの科学者像とは、伝統的な「真理追求型科学者像」およびこれに重なる形で存在する「受託者型科学者像」である。

　伝統的な科学者像とは、科学者として真理を追求すること、政治的、社会的権力に屈することなく真理を明らかにすることこそ、科学者の社会的責任であ

ると理解する考え方である。これに対して、受託者型科学者像は、科学者を
もって、科学の営みを社会によって信託された者と位置づける考え方である。
これによれば、科学者の営みは、学問の自由、大学の自治の憲法的保障の下、
社会の提供する資金（税金・授業料・寄付等）によって行われており、社会は
科学者に対して、真理を探究し、知を発見・創造し、社会のために知を役立て
ることを信託している。受託者型科学者像においては、社会的責任の内容が真
理の探究を基礎にしながら、社会との具体的な関係によって充填されることに
なる。

　２つの科学者像は、矛盾するものではなく、重なり合うものであり、後者が
前者の発展した形だと考えられる。しかし、前者の科学者像は、たとえ具体的
な社会の委託やニーズがなんであれ、科学的真理の追求こそが科学者の役割で
あるとすることにおいて、絶対的に自律的であるとみることができる。それゆ
え、後者に完全に解消されるべきものではない。

　このような科学者像に相応して、科学の営みと社会の関係も考えられる。科
学は、いうまでもなく根本において真理の探究である。社会の信託する課題
は、なによりもここにある。社会は、さらにこの上に立って真理の探究により
発見され、創造された知を社会に役立てることを要請する。このような要請に
応答することは、個々の科学者の責任であると同時に、科学のそのような役割
を自覚し、科学者が共同することを推進する科学者コミュニティーとその代表
機関としての学術会議の責任ということになろう。そうであれば、その責任
は、いわゆる「知識のための科学」ないし「科学のための科学」（science for
science）と同時に「社会のための科学」（science for society）の、これら２
つの契機を科学の営みの不可分の本質的要素として位置づけて、ともに発展さ
せることである。

　②「知の統合」と「知の循環」
　学術会議は、学会や大学・種々の研究機関のように、知を直接に発見・創造
する現場ではなく、共同討議空間としての科学者コミュニティーに課題を提起
し、また、社会と政府に対して助言・提言を行うことを任務とする。そこで、
その固有の役割の重要な１つは、生みだされた知が社会に対する関係におい
て、より大きな意義を発揮することができるようにすることである。それは、
「知の統合」と「知の循環」という概念で特徴づけられている。

知の統合とは、分化して行われる個々の専門研究を俯瞰して、総合的視点から、学問の内在的発展と社会の新たな要請に応える知の探究の方向性を示すことである。学術会議は、諸外国の多くのアカデミー（文理の分離型）と異なり、人文・社会科学、生命科学、理学・工学のすべての分野の科学者によって構成されていることによって、「知の統合」を提案する上で大きなメリットをもつ。個別の専門分野からは生まれえない、また、個別の専門分野ではカバーできない俯瞰型研究（たとえば地球環境学）や統合型研究（たとえば安全学）のカテゴリーが学術会議によって提唱されてきた。

　「知の循環」とは、発見され、創造された知をいわば編集し、社会に伝達すること、そして、社会のレスポンス、社会からのフィードバックを通じて、科学の新たな課題を見いだすこと、そのようなプロセスのことである。ここでは、科学者コミュニティーの代表機関として学術会議がそのプロセスの担い手となるべきことが想定されている。その手段は、助言・提言活動であり、具体的に、政府への「勧告」、政府機関からの諮問に対する「答申」や審議依頼に対する「回答」、また、「声明」「要望」「提言」「報告」等の形式を通じて、政府と社会、また科学者コミュニティーに向けて行われる発信である。以上のように、「知の統合」・「知の循環」の視点によって学術の新たな展開を図ることは、学術会議の社会に対する応答責任の1つであると考えられている。

③科学、技術、学術の関係

　『日本の展望——学術からの提言2010』の主提言において最も重要な発信の1つとされたのは、日本政府の科学技術政策における偏向を正すことであった。それは、象徴的に、「科学技術」という用語法を改める提言として示された。それによると、「科学技術」という用語法は、"science based technology"（科学に基礎を置いた技術）を含意し、科学の営みの出口である技術（科学的真理の応用によって生産されるもの）に照準をあてることによって科学的営みの本来のあり方をゆがめており（技術の偏重）、これを正すために用語も「科学・技術」（science and technology）ないし、これに代えて「学術」（science）を採用すべきである、というものである。

　ここで「学術」は、科学と技術を包摂するものと位置づけられているが、あえて学術という用語がもちだされるのは、科学という用語のもつ問題性が意識されているからである。主提言によると、科学の用語法は、「学問が科に分か

れて発展する」という趣旨から生まれたものであり、このような「諸」科学を一体として総称する用語として学術がふさわしいと考えられている。もちろん、「諸」科学（sciences）の総称として単数の科学（science）を利用することも、自覚的な利用であれば排除されない。

また、学術という用語法が推奨される実質的な理由としては、自然・人間・社会のそれぞれを研究対象とする諸学問をそれぞれ「○○科学」と呼ぶと、もっとも science らしい science とイメージされる自然科学（natural science）が科学の基本型とされることによって、人文学（humanities）や社会科学（social sciences）の存在が脇に追いやられてしまうことに対する危惧があった。諸科学のバランスのとれた発展を「学術の発展」として追求することは、科学者コミュニティーの社会に対する応答責任として重要だと考えられたのである。

ちなみに、学術会議は 2010 年 8 月に政府に対して科学技術基本法の内容の改正を 4 点にわたって勧告し、同法における「科学技術」の用語法を「科学・技術」に改め、それに相応した法内容の改善を行うことを要請した。政府は、この勧告に応じた具体的な措置をいまだにとっていない。

3. 科学者の社会的責任のあり方

共同討議空間としての科学者コミュニティーに、科学者の社会的責任に関わるものとして提示された上記の論題は、科学と科学者がいかに積極的、肯定的に社会に関わるかを内容としていた。いいかえれば、そこでの社会的責任は、「3.11」以前の論題として、オプティミスティックな色合いをもっていた。しかし、「3.11」は、日本の科学者コミュニティーとその代表機関である日本学術会議に、具体的に実際に、その「社会的責任」を果たすことを迫った。日本学術会議は、「3.11」直後に、「東日本大震災対策委員会」を設置し、通常の審議体制と異なる緊急体制をとって、被災地救援、被災者救済、被災地復興の課題に取り組んだ。その経験は、科学者ないし科学者コミュニティーの社会的責任のあり方をさらに深く検討する 1 つの素材として位置付けられる（広渡2012a）。その素材の検討からはじめて、科学者の社会的責任をめぐる論点を以下に考察しよう。

(1) 大震災に対する日本学術会議の実践

　東日本大震災対策委員会の活動は、2011年3月下旬から9月末までの半年に及ぶが、総括的にいえば、科学者の見地から、政府・被災地の行政機関等に具体的な提案を行い、被災地住民にアドバイスし、また、広く社会に対して問題の所在と解決方向についてアピールすることを内容とした。

　数次にわたる緊急提言として発信された内容は、①政府が社会に対して、また、国際的にも、災害と原発事故について適切で迅速な説明と情報開示を行うこと、②被災地の復旧・復興について中国の四川大地震の経験に鑑み「ペアリング支援」（自治体間協力・支援）の体制を作ること、③原発事故による放射性物質の飛散状況について緊急に放射線モニタリングの体制を作ること、④震災廃棄物の処理について環境保全の観点から早急にシステムを整備すること、⑤原発事故処理のために現場のニーズを基礎にロボット開発を進めること、⑥災害地での救済・支援においていわゆる災害弱者（女性、子ども、高齢者、障がい者、外国人等）を配慮し、男女共同参画の観点に立った緊急措置を実施すること、などである。

　より包括的な提言として「東日本大震災被災者救援・被災地復興のために」（この提言は「被災者救援と被災地復興のための総合的な体制を作る」「被災者の救援を迅速に行う」「被災地域の復興に向けての取組み」および「福島第一原子力発電所の事故による避難者の救援と事故への対応」の4章で構成された）、および、これを発展させた「東日本大震災被災地域の復興に向けて――復興の目標と7つの原則」が発信された。後者の提言の作成は、政府の「復興構想会議」の審議と並行し、それに影響を与えることを狙いとしつつ行われたが、「復興の目標」を「いのちと希望を育む復興」とし、被災地域の復興が地域の自然的特性を顧慮し、持続的発展を重視して、環境を守り再生することを基本にして進められるべきことを強く打ち出した。

　原発事故に対しては、日本の今後のエネルギー政策をどのように方向づけるかの検討が不可避と考えられた。これについては、「日本の未来のエネルギー政策の選択に向けて――電力供給源に係わる6つのシナリオ」と題する提言が6つのシナリオの詳細な基礎づけを含めて公表された。具体的には、即時脱原発から、5年程度、20年程度、30年程度の期間を経た脱原発という脱原発にふみ切る4つのシナリオと、他方で新規建設禁止・既存原発の更新継続、および中心的な低炭素エネルギーとしての原発推進という原発存続の2つの

シナリオを提示し、これらのシナリオのそれぞれについて安全リスク、環境リスク、経済的リスクなどを指標として、そのメリット・デメリットが詳細に示された。提言の趣旨は、6つの選択肢はいずれも選択可能であり、最終的には各シナリオのメリット・デメリットは国民による評価にかかるとするものであった。

「3.11」によるもっとも深刻な問題の1つは、原発事故で放出した放射性物質による健康被害である。これについての活動は、放射線防護・健康被害防止に関する国際基準を作成している国際放射線防護委員会（ICRP）のガイドラインを紹介すること以上にはなかった。つまり、福島第一原発事故後の具体的な状況の下、被災地住民に対して具体的なアドバイスを行う活動はみられなかった。この中で、日本学術会議会長の責任において会長談話「放射線防護の対策を正しく理解するために」が発表されたが、これもより分かりやすく丁寧に行われたとはいえ、上記ガイドラインの説明の域をでるものではなかった（このことについての根本的批判として島薗 2013）。

（2）実践に対する反省と教訓──科学的助言のあり方

学術会議は、2011年9月に「3.11」から6カ月間の活動を総括して「東日本大震災からの復興と日本学術会議の責務」（幹事会声明）を公表した。それは、6カ月間の活動が被災地の救済と復興の課題の重さに照らして決して十分ではなかったことを自己批判しながら、活動を踏まえてその助言・提言活動のあり方につき一定の教訓を引き出すものであった。声明では、科学者と科学者コミュニティーの社会的責任として、科学的助言のあり方をテーマとし、科学的助言の相手方を、政府と社会（＝市民）として整理する。以下、声明を素材に考察しよう。

①政府との関係

まず、政府との関係における問題は、「3.11」に対応する活動について、政府から具体的な諮問がまったくなかったことである。政府は、非常事態的状況下で、学術会議に対して大震災・原発事故対応についての学術的アドバイスを求めることを考えつかなかった。他方、学術会議は多くの提言を発出したが、政府方針に具体的にどのように活かされるかをフォローできなかった。その結果として、学術会議の政府への助言は、全体として国民を助けるものとならな

かった。

　それでは、政府との関係をどのようなものとして位置づけ、今後に備えるべきか。声明は、第1に、学術会議の側が「多くの専門的知に基礎づけられる俯瞰的、中立的な検討を通じて統合的な知を形成し、それに基づいて助言・提言を行う」べきこと、第2に、政府の側が「科学者コミュニティーの自立的活動を保障し、情報を開示し、助言・提言を政策的判断の基礎として考慮する」べきこと、そして第3に、学術会議の側も、政府の側も、また、社会も、助言・提言が「政策決定が依拠しうる根拠の1つを提示するものにとどまる」ことについて共通の了解を形成すべきことの3点を指摘している。

　以上の教訓が示しているのは、政府に対する科学的助言が適切かつ有効に行われるために、科学者コミュニティーの側と政府の側で、助言のあり方についての明確な共通の了解が必要だということである。そして、上記3点のうち、科学者コミュニティーの側にとって本質的なことは、「俯瞰的、中立的な検討を通じて統合的な知を形成」することをもって助言の基礎とするという視点である。この点は、独自の論点として後にあらためて検討する。

　また、政府への科学的助言が成功するためには、科学者コミュニティーと政府との信頼関係が必要である。これは、政治が科学の重要性をどのように位置づけるかという政治文化的、あるいは、現実政治的性格の問題である。

　②社会ないし市民との関係

　社会ないし市民に対する科学的助言として、もっとも深刻な問題になったのは、低線量放射能による被曝の問題である。上述のように、この問題に関する学術会議の活動は、他の問題にくらべて消極的であった。総括的に言えば、被曝の問題については「科学リテラシーの提供と普及」を試みたが不十分なままに止まったということである。

　このことを意識して声明は、市民への助言活動において「科学者が明確な科学的知識を提供することだけではその役割が果たせない」こと、「市民の感じる問題、抱える不安、解決への展望を知る要求」にどのように対応するのかという課題に直面したと述べている。

　それでは、この問題にどのように立ち向かうべきなのか。声明は、第1に「科学者ができるかぎりの科学的知識を提供しながら」、第2に「市民と問題を共有し」、第3に「そのコミュニケーションの中で解決を共に模索する」こ

第2部　科学者の社会的責任　93

とが必要であり、第4にそのためにはこれまでにない「創意的な取組み」を
進めなければならないとしている。

　このことをもう少し敷衍してみよう。科学は、いうまでもなく検証された事
実（エヴィデンス）に基づき、論理法則に適合した推論によって真実の命題を
獲得するものである。年間100ミリシーベルト以下の低線量被曝の健康被害
については、「直線しきい値なし仮説」（LNT仮説）が有力説であるが、科学
者の見解は分かれる。このように、科学が明確で確定的な答えを用意できない
にもかかわらず、市民は、実際の行動のためになんらかの指針を必要とする。
この場合、科学者の応答責任は、市民に対して、明確な答えがあるとごまかし
たり、答えがないから科学者の出番でないと傍観するのではなく、市民が抱え
ている問題について共感をもって認識し、市民との対話を通じてなんらかの解
決を構想することであろう。その際には、科学者と市民の集団的な討議、科学
者間の討議および諸科学の専門家たちの連携や協働が必要である。

　学術会議は、2012年4月に『学術からの提言——今、復興の力強い歩みを』
を公表した。そこでは提言の1つとして、「放射能対策の新たな一歩を踏み出
すために——事実の科学的探究に基づく行動を——」が示され、科学的に明確
な根拠を示すことができない場合に科学は何をどのようになすべきか、という
問題をより立ち入って検討しているが、必ずしも明確な考え方が示されている
わけではない。科学者の社会的責任として、これからの議論が切実に求められ
ている。

（3）ラクイラ地震裁判における科学者

　市民に対する科学的助言のあり方に関連して、「はじめに」で言及したラク
イラ地震の場合を考えてみよう。

　伝えられるところによれば、地震発生の6日前に開催された大災害委員会
において、科学者たちは、エヴィデンスとして「多くの群発地震は大地震へつ
ながっていない。ただし、ラクイラは地震地帯であるので大地震にならないと
断言することはできない」と述べていた。委員会に出席した行政官（政府の市
民保護局副長官）が仕切った記者会見では、この命題の前半部分が強調され、
一連の群発地震によってエネルギーが放出され大地震が起こりにくくなってい
るという、地震学としては誤った発言も行われたという。この記者会見の結果
を地元メディアは、「安全宣言」と報道した。

事態の流れをみると、科学者たちは、委員会において正確な科学的意見を述べたが、発表に際して行政サイドが住民のパニックを回避する等の政治的配慮のゆえに安全を強調し、メディアによってそれが増幅され、それらは、避難していた住民が自宅に戻るなど、住民の対応行動に決定的な影響を与えた、というもののようである。

　では、科学者たちの助言の責任は、どこにあるのか。科学者たちの科学的助言の責任が、委員会において科学的見解を述べることで終わりではなく、住民への助言として、どのようなメッセージが最終的に住民に届くのかというところまで及ぶものと考えるとしよう。そうすれば、科学者たちは、記者会見およびその後のメディアの報道によって「大地震にならないとは断言できない」という助言の趣旨が考慮されていないことを認識し、事態に警告を与えるべきであったということになる。記者会見から地震発生まで6日間あったから、そのことは不可能ではなかった。

　ラクイラ地震裁判において科学者たちが問われたのは、法的な刑事責任である。この場合には、加害行為と被害の結果に因果関係が必要である。科学者たちの行為とは、記者会見とメディアの報道によって生まれた事態に警告を与えなかった、いわば不作為の行為ということになるだろう。ラクイラ高裁が科学者たちを無罪とし、記者会見を仕切った市民安全局副長官の有罪だけを維持したのは、科学者たちにこのような不作為について刑事責任を問うことが困難だと判断したからではなかろうか。

　いずれにしても、ラクイラ地震裁判が示したのは、科学者にとって社会的責任を担う重要な内容である科学的助言においては、助言行為が市民の行動に直接的に作用し、生命・身体・自由・財産等に被害をもたらすようなことがあれば、職業倫理的義務違背にとどまらず、罪責を負うことがありうることである。科学者は、限界事例（緊急事態）では、市民に対して科学的見解を述べるだけでは助言の責任を全うできず、市民の具体的な対応行動まで配慮すべき責任があるという考え方をここから学ぶことができよう（尾内／小川／平岡／山岡 2014、0177-0184 ページ）。

（4）科学的助言における「科学の健全性」（scientific integrity）

　科学的助言のあり方について、国際的に「科学の健全性」をめぐって議論が展開している（科学技術振興機構編、2011）。そこでは、政府が科学的助言を

利用する場合、「科学の健全性」が必要だという議論を出発点にしながら、科学的助言が適切かつ有効に行われるための政府と科学の関係のあり方が論じられている。

　各国の科学的助言のルールを示した行動規範において共通に見られるのは、①科学的助言者の独立性の担保であり、政治的権力などの介入なしに科学的に助言が形成されること、②政府が科学的に偏りのない助言を入手し、恣意的な解釈などを排除し、公平に取り扱うこと、これら一連のプロセスを透明化すること、③科学的助言者は、助言の質の確保につとめ、助言に係わる不確実性や見解の多様性を正しく伝えること、④政府は科学的助言者の専門性を尊重し、他方で科学的助言者は科学が政府の政策決定における考慮すべき根拠の１つにすぎないことを理解すること、などである（佐藤／有本2014、0202-0208ページ）。

　この４点は、上述した学術会議の2011年９月声明の整理にも見られるものであるが、科学的助言の責任に関して、ここではとくに２つのことをあらためてとりあげよう。

　１つは、科学的助言と政治的決定の関係である。民主主義の下における政治的決定は、政治的、経済的、社会的な考慮要素を踏まえ、諸利害を調整して、多数決によって行われる。科学的知見を無視ないし軽視することが、市民の人権や生命・身体・自由の侵害に直接につながる場合を別として、科学的知見は、政治的決定における１つの判断要素にとどまる。政治は、政治としての責任において、決定を行うべきである。このようなルールの背景には、科学的助言と政治的決定が、リニアな関係に立たない原則を確保することによって、科学の自律性が維持できるという考え方がある。科学的助言が政治的決定を一義的に決めるという関係にたつと、あたかも科学が政治によって尊重されているという外見が生み出されるが、かえって科学的助言それ自体に政治的決定における諸考慮要素がもちこまれ、科学的判断の自律性が失われることが危惧されるからである。日本では原発の再稼働の案件において、政府は原子力規制委員会の判断を尊重し、規制委員会が原発の安全審査において合格の判断をすれば、政府はその原発の再稼働を認めるという態度を示している。規制委員会の判断が科学的判断であり、その限りで科学的助言の性格をもつとすれば、このような政府の態度は、政治が政治としてその決定に負うべき責任の回避という危険をはらんでいる。

もう１つは、科学的助言が「科学的に偏りのない」こと、また、「助言に係わる不確実性や見解の多様性を正しく伝えること」という論点に関わる問題である。“integrity”ということばは、「健全性」という訳語で表現できるもの（integrity=the quality being honesty and having strong moral principles）と並んで他に「全体的であり、分割されない状態」（integrity = the state of being whole and not divide）という意味をもつ。科学的助言をこの後者の意味から考えることは重要な論点である。政府の側にとって、科学的助言が「誰の手」によって行われるかは、国民の信頼に直接関わることである。政府が自分に都合のよい学説を採る科学者のみの助言を聞くとすれば、それは政府と科学の関係の健全性を損なうであろう。いいかえれば、政府に対する科学的助言は、科学者の全体によって支持されていることが望ましい。

　それでは、このような科学者の全体、科学者コミュニティーが支持する助言、いいかえれば科学者の「１つの声」は、具体的に日本学術会議が科学者コミュニティーの代表機関として活動する場合、どのようなプロセスによって形成しうるのか。「１つの声」の形成が目的とされるならば、そこには個人的知見と集団的見解の差異・対立、多数意見と少数意見の対立があることを常に想定しなければならない。その場合、少数を排除した「統一見解」や多数決による「政策提言」は、科学的助言として適格性を欠く。「１つの声」は課題と状況に応じて（その緊急性や重要性）形態上のバリエーションをもつものとして考えるべきではないだろうか。「１つの声」の形成と発出の方法を自覚的に設定し、「１つの声」のあり方のバリエーションを準備し、受け取る側の社会・政府との間でそのことについての共通理解を形成する必要がある。

　このように考えれば、「１つの声」は、“unique voice”というのではなく、“organized voice”ということが適切である。それは、社会や政府に唯一の選択肢を提供するのではなく（それが可能で適切で必然的であればそうするとしても）、科学者コミュニティーとして科学研究に基づく自覚的に調整された情報とオプションを提示することによって、社会・政府の適切な決定を助けることが「１つの声」の目標として位置づけられるべきであろう。上記に紹介した学術会議の提言「日本の未来のエネルギー政策の選択に向けて——電力供給源に係わる６つのシナリオ」は、こうした考え方の適用例と位置づけられるのではないか。

（5）科学者個人の二重の責任

科学者の社会的責任は、個人としての科学者の責任であると述べた。同時に
それは、科学者の職務・役割、科学の営みのあり方と必然的に関わり、それゆ
えに、科学者コミュニティーというコンセプトによって科学者集団が負うべき
責任でもあることを述べた。このことは、学術会議が制定した「科学者の行動
規範」（2006 年 10 月制定、2013 年 1 月改訂）において次のように表現され
ているので、それを見ておこう。

「行動規範」は、制定時 11 項目、改訂後 16 項目からなるが、その前文で次
のように述べられている（傍点と（a）（b）（c）（d）は筆者による）。

> 「……知的活動を担う科学者は、学問の自由の下に、自らの専門的な判断に
> よる真理を探究するという権利を享受するとともに、（a）専門家として社
> 会の負託に応える重大な責務を有する。……したがって科学がその健全な
> 発達・発展によって、より豊かな人間社会の実現に寄与するためには、（b）
> 科学者が社会に対する説明責任を果たし、（c）科学と社会の健全な関係の
> 構築と維持に自覚的に参画すると同時に、（d）その行動を自ら厳正に律す
> るための倫理規範を確立する必要がある。……」

まず、（a）では、科学者の社会的責任が応答責任であることが述べられる。
（b）-（d）は、科学者個人の社会に対する直接的応答関係を示すと同時に、
（c）に示されるように、科学者個人は「科学と社会の健全な関係の構築と維
持」のための活動に「自覚的に参画する」こと、つまり、科学者の共同的行動
への参加、科学者コミュニティーの一員としての活動を要請されている。した
がって、科学者個人の責任は、個人としての活動および科学者コミュニティー
の一員としての活動における二重の責任として位置づけられている。

科学者コミュニティーの責任は、このような科学者個人の二重責任を基礎に
してはじめて履行されうるものである。上記の意味で科学者の「1 つの声」を
形成し、政府や社会に科学的助言を行うことは、科学者コミュニティーの課題
であり、責任であるが、それは、科学者個人がその課題に自覚的に参画するこ
との保障なしには生まれえない。（d）に示される「倫理規範」も科学者個人
が自ら自己に課すものであるが、同時に科学者コミュニティーが科学者の討議
を通じて策定し、共有するものであることが望まれ、科学者個人はそのような

共同作業に積極的に関与すべきものである。学術会議制定の「科学者の行動規範」は、科学者の社会的責任の履行における科学者個人と科学者コミュニティーの関係を具体的に示すものということができる。

4. 科学者の社会的責任と市民の役割──まとめにかえて

　科学者の社会的責任は、科学者と科学に対する市民の信頼への応答責任であると述べてきた。この命題は、科学者と科学が適切にふるまえば、市民の信頼に応えうるという一方的な応答関係のイメージをともなっている。しかし、「科学によって問うことはできるが、科学によっては答えることができない問題群からなる領域」が存在することについて、科学者自らがすでに「トランスサイエンス問題」として提起している（池内 2014、53-60 ページ）。また、科学と政策決定の関係について、一方で科学が事実の認識に基づいて価値中立的な判断を自律的におこなうことができ、他方で政治的な決定の合理性が、そのような科学的な知識と判断によって保障される、という命題は、現代社会の多くの問題の解決に不適合であるとする考え方（ポスト・ノーマルサイエンス）が主張されている（平川 2014、0195-0201 ページ）。

　社会にとって有用であるシステムが構築される場合、その有用性と安全性は科学によって基礎づけられ、政治はその有用性と費用をてんびんに掛けながら導入を決定する。この構図のなかで、市民は、有用性と安全性についての科学の言明を信頼し、政治の決定を支持することになる。しかし、当該のシステムの構築が、トランスサイエンス問題に係わり、あるいは、ポスト・ノーマルサイエンスの適用領域にあるとしたら、この「構図」それ自体が問われなければならない。つまり、科学者・科学と市民の一方的応答関係は、ここでは存立しえず、最終的な利害関係者としての市民が自ら判断する必要性が増大することになろう。その場合、科学者は、市民の判断を助ける役割において、その社会的責任を果たさなくてはならない。市民相互のコミュニケーションによる市民の判断基準の形成と獲得、それに基づく政策決定への関与、そのために必要な科学リテラシーの習得と豊富化など、科学者は、そのようなプロセスにおいて、市民と共同し、新たな応答関係を作り出すことが求められよう。

　科学者の社会的責任は、このようにみれば、科学者が科学者のみで社会における科学の果たすべき役割を背負うばかりではない。科学と社会の関係がより

複雑なものになる中で、科学者は、市民社会に科学的思考と科学的知識を普及し、いわば市民社会の科学的精神を強くすることを通じて、市民とともに科学の適切な役割を遂行することを新たな応答責任として認めなければならないだろう。

■引用・参考文献

池内了『科学のこれまで、科学のこれから』岩波書店、2014 年

尾内隆之 / 小川真人 / 平岡秀幸 / 山岡耕春「"安全宣言"から考える科学者の役割」『科学』2014 年 2 月号

科学技術振興機構（JST）研究開発戦略センター編『調査報告書・政策形成における科学の健全性の確保と行動規範について』2011 年

纐纈一起 / 大木聖子「裁かれた科学者たち　ラクイラ地震で有罪判決」FACTA online 2013 年 2 月号（http//facta.co.jp/article/201302018-print.html 2014 年 11 月 21 日閲覧）

佐藤靖 / 有本建男「科学的助言をめぐる諸問題へのアプローチ──動き出した国際的な検討活動」『科学』2014 年 2 月号、岩波書店

島薗進『科学が道を踏み外すとき／つくられた放射線「安全」論』河出書房新社、2013 年

塚原東吾 / 美原達哉「ポスト・ノーマル時代の科学者の仕事」『現代思想』2014 年 8 月号、青土社

広渡清吾 a『学者にできることは何か──日本学術会議のとりくみを通して』岩波書店、2012 年

広渡清吾 b「東日本大震災・原発事故と社会のための学術」後藤康夫 / 森岡幸二 / 八木紀一郎編『震災・原発問題と社会科学の責任』桜井書店、2012 年

平川秀幸「科学的助言のパラダイムシフト──責任あるイノベーション、ポスト・ノーマルサイエンス、エコシステム」『科学』2014 年 2 月号、岩波書店

藤垣裕子「科学者の社会的責任の現代的課題」『日本物理学会誌』2010 年 65 巻 3 号

なお、日本学術会議の勧告、提言、報告はすべて同会議のウェブサイトで閲覧できる。

2 舩橋晴俊「「分立・従属モデル」から「統合・自律モデル」への転換のために」とその解説に代えて

東京電機大学
未来科学部人間科学系列助教 **寿楽 浩太**

はじめに

　この章に論考を寄稿する予定であった故舩橋晴俊教授は、本書刊行前の
2014 年 8 月、突如の脳神経疾患により急逝された。それは日本学術会議のあ
る委員会会合で舩橋先生にお目にかかったほんの数日後の出来事であった。全
くもって青天の霹靂であった。当該委員会の委員長をされ、また、舩橋先生と
旧知の仲であったある先生から訃報を受け取った際の衝撃は未だに鮮烈であ
る。すでに半年余を過ぎた現在でも、本来書かれるはずであった内容は舩橋先
生が明日にでも会合で話されたり、あるいはご原稿を寄せられたりするような
気がする。そのこともあって、浅学若輩の筆者には、舩橋先生の関連論文をい
くつか取り上げ、解説を加えて欲しいという与えられた役目を果たすことにい
ささかの躊躇、気後れがあった。

　しかし、筆者は結果的に舩橋先生の晩年となった数年間、日本学術会議をは
じめとするいくつかの場で学恩を受け、また、舩橋先生のご推薦もあって本書
刊行の母体となった同会議第 22 期の「第一部　福島原発災害後の科学と社会
のあり方を問う分科会」の活動を同会議学術調査員として支援する役目を仰せ
つかってきた。この任を果たすことがまさに哀悼の誠を捧げることとなると信
じ、未成のままとなった舩橋稿に代わるものとして以下に 2 編の論文を掲載
し、僭越ながらも解題を試みたい。

　2 編の論文はいずれも、日本学術会議の関連誌である月刊『学術の動向』に
掲載されたもので、舩橋先生の問題意識とそれに対する学術的な処方箋が鮮
明に描かれた内容である。1 編目は同誌 2013 年 6 月号の高レベル放射性廃棄

物問題特集に収められた、「高レベル放射性廃棄物問題の取り組み態勢について、考えるべき論点」と題するものであり、もう1編は同誌2014年6月号の「3.11後の科学と社会—福島から考える—」という特集の中の、「被災地再生のための『第三の道』と取組み態勢の改革」という論文である。まずはこの2編にぜひ目を通していただきたい。

高レベル放射性廃棄物問題の取り組み態勢について、考えるべき論点

舩橋晴俊

（『学術の動向』2013年6月号所収）

　日本学術会議の「回答」は、高レベル放射性廃棄物問題の閉塞状況を打開するに当たり、いくつもの積極的意義を有するものであるが、この回答の可能性を生かしていくためには、今後、取り組み態勢の構築に際して、何が必要であるのかを提起してみたい。

1.「科学的検討の場」と「総合的政策形成・判断の場」の区別

　このたびの「回答」は、研究者集団が、研究者としての知識に立脚して、政策形成に積極的な役割を果たしうる一つの可能性を提起したものである。それを支えた条件と、今後もそういう役割を果たすために必要な条件を検討してみよう。

　今回の「回答」が、いくつかの方面から高い評価を得た根拠は、科学の限界を自覚した上で、科学者集団としての「一つの声」unique voice を作り出したことであろう。検討委員会は、原子力利用全体の是非には踏み込んでいない。その点については、検討委員会の委員メンバーの意見は様々である。その点についての意見の分岐を内包しつつも、委員会は、問題設定を、高レベル放射性廃棄物に対して「社会的合意形成」に基づいた「安全な対処」の方策を探るということに限定し、それによって、生産的な議論が可能になった。

　このうち、「安全な対処」の可能性や困難性については、当然のことながら、まず、自然科学的、工学的知見の果たす役割が大きい。この点について、委員会は、

参考人の意見聴取を通して、「10万年間安定した地層が存在することについて、現時点では、自然科学者の間で、一つの共有された見解があるとは言えない」という認識に達した。さらに「社会的合意形成」がなぜこれまで困難だったのか、どのような条件のもとでその可能性が高まるのかということも、委員会は社会科学的要因分析を通して科学によって回答可能な問題として、取り上げた。そのような問題設定をしたことは、当委員会の一つの長所と言えよう。

以上のような形で、「科学によって回答可能な問題」に限定して、議論を重ねたからこそ、非常に多様な学問分野に立脚する委員メンバーが回答の作成に合意することができ、「回答」に表現されたような「一つの声」を作り出しえたと、私は考えている。

しかし、他方で今回の回答に対する原子力委員会の見解の表明は、明快さを欠如しており、否定はしていないものの、受け入れるという態度表明もしておらず、せっかくの「回答」が宙に浮いた形になっている。ここで必要なのは、高レベル放射性廃棄物問題について、社会的に説得力のある政策を具体化していくために、今後、どのような取り組み態勢と議論の場を構築するべきなのか、その際、日本学術会議はどのような役割を果たしうるのか、果たすべきなのかということである。より一般化するならば、原子力政策に関するさまざまな問題に対して、社会的にどのような議論の場と政策決定の手続きをつくったらいいのか、それに対して、日本学術会議が、どのような貢献をなすことができるかということが問われている。

2. 政策決定にかかわる問題群の質的な区別

上述の問題を考えるためには、政策決定に関して考えるべき問題群のうち、どこまでは「科学」や「学術」によって、回答可能であり、どこからは「科学」や「学術」を超える次元の問題になるのかということを、自覚することが必要である。それぞれの問題の性質に応じて、異なる形で取り組みの場を形成するべきである。ただし、ここでは、「学術」という言葉を、自然科学や社会科学という「科学」を含むと同時に、さらに、規範理論的問題を扱う哲学や倫理学をも含む言葉として使用している。

ここで、政策形成に関連する論議の場を適正に構成するための準備として、次の

第2部　科学者の社会的責任　103

四つの問題群を区別することを提唱したい。

　Ａ：政策選択肢の準備のための科学的事実認識の洗練。これは、原理的には科学によって回答可能な事実判断の問題の領域でなされる。例、ある地点の活断層の存否。

　Ｂ：政策決定の準備としての政策選択肢の洗練と明示。さまざまな政策選択肢の効果と直接的費用と随伴帰結の認識という問題。例、原子力発電のシェアをどのような水準にしたときに、どのような費用と効果と随伴帰結が生ずるのかという問題。

　Ｃ：政策決定の準備としての、適正な政策決定過程をどのように設計すべきかという問題。例、社会的合意形成の可能性を高めるためには、また、決定が正当性を獲得するためには、どのような討論の手続きと、決定の手続きが必要か。

　Ｄ：総合的判断に基づく政策形成と政策決定という課題。例、今後のエネルギー供給において、原子力をどの程度利用するのかしないのか。日本学術会議が、政策形成に「学術に基づいた貢献」をするためには、科学や学術によって、これら、ABCD の問題に対して、どこまで回答を与えることができるかを、まず考えておく必要がある。

　筆者の見るところ、以上の四つのうち、Ａ、Ｂは、「科学によって原理的に回答可能な問題」なので、これらについては、「科学的検討の場」が適切に設定されれば、そこにおいて、「一つの声」への接近が可能である。Ｃは、単なる事実判断の問題を超えて、規範的判断が前提になるので、単なる科学では回答ができないが、規範理論的問題と事実認識の問題とを総合的に取り扱うという意味で「学術によって回答するべき問題」である。それゆえ、Ｃについては、「学術的検討の場」において、「一つの声」への接近が可能であり、そのための努力をすべきと思われる。これに対して、Ｄは、利害調整と総合的価値判断を含むので、科学と学術が回答できる範囲を原理的に超えている。政策決定そのものは、「学術」を超えた次元に属しており、国民の総意に基づいて選択・決定されるべきである。

3. 科学的検討の場の基本モデルとしての「統合・自律モデル」の必要性

　では、上記の ABCD の問題をどのような議論の場において、取り扱うべきだろうか。

　論議を明確にするために、「総合的政策形成・判断の場」と「科学的検討の場」

の組み合わせについて、「分立・従属モデル」と「統合・自律モデル」という二つの型を提示してみよう。

図1は、「分立・従属モデル」であり、従来の日本の政策形成過程に頻繁に見られて来たものである。それは、次のような特徴を有する。①研究者集団が科学的知見をとりまとめる場が、制御中枢圏内部のものと、その外側のものとに分立し、異なる学説を有する研究者が一堂に会することがない。②制御中枢圏内部においては、「科学的検討の場」が、「総合的政策形成・判断の場」に包摂されることによって、そこでの知見が、政策決定に直結する。その意味で、支配的な場となっている。だが、その場は、政府からの政策上の利害関心による「場の構造化作用」にさらされており、政府の利害関心の影響を強く受けて、科学的検討がそれに従属する傾向が見られる。③制御中枢圏の外部の「科学的検討の場」は、支配的な科学的検討の場の議論に対して、批判的な見解を有する研究者が参加しているが、その知見は、「総合的政策形成・判断の場」に有効に反映されない。

図1 分立・従属モデル

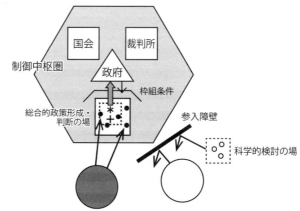

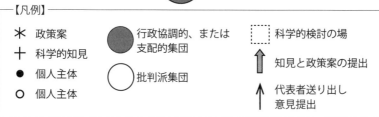

図2は、「統合・自律モデル」であり、これからの政策形成過程の改革に際して、目指すべきものである。その特徴は次のようにまとめられる。①「総合的政策形成・判断の場」と「科学的検討の場」とが分離されている。前者は制御中枢圏の中に存在するのに対し、後者は、制御中枢圏と公共圏にまたがる形で存在している。②「科学的検討の場」には異なる学説を有する複数の立場の研究者が一堂に会しており、しかも、そこでの討論は、公共圏の注視作用のもとで行われており、公共圏からの評価に開かれている。そのような主体連関のもとで、「科学によって回答可能な問題」について、「一つの声」を作り出そうとする努力がなされる。③「総合的政策形成・判断の場」には、社会内の多様なステークホルダーの代弁者が参加しており、「科学的検討の場」によって生み出された知見を一つの素材としながら、規範的原則や利害調整を勘案しながら、政策（案）の決定を生み出す。

図2　統合・自律モデル

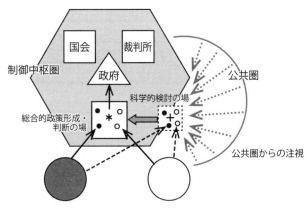

容易に見て取れるように、ABの問題群に対して、「一つの声」をつくり出しやすいのは、図2の構造のもとにおいてである。これに対して、図1においては、科学者集団が二つに分立することによって、「一つの声」が形成できないという事態が頻発する。そのような場合には、支配的研究者集団に対して、「御用学者」という非難がなされることも起こってくる。

　Cの問題群は、「科学」をこえて、「学術」の領域に踏み込むものであるが、Cの問題群についても、「科学的検討の場」を「学術的検討の場」に変化させることによって、「統合・自律モデル」によってこそ、「分立・従属モデル」におけるよりも、適切に取り扱うことができると思われる。

　そして、大切なことは、「統合・自律モデル」における「総合的政策形成・判断の場」「科学的（学術的）検討の場」という二つの議論の場が、「三主体型の討論の場」として構成されることである。「三主体型の討論の場」とは、対立する二つの意見に対して、第三者の立場に立つ主体が、討論過程を公正に管理するような討論の場である。原子力政策に例をとれば、図3のような形での取り組み態勢が、「総合的政策形成・判断の場」にも「科学的検討の場」にも必要なのである。

図3　三主体型の討論の場

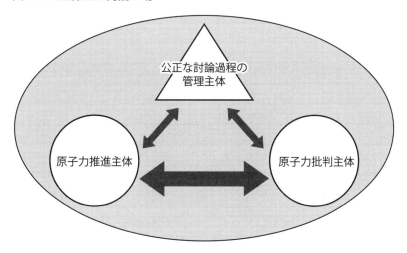

4. 今後の高レベル放射性廃棄物問題への取り組み方

　以上の考察に基づけば、今後の高レベル放射性廃棄物についての議論の場の構築の仕方と、その中での日本学術会議の果たすべき役割について、次のような案を提起することができる。

　高レベル放射性廃棄物問題を扱うために「統合・自律モデル」が示すような形で「総合的政策形成・判断の場」と「科学的（学術的）検討の場」とを設定することが必要であろう。その場合、「総合的政策形成・判断の場」の設定と、「科学的（学術的）検討の場」の設定とは、同時に実体的に二つの場として設定するという方法と、まず「科学的（学術的）検討の場」を設定し、そこでの議論を通して、一定の共通認識あるいは、「一つの声」が形成されたあとに「総合的政策形成・判断の場」を設定し議論の場が移行するという段階的な方式も考えられる。

　日本学術会議の設定する委員会が、このような意味での「科学的（学術的）検討の場」にかかわる道には、複数の方式がある。第一は、日本学術会議の中に、「科学的（学術的）検討の場」を設定して、「一つの声」の形成に努めることである。第二は、日本学術会議が、「科学的（学術的）検討の場」における「討論過程を管理する第三者的主体」として、原子力推進派と原子力批判派から、それぞれ信頼されている研究者たちを集めて、ABC の問題群を扱い、科学的・学術的検討によって、「一つの声」に接近しようとすることである。

　さらに、D の問題は、学術の射程を超える問題ではあるが、ABC についての科学的・学術的検討の成果を無視して決定するべき問題ではない。それゆえ、「学術」の代表者が「科学と学術」の担当範囲を超える問題を扱う「総合的政策形成・判断の場」において、「討論過程を公正に管理する第三者」の役割を担当するというのは、「学術」分野の主体のなしうるぎりぎりの役割であると思われる。

　以上、本稿においては、高レベル放射性廃棄物問題を手がかりとしながら、政策形成過程において取り扱わなければならない問題群に、ABCD の四つの質的に異なる問題群があることを明確にした上で、それらへの取り組みにおいて、科学・学術の果たしうる役割を、「総合的政策形成・判断の場」と「科学的（学術的）検討の場」の区別に立脚して考察した。日本学術会議は、「科学的（学術的）検討の場」

の適正な構成と運営によって、少なくとも、ABC のタイプの問題の回答に貢献しうるし、さらに、日本学術会議から選任された主体が「総合的政策形成・判断の場」において、「討論過程を公正に管理する第三者」の役割を担当することによって、D の問題への取り組みにも貢献しうると考えられるのである。

被災地再生のための「第三の道」と取組み態勢の改革

舩橋晴俊

（『学術の動向』2014 年 6 月号所収）

本稿では、東日本大震災の惨禍に対処し被災地再建と政策形成を促進するために、どのような政策議題設定が必要であるのか、それらについての政策形成を的確に実施するためには、どのような取組み態勢の構築が必要であるのかを、「社会制御過程の社会学」の視点から検討してみたい。

1.　被災地再生のために必要な政策としての「第三の道」

震災後 3 年を経過した時点で、福島原発震災の被災地の状況をみると、残念ながら、被災地再生と生活再建の明確な展望は、確立されているとは言えず、被災地再建政策をめぐる混迷が続いていると言わなければならない。

これまで、政府の再建政策の柱は早期帰還であり、その前提としての除染への注力であった。その一方で、当面帰還せず、他地域で暮らそうとする人々への政策的支援は手薄であった。それを象徴的に示しているのが、「子ども・被災者支援法」の運用が、非常に消極的なものに留まっていることである。

現実には、「早期帰還」という第一の道は、除染の効果が限られていること、空間線量がある程度低下しても十分な低下は困難なので、さみだれ式帰還とならざるをえないこと、その結果、5 層の生活環境（すなわち、自然環境、インフラ環境、経済環境、社会環境、文化環境）が崩壊している状況が続いているので、一斉帰還による地域社会の再生が実現しがたいこと、という困難にぶつかっている [注1]。

そのような状況で、多くの住民、とりわけ、出産や育児に取り組む若い世代の人々は、放射線被ばくによる健康被害を回避するために、他地域に移住して暮らす

という選択をしている。しかし、この「移住」という第二の道も、生活再生への政策的支援が手薄い中で、主として自力で生活再建を果たさなければならないこと、個々人単位では住民登録を避難先に移動させることが生活適応上は望ましいが、それが累積すると、自治体存続が危ぶまれること、という難点を有する。

　現在、町ぐるみで住民が避難せざるをえなかった富岡町、浪江町、大熊町、双葉町などの地域再生にとって必要なことは、早期帰還という第一の道や、自力による移住という第二の道ではなく、「（超）長期待避・将来帰還」ともいうべき第三の道を政策として構築することである。

　多くの住民が安心して帰還できるのは、各種のアンケート調査からは、年間被ばく線量が１ミリシーベルト以下に下がった場合である。除染の効果の限界を考慮すれば、そのような水準にまで放射線量が低下するまでには、自然減衰を待つという方法を重視しなければならず、そのためには、長期にわたる待避期間が必要である。「長期待避・将来帰還」とは、10年、20年、30年、50年、さらには、100年にわたる「（超）長期の待避期間」を避難先でコミュニティを維持しながら生活し、放射線量が十分に低下してから、意欲に応じて一斉帰還するという形での対処の方法である。この「第三の道」は、「早期帰還」か「移住」かという二者択一の難点を回避しうるものであるが、その実現には、一連の政策をセットとして実施する「政策パッケージ」が必要である。そのような政策パッケージの要素として、二重の住民登録、被災者手帳、自治体再生基金、復興まちづくり公社、避難した小中学校の維持と新入生の継続的受け入れ、開かれたセカンドタウンの建設、課題別の復興協議会と専門支援員などが大切である。

　「二重の住民登録」は、住民が避難先自治体で住民登録をすることによって、以前から住んでいたその地域の人々と対等の権利を確保して生活再建をしやすくすることと、元の地域の住民登録も維持できるようにすることによって、元の自治体の存続と将来計画を担う権利を保証するものである。

　「被災者手帳」は、被災者支援のさまざまなサービスを受給する資格を持つことを示すものとして制度化し、長期的な健康管理の機能をも持たせるようにする。

　「自治体再生基金」は、自治体の見地から、予算の効果的で機動的な運用ができるように財源を確保するものであり、使用範囲と使用期間について、自治体が大幅な裁量権を持つようにする。

「復興まちづくり公社」は、住民が帰還できない期間にも避難元の土地の安全な管理を行うとともに、インフラの再構築、太陽光パネル設置による土地の有効利用、産業の再建などの課題に取り組む。

開かれた「セカンドタウン」とは、避難先の地域社会に開かれた関係をつくりながら、長期避難自治体をコミュニティとして維持するべく、コアになる施設と一定の住宅を確保していくことである。セカンドタウンのコアになる施設として、「小中学校の存続」は必須であり、そこには新入生を継続的に受け入れるべきである。

また、政策分野ごとに「復興協議会」を組織化し、それに対して専門的情報を提供する役割を担うような「専門支援員」を確保することによって、行政、住民、専門家が一堂に会して「政策内容」をレベルアップしつつ実施できるようにする。

以上の諸方策に加えて、「（超）長期待避・将来帰還」を支える政策パッケージとして、さらにさまざまな方策を発案することが可能であろう。ここで大切なのは、「第三の道」の核心として、住民たちが「集団主体」を形成すること、そして、住民集団の意向を尊重し反映する形で自治体行政が実施されることである。

しかし、現在までの復興政策においては、「第三の道」及びそれとセットになった「政策パッケージ」についての政策議題設定（agenda setting）が欠如したり、貧弱なままに留まっている。なぜ、積極的な政策形成ができないのであろうか。どのようにしたら、積極的な政策形成を実現することが可能になるのだろうか。

2. 社会制御の成否を規定する諸要因
——制御中枢圏、公共圏、「取組みの場」

ここで、現代社会における社会制御過程を分析するための基本的視点を整理しておこう。

社会制御過程においては、一方で、政府、国会、裁判所からなる「制御中枢圏」が、制度・政策形成についても、政策の実施や制度の運営についても、大きな役割を果たしている。制御中枢圏は、さまざまな政策手段を通して、社会とその構成要素たる民衆に働きかけている。他方で、民衆が制御中枢圏に対して要求を提出し、政策提言や政策批判という形で、働きかける作用も存在する。民衆の制御中枢圏に対する働きかけが効果的になされるためには、「公共圏の豊富化」と、公共圏を通しての民衆の意思表出が大切である。ここで公共圏とは、社会問題や政策的課題に

対して、人々が形成する開放的、批判的な討論空間のことである。公共圏の要素となる個々の討論の場が「公論形成の場」である。

　一つの社会において、「民主的な制御能力」の高度化が可能になるためには、公共圏で形成される「公論」が、制御中枢圏における政策形成に反映し、民衆の意思を尊重する形で政策が決定され実行されることである。しかし、「民主的な制御能力」を高めるという課題は震災被災地の再建の困難さにみられるように、容易なものではない。「民主的な制御能力」を、高める方法の探究のためには、制御過程の実際に即した、より立ち入った検討が必要である。

　ここで、民主的な制御能力がなぜ高まらないのか、それを高めるためには、どのような条件が大切なのかという問題の分析のために、制御中枢圏と公共圏の関係を基軸とした「取組み態勢」に注目することにしたい。取組み態勢とは、社会制御過程を支える「取組みの場」(arena) と、「取組みの場」に登場する個人的・集団的・組織的主体の総体から構成されている。

　ここで、「取組みの場」の果たす機能に注目することによって、「取組みの場」を「集団主体形成の場」「要求提出の場」「政策案形成の場」「政策決定の場」「科学的検討の場」として分類しておこう。これらの個々の取組みの場は、公共圏の中にも制御中枢圏の中にも、両者の相互作用の中においても存在している。これらの取組の場が、どのような特質をもち、どのような相互作用をしているのかということが、社会の有する（自己）制御能力を規定する。

3.　制御能力の低さを規定している「取組みの場」の特徴

　では、震災被災地の再建問題の混迷は、これらの取組みの場のどういう特徴に根拠を有しているのであろうか。

　第一に、住民内部においても、行政組織内部においても、住民と行政の関係においても「集団主体形成の場」が、被災地の再建という課題の困難さに比して貧弱である。「集団主体形成の場」とは、諸主体がつながり合い協力関係を形成していくような「話し合いの場」のことである。ところが、原発震災は、広域的、分散的避難を強いるものであることによって、住民内部での「話し合いの場」を形成することをきわめて困難化した。また、行政の各部局、あるいは、各自治体は、それぞれ

図1 政策案形成の場の
　　 開放的複数案モデル

図2 政策案形成の場の
　　 閉鎖的単一案モデル

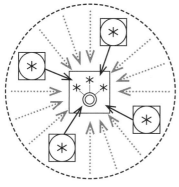
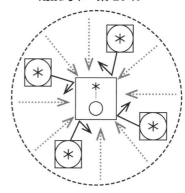

【凡例】
- ※ 市民団体、市民シンクタンク
- ⋯⋯> 注視・意見表明
- → 政策提言
- ┆ 開放的な政策案形成の場
- □ 閉鎖的な政策案形成の場
- ◎ 革新的政策議題設定
- ○ 定常的政策議題設定
- ＊ 一つの政策案

の持ち場で「緊急の対処」を積み重ねたが、タテ割り行政をこえた総合的な対処をするための「話し合いの場」については不足している。また、危機的な事態の連続の中で、住民と行政の間に溝が生まれがちであり、「話し合いの場」の設定は容易ではない。

　第二に、住民から行政に対する「要求提出の場」や、下位の行政組織から上位の行政に対する「要求提出の場」が、効果的に形成されていない。住民内部において、集団主体形成が弱体であることは、個人的、個別的な不満の表出はなされても、「政策議題設定」に結びつくような形での政治システムにおける「効果的な要求提出」を困難なものとしている。市町村が相互に連携して「集団主体」を形成する動きが弱いことは、市町村から福島県や政府に対する「効果的な要求提出」を少なくし、必要な「政策議題設定」が不十分であることを帰結している。

　第三に、制御中枢圏における「政策案形成の場」が、「開放的複数案モデル」というよりも「閉鎖的単一案モデル」という特徴を帯びているため、住民や自治体か

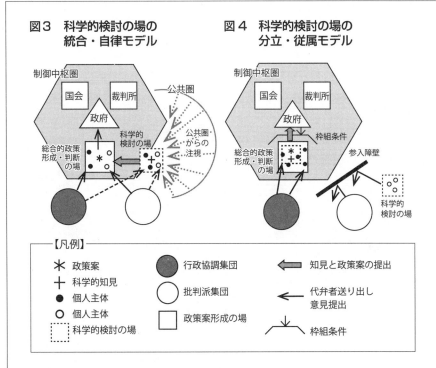

らの要求や意見を積極的に取り入れて、現場の実情に即した効果的な被災地再建政策案を形成しえていない。ここで、「開放的複数案モデル」とは、「政策案形成の場」が公共圏からの意見提出に対して開かれており、しかも、複数の政策案を形成し、その相互の優劣を比較するという合理的な政策検討の手続きが実現している場合を指す（図1）。他方、「閉鎖的単一案モデル」とは、政府の「政策案形成の場」が住民や自治体の意見表出に対して閉ざされており、しかも、単一の政策案しか発案しないので、多様な可能性を吟味することが欠如しているような場合を指す（図2）。

　第四に、「科学的検討の場」が、「統合・自律モデル」（図3）を実現できず、「分立・従属モデル」（図4）となっている。一般に、「政策案形成の場」において優れた政策案を形成するためには人々から信頼され、また、確実性を有する科学的知見が提供されることが必要である。

　そのためには、利害調整の場と科学的検討の場とを切り離し、科学的検討の場においては多様な見地を有する専門家集団が一堂に会して、科学によって回答可能な

問題を取り上げ、公衆の注視の中で自律的な討論を通して説得力のある見解を選択していくような「統合・自律モデル」が成立することが望ましい。ところが、日本社会での政策案形成は、しばしば、それとは異なる「分立・従属モデル」によって作り出された「科学的知見」に依拠してしまう。「分立・従属モデル」とは、科学的検討の場が分立し、一方では制御中枢圏の政策案形成の場に包み込まれた場では、行政の利害関心が介入しそれに従属するような立論がなされ、他方で、それに批判的な見解を有する研究者は、制御中枢圏の外側で発言するが、制御中枢圏からは排除されているというような場合である。

被災地再建問題では、除染の効果問題、放射能の長期予測問題、低線量被ばくの健康影響問題など、科学的知見を洗練するべき課題が山積しているが、これらの「科学によって答えるべき問題」に対して、「統合・自律モデル」という性格を有する的確な「科学的検討の場」が不足している。

第五に、「政策決定の場」が、十分に民意を反映しているとは言えない。例えば、早期帰還政策は、世論調査や意識調査に現れている放射線被ばくに対する回避を重視する意見との乖離を示している。また、賠償問題についても、避難指示の解除についても、住民の実情を反映して効果的な生活再建を保証する内容になっていない。

むすび

以上のように、地域ぐるみの避難を強いられた諸自治体についての被災地再建問題をめぐっては、第三の道としての「（超）長期待避・将来帰還」を柱にして、一連の政策パッケージを組み合わせて実施するべきである。そのためには、五種の機能を有する取組みの場が、それぞれ制御能力を高めるような性質を有するとともに、的確に連結されることが必要である。しかし、これまでの被災地再生政策では、全体としての「取組み態勢」が不適切であり、的確な「政策議題設定」をなしえていない。

【注】
(1)　舩橋晴俊、2014「『生活環境の破壊』としての原発震災と地域再生のための『第三の道』」『環境と公害』43（3）：62-67.

1. 「取（り）組み態勢」への関心と「科学・学術」のあり方に対する自己言及

　紹介した2編の論文は、いずれもその題名に「取（り）組み態勢」という語を含んでいる。筆者が舩橋先生と個人的な面識を得たのは東日本大震災・福島原発事故（以下、震災・原発事故。ちなみに舩橋先生は石橋克彦神戸大学名誉教授が提唱した「原発震災」という語（石橋1997、2012）を採用し、「福島原発震災」という呼び方も用いておられた）発生以降であるが、筆者が直接その姿を拝見してきた舩橋先生の中心的関心は、この未曾有の複合災害がもたらした、あるいは浮き彫りにした社会問題に対する「取（り）組み態勢」の構築に学術の立場から貢献し、様々な政策や運動を通してそれら問題に対する可及的速やかで、行き届いた対処を実現すること、まさにその一点であったと言えよう。

　もちろん、舩橋先生は日本における環境社会学研究の第一人者のうちのひとりとして広く知られ、その研究は研究業績という意味でも、研究スタイルという意味でも、強い問題解決志向に裏打ちされたものであったことは言うまでもない。社会学は伝統的にそして本来的に、社会問題とそこにおける被害に関心を寄せ、弱者に寄り添いつつその解決をはかることを目指す学問でもある。舩橋先生は、かつては公害問題、そしてより今日的には環境問題と呼ばれる多くの具体的な問題を見いだされ、それを生み出す仕組みを分析され、解決の方途を探ってこられた。そのことからすれば、震災・原発事故の惨禍を目の当たりにした舩橋先生が、震災・原発事故の被害とその背後にある諸問題の分析と解決に心血を注がれたことは極めて自然な帰結とも思われる。

　しかし、震災・原発事故後の舩橋先生は、1）被害を生み、拡大する諸要因を除き、必要な支援や問題解決を促進するために、政策形成に対する「科学・学術」の貢献という回路を強く意識したこと、2）その際に、これまでの学術のあり方、あるいは学術と政策の関係を自己言及的に省察し、その問題点を解決することを極めて重視したこと、の二点が特に際立っておられたように思われる。舩橋先生は社会学が、あるいは「科学・学術」全体の知がより適時・適確に政策に取り入れられれば、被害を受けられた方々や地域に対する支援、再建、またそうした被害を生み出してしまった（またはこれから生み出しうる）ような社会の病理の解消が有意に進む（「民主的な制御能力」の高度化）との

信念を持っておられた。言い方を変えれば、個別の問題をこえる「社会制御」の全体、またその諸部面において「科学・学術」が適切にその役割を果たせなくなっていた（いる）ことは極めて深刻な問題なのだという問いかけを舩橋先生はされ、社会学はその原因を明らかにし、解決の方途を示すことができるはずだとの見通しを立てておられた（「社会制御過程の社会学」）。そしてこの点は「科学・学術」とそこに携わる学者・研究者自身が取り組むべき課題でもあるのだという視座をはっきり示そうとされたのだと思う。

「取（り）組み態勢」という言葉にはこうした含意があり、それゆえに、（いずれも震災・原発事故に深く関わるが、しかし）扱うテーマを異にする両編の論文がこのキーワードをともに含んでいたのである。

2. 「科学・学術」の再生：「分立・従属モデル」から「統合・自律モデル」へ

では、「科学・学術」には何が求められるのか。政策形成と「科学・学術」の関係はどうあるべきなのか。この問いに対して舩橋先生が提示されたのが「科学的検討の場」の「分立・従属モデル」から「統合・自律モデル」への転換である。

科学技術があらゆる部面で深い関わりを持つ現代社会においては、政策形成において「科学・学術」がもたらす「科学的知見」が適切に参照され、反映されることが死活的に重要であることは論を俟たない。前述のように、舩橋先生はこのプロセスにおいて重大な不具合が発生していると見ていた。両論文の中心的な分析はこの不具合の内実に対して向けられているが、共通する見立ては、これまでの政策形成においては、本来はさまざまな異論が科学的な理非のみに照らしてその当否を判定され、結論が出されるべき科学的検討の場が、いつしか「制御中枢圏」の「場の構造化作用」のもとに置かれてはいないか、という批判的なまなざしである。

こうした状況を舩橋先生は「分立・従属モデル」と呼んだ。なぜなら、科学的当否が政策を形成していく力になるのではなく、それとは全くあべこべに、所与の政策を支持し、正当化する知見のみが選択的に再生産されていく科学的検討の場が「制御中枢圏」に「従属」するかたちで存在しており、それは異論が交わされる科学的検討の場とは「分立」してしまっていると見たからである。「場の構造化作用」の主な駆動力は政府の「利害関心」であり、「従属」し

第2部　科学者の社会的責任　*117*

た科学的検討の場に身を寄せる科学者たちはその影響下にある。逆に、政府の利害関心から生じる「支配的な」見解とは異なる批判的見解を持つ科学者は、別の科学的討議の場でしか異論を提起し、たたかわせることができず、政策形成においてその知見が取り入れられることもない。言うまでもなく、科学的検討が利害関心によって左右され、しかもその結論がいわば先取りされているという状況は健全ではないから、政策上の利害関心から切り離され、異なる見解を有する科学者が「一堂に会して」理非を尽くし、真に政策が依拠すべき知見を政策形成過程に対してインプットする「統合・自律モデル」への転換が図られるべきだというのが、舩橋先生の中心的な主張である。

　もちろん、政策にとって利害調整は不要ではなく、それはそれで中心的課題であるから、そのための場が全く不要となるわけではない。したがって検討の場を「総合的政策形成・判断の場」と「科学的検討の場」に明確に分けることが「統合・自律モデル」実現の前提になる。この二分法を徹底すれば、前者での検討が後者の結論を参看することは引き続き可能だが、前者における利害関心が後者における検討内容に影響を及ぼすことはなくなるはずである。そして、この二分法を徹底するためには、政策の形成・決定を要する問題群を「科学的事実認識」に関わる問題と「規範的判断」に関わる問題に質的に区別することが何よりも重要だ。

　これらの前提に立てば、言うまでもなく、「科学・学術」の領分は前者の問題群に対して「科学的」な回答（あるいは選択肢）を用意することに限定される。したがって、科学者は前者に関わる知識生産に専心し、科学者集団であるアカデミー（日本の場合はもちろん日本学術会議）はその回答をとりまとめ、政策形成過程に対してインプットする役割に徹するべきという結論が導かれる。

　舩橋先生はこうした認識に立ち、日本学術会議は科学的検討の場を「分立・従属モデル」から「統合・自律モデル」に転換するために、見解を異にする科学者間の討議を「公正に管理する第三者」としての役割を率先して果たすべきだという提言を行っている。

　このように、舩橋先生は「科学・学術」がその本来の姿を取り戻し、再び公益を実現しうる政策形成のよすがとなることを強く望み、そのための処方箋を示されようとしていたのである。

118

3.　舩橋論文から私たちが受けた示唆
　　：科学・技術・社会についての諸研究を踏まえて

　では、私たちは舩橋先生が遺されたこの提言を活かすために何を考え、何を
なすべきか。その示唆を咀嚼することを試みたい。大変僭越ながら、科学・技
術・社会についての研究の流れを少しだけ見回し、舩橋先生が示された処方箋
が乗りこえるべきいくつかの課題を提起する。

　まず挙げられる大きな論点は、舩橋提言が前提とする「科学・学術」のあり
様や規範的原則の妥当性の再検討である。科学史、科学哲学、科学社会学、そ
して STS（科学技術社会論）の一連の研究は、舩橋先生がその再生を切望され
た「科学・学術」像が抱え込むさまざまな困難を描き出してきた。本書では現
代の科学技術が「トランス・サイエンス」的な性質を否応なく持っていること
が生み出すさまざまな課題群が渉猟されているが、そこでは、「科学・学術」
が舩橋構想ほどに価値中立的に存在することにある種の本質的な困難が生じ
る。科学的な討議であっても、その決着は理想化された意味での「科学的な」
理非のみに基づいてはなされず、しかもそれは是正されるべき／是正可能な逸
脱ではなく、本来的な限界として捉えられる。とりわけ、本書でも繰り返し指
摘されるように、技術―工学の場面では、価値判断から自由な、価値判断から
切り離された専門的判断はあり得ないと言ってもよい。「トランス・サイエン
ス」の考え方は、「科学によって回答可能な問題」とそうではない問題の峻別
の可能性や必要性を説いたというよりも、そうした峻別の困難さを指摘し、峻
別できないとすればどう対処するべきなのかという問題提起の嚆矢として受け
止めるのが一般的なのである（例えば小林（2007）参照）。

　もちろん、とはいえ、震災・原発事故後に「御用学者」という語が人口に膾炙
したことからも明らかなように、とりわけ原子力技術の場合を考えれば、政策―
利害―専門知という連関に何らかの、しかし明らかな不健全さが認められたこと
は、おそらく直感的理解ゆえの誤りとは片付けられない問題だろう。その意味で、
舩橋論文の批判とその提言による問題提起は依然として有効だと捉えるべきであ
る。したがって、舩橋先生が提唱された「社会制御過程の社会学」と科学・技術・
社会についての諸研究の学知との間のいっそうの交流と相互深化が必要だ。

　また、科学者や科学的検討の場を「分立」させてきたメカニズムについて
も、分析を深める必要があるように思われる。舩橋論文は「場の構造化作用」

の駆動力を政府の「利害関心」に認め、それに対する親和性の違いが科学者を分断し、科学的検討の場を「分立」させてきたという筋道を示した。しかし、社会学的には「利害」（interest）という概念はさらに拡張し、また、あらゆる当事者に対して等距離に適用可能ではなかろうか。

　確かに原子力技術はひときわ国家資本主義的性質を強く持ち、また、その出自における軍事技術としての側面から、その場合に政府の利害関心の影響を強く受けるとの想定は自然であろう。「『従属』的な科学的検討の場で汲々とする研究者」はそうした利害を共有し、あるいは時に内面化すらしていることも容易に想定される。しかし、批判的見解を持つ研究者にとっても利害がないわけではない。もちろん、それは「政府の利害関心」とは内実が異なるし、公益との兼ね合いにおいてもそれとは全く異なる様相を持つ場合もあるだろう。だが、向き合う問題が「トランス・サイエンス」的であることを認めるならば、討議や合意が「科学的な」理非、真理の規準によってのみ判定されるという立場は取り得なくなり、各自の利害の影響を受けざるを得ないことになる。例えば「安全」や「リスク」についての信念、社会観・未来観と言ったより幅広い価値判断は、科学的には不定性が残る部分に対する科学者の判断に大きく影響する。

　また、科学的検討の場の「従属」が「構造化」されているとするならば、「『従属』的な科学的検討の場で汲々とする研究者」は利害得失を自覚的に判断して「従属」するというよりも、「その様にしかあり得ようがないから」そうした場で「汲々と」してきた（いる）可能性がある、という点も論点となるだろう。批判的見解を持つ研究者の方が、そうした「構造」に対しても、個別の利害関心の存在やその影響に対しても自覚的になりやすいという作用もあるかもしれない。この場合にはもちろん、「汲々とする研究者」の方を「場の構造化作用」から解放して市民社会の側に改めて招き入れることが課題となりうる。ここでしばしば、彼らに対する倫理的な省察と自覚を促すという戦略が構想されるが、上記の見立てからすれば、相対的により不自由な状況に置かれているのはむしろ「汲々とする研究者」であって、社会学の伝統からすれば、弱者としてエンパワーメントを必要とするのは彼らのほうかもしれない。そうだとすれば、倫理的な批判によって当事者の変化を期待する以外にも、そのような状況に置かれていることが彼ら自身にとっても何らかの不都合を生じていないか、彼らが搾取されているのではないかという出発点からの研究や働きかけも構想され得るように思われる。

120

このような今後の展望を舩橋先生ご自身と議論できなくなってしまったことは誠に断腸の思いである。お元気であれば、こうした生意気な議論にも真摯に応答くださり、議論を深化させる方途をお示しくださったに違いない。末筆ながら改めて舩橋先生に心からの感謝を申し上げ、解題の結びとしたい。

■引用・参考文献
石橋克彦（1997）「原発震災——破滅を避けるために」、『科学』Vol.67（10）（1997年10月号）、岩波書店
石橋克彦（2012）『原発震災——警鐘の軌跡』、七つ森書館
小林傳司（2007）『トランス・サイエンスの時代——科学技術と社会をつなぐ』、NTT出版

3 ｜ 科学者／技術者の社会的責任

東京大学大学院総合文化研究科教授　**藤垣 裕子**

　福島原発災害後は、日本学術会議の中でも科学者／技術者の社会的責任をめぐって活発な意見が交わされ、さまざまな議論が展開された。たとえば、日本は長年「科学技術立国」を謳ってきたにもかかわらず、なぜあのような事故を起こしてしまったのか。また日本は事故後のリスクコミュニケーションにおいて、なぜ世界に誇れる国ではないのか。津波のコミュニティの持っていた情報が原子力コミュニティにうまく伝達されなかったと指摘されているのはなぜなのか（日本学術会議シンポジウム、2012 年 1 月）。医師教育における医療人類学や医学史教育の不足が福島における市民とのコミュニケーションに影響していると海外から指摘されるのはなぜなのか。こういった現代的な問いを考えるために、本稿では、科学者の社会的責任についての議論の時代区分を追い、責任の 3 つの相について考え、ユニークボイスと責任について考察し、不確実性下の責任について考えてみる。

1.　科学者の社会的責任の時代区分

　科学技術倫理辞典（2005,2011）によると、米国における科学者の社会責任論の時代区分は、以下の 3 つのフェーズに分けられることが指摘されている。以下に引用を示す（ミッチャム、責任、p1320-1326）。

＜フェーズ 1：責任の認識＞
　1945 年 12 月、「原子物理学者会報」の第 1 号で、原子物理学者連盟（後の米国科学者連盟）の目的が宣言されている。連盟のメンバーは、「原子核エネルギーを解放したことによってもたらされる問題にからむ、科学者の責任を

明確に」しなくてはならない。そして「原子核エネルギーの解放によって生じる科学的・技術的、そして社会的問題について、公衆を教育」しなくてはならない。それまでは科学者は、実験結果を偽造することなく善良な科学の探究を行い、他の研究者と協力することがその責任であると考えられてきた。しかし現在は、……自分たちの責任が拡大したと感じた。……原子物理学者たちが、その後10年にわたって、科学兵器技術によってつくられた新しい状況に応答するためにとった最初の方法は、米国において原子核研究をシビリアンコントロール下におくことであった（以下略）。

＜フェーズ2：責任の問い質し＞

1960年半ばから1970年の初頭にかけて、科学者の責任を問う第二のステージが現れる。はじめにこの問い質しは、環境汚染問題への認知が増加したことに対応して起こった。この環境汚染は、科学の単純な非軍事化や民主的コントロールの増加によって緩和されるとは考えられない現象である。……レイチェル・カーソンの『沈黙の春』（1962）は、この問題についての初期の言明であり、科学それ自体の内的な変革を求めている。しかし、この科学の内的な再構成に向かう第2ステージの動きの中で、同様に焦点となる経験は、1975年のアシロマ会議であろう。ここでは、組み換えDNA研究の危険が扱われた（以下略）。

＜フェーズ3：倫理の再強調＞

科学時代を内側から変換しようとする試みは、1980年代半ばから、新しい外からの批判に取って代わられた。その批判とは、科学的産物（知識）に対する批判ではなく、科学的プロセス（方法）に対する批判である。科学における不正行為の多くの事例が、科学に対する公的な投資が賢明に使われているかどうかについての問題を提起していた。……結果として科学者共同体は、彼らの倫理やその効率を自ら吟味しはじめた。

　以上がミッチャムによる科学者の責任論の時代区分である。まとめると、原爆投下直後に原子物理学者たちの手によって「非軍事化と科学の民主的コントロール」が叫ばれたのがフェーズ1、そのような非軍事化と民主的コントロールだけでは緩和できない科学内部の問題が指摘されたのがフェーズ2、そして

第2部　科学者の社会的責任　*123*

科学的産物（知識）だけでなく方法に目を向けたのがフェーズ3である。

　日本でも、物理学者たちの手によって、フェーズ1の活動が行われた。たとえば、1955年のラッセル・アインシュタイン宣言をもとに1957年から開催されたパグウォッシュ会議の場で、ノーベル物理学者の湯川秀樹氏は、日本の物理学者20名と連名でラッセルにあてた声明を1958年に提出している(*1)。この声明では、世界平和のため、および放射線の危険から人類を守るために核実験を廃止すること、核開発競争によってパワーバランスを保つことの問題点、原子力の平和利用、それに向けての科学者の国際協力がうたわれている。その文言に「倫理的責任」という言葉がでてくるが、物理学者としての高い責任感に基づく高らかな理想が伝わってくる。

　さて、このフェーズ1におけるパグウォッシュ会議発足および湯川声明では、「核兵器の非人道性を訴えるというのが科学者の社会的責任」だということが主張される。ただ、この主張を現代の文脈に置いて省察してみると、本言説の陥穽（かんせい）が明らかになる。第一に、この言説は、「核の平和利用」ならいいという逃げ道を作ってしまうということ、第二に、非人道性という言葉を強調することによって、ジェノサイドなどの批判が可能になるのと引き換えに、現代の福島災害後のいくつかの問いに答えられなくなることである。たとえば、なぜ、科学技術立国といいながらあんな事故をひきおこしてしまったのか、なぜ日本のリスクコミュニケーションは世界に誇れるものではないのか、といった問いにこの声明は答えることができない。これらの問いと声明は、科学者の作り出したものが世界の平和を脅かすという深い失望と懸念から生まれている。そして、科学者共同体こそは理想の共同体という理念に支えられ、世界平和を維持することが理想の共同体の責任であると考えている。そのために、上記フェーズ2の科学内部の問題や、フェーズ3の科学の方法への問いにはなかなかつながってこないのである。事実、第55回パグウォッシュ会議が2005年7月に広島で開催されたが、ここで見られた傾向は、国際政治にかかわる社会科学者の参加者の増加に対して、若い自然科学者の関心の低下である（2005年7月29日朝日新聞記事）。自然科学者の参加意欲の低下は、フェーズ1において問題とされた「非軍事化と科学の民主的コントロール」だけでは、現代の科学者の社会的責任の諸相を覆いきれなくなってきていることの証左かもしれない。

　さて、日本では上記フェーズ2にあたる「責任の問い質し」は、多くの公

害が問題となった 1970 年代におこっている。水俣病やイタイイタイ病などの公害病が新聞メディアに登場するのは 1950 年代からであるが、1970 年代は瀬戸内海の汚染、田子の浦の汚染、光化学スモッグなど、メディア上で「公害」問題が多く扱われた年代であり、1970 年 11 月におこなわれた国会は「公害国会」とも言われた。1960 年代の高度成長のもたらした陰の部分が噴出したのが 1970 年代である。これらの背景をもとに、反公害運動、反原発運動、反科学技術といった市民運動もおこった。レイチェル・カーソンの『沈黙の春』という本を読まなくても、日本人は自らの国土の汚染、健康への被害という形で、環境問題に直面したのである。そこでおこった科学技術への問い質しが、日本におけるフェーズ 2 であると考えることができるだろう [＊2]。

　続いてフェーズ 3 に相当するのは、2000 年代の各種研究不正の発覚、2011 年の東日本大震災後の科学技術への信頼の低下、そしてそれに続く 2013 年〜 14 年の研究不正騒動であろう。日本学術会議は国内外で頻発する科学者の不正行為に強い危機感を持ち、再発防止の対策をたてるために、「科学者の行動規範に関する検討委員会」（委員長：浅島誠東京大学教授）を 2005 年 10 月 27 日から 2006 年 10 月 31 日にかけて開催し、声明「科学者の行動規範について」を 2006 年 10 月に策定している。また文部科学省は 2014 年はじめの理研の騒動をきっかけに、「研究活動の不正行為への対応等に関するガイドライン」（2014 年 8 月 26 日）を定め、不正を事前に防止する取り組み、組織の管理責任の明確化、国による監視と支援についての見解をまとめている。米国における不正の発覚が 1980 年代に多くおこったのに対し、日本では 2000 年代であること、あるいは生命科学をめぐる不正が 2005 年の韓国、2014 年の日本でおこったこと、などはそれ自体分析に値する。しかし、より大きな問題は以下の点にある。フェーズ 3 にふくまれるものが、科学技術への不信という大くくりのなかにはあるにせよ、その内実が研究不正対処にとどまらず、不確実性下の情報公開のありかた、ユニークボイスの是非、情報公開における専門家の責任、専門家が複数の見解を公開したときにそれを受け取る公衆の反応と分断など、非常に多岐にわたることである。したがって、フェーズ 3 については、より詳細な検討が必要となると考えられる。

　以上のようなことをふまえたうえで、次節以降ではまず科学者の社会的責任の 3 つの相を考察し、次にフェーズ 3 についてのより詳細な検討を行う。

第 2 部　科学者の社会的責任　*125*

2. 責任の３つの相

　科学者の社会的責任についての言説をレビューすると、それらにはかならず以下の３つの相がふくまれていることが示唆される。1）Responsible-conduct（責任ある研究の実施）、つまり科学活動の生産物がもつ品質の相、2）Responsible-products（責任ある生産物）、つまり生産物の製造責任、3）Response-ability（応答責任）、つまり科学者（人）が人との間にもつ関係の相である。以下に簡単に説明しよう。

第1相：Responsible-conduct（責任ある研究の実施）

　第１相は、科学者共同体内部を律する責任であり、研究の自主管理と研究の自由に関連する責任論のことである。たとえば、「すべてのバイアスから自由であること」「一見わかりやすい説明が流通していても、それに反するいくつかの知見があるときは、目先のわかりやすさや利潤にこころを奪われることなく、探求を続けなくてはならない」といった責任である。研究の自由と自主性を守るためには、まずは自らを内部から律する必要がある。

　このような共同体内部を律する責任について、全米科学アカデミーは、「On Being A Scientist: Responsible Conduct in Research」（科学者をめざす君たちへ：科学者の責任ある行動とは）という冊子の第１版を1989年に出版している。これは全米で20万部以上が大学院および学部学生に配布され、授業やセミナーなどで使用された。6年後の1995年には、全米科学アカデミー、全米工学アカデミー、医学研究所の三団体によって、第2版が出版されている[*3]。第2版のまえがきには、「……科学そのものを特徴づけ、科学と社会との関係を特徴づけてきた高い"信頼性"こそ、今日の比類なき科学的生産力の時代をつくりだしてきたのである。しかしこのような信頼性は、科学者のコミュニティー自らが節度ある科学活動によって得た基準を、具体的に示し伝えていくことに努めなければ、維持できないことを心にとどめてほしい」とある。科学が社会との間の信頼を維持するために、コミュニティ内部を自ら律する必要性が主張されている。

　日本では、第１節でも述べたように、日本学術会議が声明「科学者の行動規範について」を2006年10月に策定した。第2章「科学者の行動規範」と

して、科学者の責任、科学者の行動、自己の研鑽、説明と公開、研究活動、研究環境の整備、法令遵守、研究対象への配慮、他者との関係、差別の排除、利益相反といった項目についてそれぞれ数行の説明がなされている。また、第3章「科学者の行動規範の自律的実現をめざして」では、組織の運営に当たるものの責任、研究倫理教育の必要性、研究グループの留意点、研究プロセスにおける留意点、研究上の不正行為等への対応、自己点検システムの確立、などの実施上の具体的取り組みがまとめられている。米国のアカデミー編のものが、「次世代に伝える研究上守るべきこと」をわかりやすく解説した書であるのに対し、日本の上記声明は、「今、シニア研究者もふくめて自戒すべきこと」という趣が強い。作成されたパンフレット「科学における不正行為とその防止について」も全米アカデミーのものに比べると、不正行為に注目したものが多い。いずれにせよ、これらの科学的知識の品質管理にかかわる問題は、基本的には科学者共同体内部を律する責任のなかに入る。その意味で、学術会議が研究者自らの手で行動規範を作成したことには意義がある。

第2相：Responsible-products（責任ある生産物）

　第2の責任として、科学技術が作ってしまったもの／作ろうとしているものの社会に対する影響についての責任論がある。前項で扱った責任が共同体内部を律するものであるのに対し、本項で扱う責任は、その共同体の知的生産物の共同体外部に対する製造物責任である。たとえば、原子爆弾の世界への影響、遺伝子組換え技術によって作られた作物の健康影響および生態への影響などが対象となる。上記のパグウォッシュ会議の正式名称は、「科学と世界の諸問題に関するパグウォッシュ会議」で、すべての核兵器を廃絶することが目的となっており、科学技術（とくに原子力物理学）が作ってしまったものの社会に対する影響を憂慮するものである。ラッセル卿とアインシュタインの呼びかけにより、11名の著名な科学者によって創設され、1957年第1回会議が11カ国22人の科学者が参加してカナダのパグウォッシュ村において開催された。また、遺伝子組換え技術の社会的影響に関しては、「アシロマ会議」が1975年に開催されている。1973年にコーエンとボイヤーによって遺伝子組換えの技術が確立された2年後、その潜在的リスクを懸念した研究者たちが米国カリフォルニア州アシロマで開いた会議である。この会議では、遺伝子組換え技術によって生態や環境に悪影響を及ぼすものが開発された場合の「物理的封じ

込め」「生物学的封じ込め」などのリスク管理について話し合われた。このアシロマ会議では、科学技術が社会に作ってしまったものと同時にこれから作りつつあるものに対する責任も論じられている。ここで焦点となるのは、研究の自由と研究への規制（科学者自らの手による）と製造物責任との間にどうやっておりあいをつけていくかについての息の長い議論である。

　製造物責任においては、製造した学者がその結果を意図していた場合のみ責任が発生するのか、あるいは意図していなくても責任は発生するのか、ということも問題となる[*4]。ジョン・フォージは、「標準的見解」に対して、「広い見方」を提示する。ここで標準的見解とは、行為の結果に対して行為者が責任を負うのは、行為者がその結果を意図していた場合であり、かつその場合に限る、というものである。それに対しフォージの主張する「広い見方」とは、行為者がその結果を意図していなくても、十分予見されるに足る証拠がある場合には責任が生じる、という考え方である。例を挙げよう。1939年春、第二次世界大戦勃発の2、3カ月前、フランスの科学者であるジョリオ・キュリーは、重水を用いた集合体での中性子倍増率の結果を公表する準備をしていた。この結果は、もし十分なウランが適切な減速器に沈められれば、核分裂の連鎖はそれ自身を継続させることができる、つまり核分裂の連鎖をコントロールすることによって核爆弾製造が可能であることを示すものであった。当時ニューヨークにいたレオ・シラードは、ナチスが自分たちの核兵器を持ち、中性子増殖に関するデータが爆弾の計画に利用できるようになることを恐れて、ジョリオに手紙を書き、結果の公表を一時停止することを求めた。しかしジョリオは、自分は兵器や戦争に関連した研究をしているのではなく、ウラン原子の特性を研究しており、単に純粋な科学を行っているにすぎないと主張して、一時停止に加わることを拒絶し、4月のネイチャー誌に論文を公表した。

　この場合、ジョリオにはナチスに荷担する「意図」は存在しない。したがって標準的見解によると、ジョリオには責任はないことになる。しかし、フォージはこの考え方に疑念を呈する。たとえドイツの爆弾計画を助けるということが、意図したものではないにせよ、公表の帰結としてもたらされるかもしれないと考える根拠を彼が持っており、それでもやはり公表した場合、責任は生じるのではないか。そしてそのような根拠を持っておらず、彼が無知だったとしても、やはり責任は生じるのではないか。予見はするが意図しない事柄に対しては誰にも責任がないということが明白なら、ジョリオは非難されるべきでは

ない。しかし、「人は、自分が意図したことだけに責任がある」（標準的見解）というのはけっして明白ではないのである。このように製造物責任においては、「意図」のとらえ方に注意が必要である。

さて、現代の生命倫理、環境倫理、技術倫理などの議論をみると、上記の第1相のような研究者コミュニティ内部を律する責任（行動規範）に留まらず、本項のような製造物責任に関する議論に広がっていることが観察される。たとえば、代理母をめぐる生命倫理では、技術的に可能なことの品質管理は第1相の議論になるが、技術的に可能であること（代理母出産）の社会における是非は第2相の問題である。第1相はあくまで研究者内部に閉じる形で、つまり全米科学アカデミーや日本学術会議に閉じる形で論じることができる。しかし、第2相になると、技術の社会における意味など、研究者内部に留まらず、多くの利害関係者の意見を聞く必要がでてくる。代理母をめぐる議論であれば、技術をもつ産婦人科医のほか、代理母出産を望む患者、その家族、代理母を請け負うボランティア、産む権利を擁護する人権擁護論者、生まれてくる子供の人権を擁護する人権擁護論者で意見が異なる。これらの意見をもとに議論するのが第2相の製造物（ここでは代理母出産を可能とする生殖医療技術）責任である。このように、製造物責任になると、研究者コミュニティに閉じた形での議論ではなく、社会に広く議論を広げる必要がでてくるのである。研究者共同体のもつ閉鎖性に対し、批判的視点が必要となるだろう。

パグウォッシュ会議やアシロマ会議は、研究の自由と研究への規制とのおりあいを科学者自らの手によって議論した。それに対し、現代の生命倫理や環境倫理の議論は、研究の自由と研究への規制との間にどうやっておりあいをつけていくかを、科学者のなかで閉じることなく社会の利害関係者とともに議論することが要求される。

第3相：Response-ability（応答責任）

3つめの責任は、公共からの問いに答える応答責任である。「責任」の英語はResponsibilityであるが、これはResponse（応答）できるAbility（能力）である。たとえば市民からの「この研究は社会にでていったとき、どのような形で社会に埋め込まれるのですか」という問いへの応答責任（社会リテラシー）、「この研究は何の役にたつのですか」という問いへの応答責任（説明責任）、「それはどういう意味ですか」という問いへの応答責任（わかりやすく

伝える責任）、「米国からの牛肉輸入再開にあたって BSE の危険を抑えるためにはどのような判断基準が適正ですか」という問いへの応答責任（意思決定に用いられる科学の責任）、「あの報道に用いられた科学の根拠は適正ですか」という問いへの応答責任（報道に用いられる科学の責任）などがある（藤垣、2008）。

　第 1 節の時代区分で引用した科学技術倫理辞典の扱う責任は、この 3 つの相のうちどれかに分類できる。さらに、論者によって、第 1 相 Responsible-conduct のみが大事であるという主張もある。たとえば、「科学者は、実験や研究の成果物に責任があるのではなく、研究を実施すること及びその結果を報告することに責任があるのである。[*5]」（Hans Lenk、科学技術倫理辞典、2012、p1330）といった主張である。それに対し、第 1 相だけではなく、第 2 相および第 3 相をふくんだ一般的道徳責任を科学者の責任とすべきだという主張もある。たとえば、「科学および技術の共同体の成員は、科学及び技術によって影響を受けるすべての人々及び他の生命の幸福に対して責任をもつ。それは一般的かつ恒常的な責務である。[*6]」（Hans Jonas、科学技術倫理辞典、2012、p1332）などがそれにあたる。
　また、上記の責任の相の違いは、対応する倫理の違いも生んでいる。責任の第 1 相は、「研究倫理」に対応する。捏造、改ざん、剽窃に対する科学者共同体による自主規制などがそれにあたる。責任の第 2 相は、上記でもふれたとおり、環境倫理・生命倫理・情報倫理・工学倫理といった所謂応用倫理のなかで議論されている。これらは、研究倫理にとどまらず、各方面の科学技術が、広く社会に与える影響の倫理的側面を検討するものである。さらに、責任の第 3 相は、現実に科学者が社会に関与するときの倫理である。社会的意思決定への助言をする際の倫理などがそれにあたる。第 1 節でみたフェーズ 3 には、第 1 相から第 3 相まですべての相の責任がふくまれていることが示唆される。

3.　ユニークボイスをめぐって

　責任の相を 3 つに分けたあと、日本のフェーズ 3 についての詳細な検討に入ろう。まず、不確実性下の科学者からの情報発信はどうあるべきかについて考察する。原発災害後の政府および専門家からの情報開示をめぐっては、さま

130

ざまな批判が展開された。これを責任論とからめて考えてみたい。

　2011年11月3日、米国クリーブランドで国際科学技術社会論学会と米国科学史学会と技術史学会の合同のプレナリーが「フクシマ」をテーマに行われた際、三学会をそれぞれ代表する原子力技術史あるいは原子力社会論の研究者たちが発表を行った。そのなかの一人が、作業服を着た菅首相（当時）と枝野さんのスライドを映し、「日本政府はDis-organized Knowledgeを出しつづけた」と説明すると、800人の聴衆から失笑が漏れた。ここから読み取れることは、今回の事故後の日本における情報流通が、国際社会の場で民主主義国家として胸を張れるものではなかったという事実である。それではどういう情報公開のしかたが望まれたのだろうか。そもそもOrganizedな知識とは何だろうか。

　Organized（系統的）な知識とは、幅があっても偏りのない知識であり、最悪シナリオもふくめた展望であり、安全側にのみ偏っているのではない知識のことを指すと考えられる。それに対し、日本学術会議は「専門家として統一見解を出すように」という声明を出した。これはunique、あるいはunifiedと訳される。Unique＝統一見解とは、行動指針となるような1つに定まる知識である。Organizedであることは、ただ1つに定まる知識（unique）とは異なる。異なる見解を統一（unified）することとも異なる。日本政府および日本の専門家は、時々刻々と状況が変化する原子力発電所事故の安全性に関する事実を1つに定めること、統一することに重きをおき、Organizedな知識（幅があっても偏りのない、安全側にのみ偏っているのではない知識）を発信することができなかった。ここで、1つの難しい問いが浮かび上がる。行動指針となるようなユニークな統一見解を出すのが科学者の社会的責任なのか。それとも、幅のある助言をして、あとは国民に選択してもらうのが責任なのだろうか。

　この問いをさらに考えてみるために、福島の高校の理科の先生の意見をみてみよう。「政府は混乱させたくないというが、事故がおこったこと自体がもう混乱である。また、1つの答えを出したいというが、いろいろな情報が出るのが当然であり、そんなことはわかっている。統一した1つの情報を出したいと専門家はいうが、統一された1つの情報が欲しいわけではない。全部出してほしい。その上で意思決定は自分でやる。(*7)」ここで、何を不安と考えるかが専門家および政府と、市民との側でかい離があることが示唆される。専門家や政府は、「きちんとした情報がないのが不安」「混乱させるのが不安」と考

えているのに対し、市民の側は、「情報が偏っていることが不安」「専門家が信用できないことが不安」と考えているのである。両者の間にはギャップがある。この不安のギャップは、上記の責任についての問い、すなわち「行動指針となるようなユニークな統一見解を出すのが科学者の社会的責任なのか。それとも、幅のある助言をして、あとは国民に選択してもらうのが責任だろうか」と対応している。

　ユニークボイスをめぐっては、日本学術会議の「福島後の科学と社会の関係を考える」分科会でもさまざまな議論がおこなわれた。たとえば、2012年5月3日の分科会で、元会長（第17-18期）の吉川氏は、Unified の中身はIndependent, balanced, non-partisan advice を意味し、「学者の意見は違って当然（学会は合意する場ではない）。しかし外へでていくときは unified でなくてはならない」と述べた。この考え方は、実はさまざまなところで聞かれる。たとえば、科学史家ポーターは、マーチン・ラドヴィックの『デヴォン系大論争：紳士階級専門家間での科学的知識の形成』を紹介しながら、「論争の最中に、非公式な議論のなかで公的に公刊された論文がもつ役割は、密室でおこなわれる真にきつい外交交渉の最中に、時折開かれる（そして一般に秘密主義の）記者会見が果たす役割と対比するのが適切である」と指摘する。つまり、学者集団の密室のなかでは意見が違っていても、学者集団の外へ見解がでていくときは「公式見解」でなくてはならない。公式見解は密室のなかでの激論のすべてを公開するものではない、つまり学者の意見が分かれていることをすべて公開するものではない、という考え方である。

　ここから示唆されることは何か。民主主義の体現として理想化された科学者集団としての学術会議が、あるいはそのような科学にサポートされた政府が、「統一した1つの情報」に固執するのは本当によいのか、という次なる問いである。吉川氏は、専門家の意見の対立が社会での対立になってしまうのはいけない、と述べた。米国では、このようないけない状況が、「彼ら（専門家）の衝突が、この高く技術的な領域（引用注：原子力を指す）を広い公衆に開」いたと紹介されている（ポーター、数値と客観性、p280）。意見の対立を公に開くことはほんとうにいけないことなのだろうか。いけないといって統一見解（unique-voice）を出そうとしてきたからこそ、公衆にいつまでも科学への幻想（答えが常にひとつに定まるという幻想）を抱かせることになる、ということはないのだろうか。学者間の意見は違ってあたりまえ、ということを言って

こなかったことのツケが東日本大震災直後に爆発したと考えることも可能なのではあるまいか。

　元会長（21 期）の広渡氏は、2012 年 7 月 15 日の分科会で、「さまざまな可能性を出すこと、意見が分かれることを示すことがユニークボイスであって、情報統制のことをユニークボイスというわけではない」と述べた。これは、学者の意見が分かれていることを公式見解においてもきちんと示すことを指す。広渡氏の意見は、学者は、「こうすべきだ」「こうです」ではなく、「こういう問題はこう考えられます」という構造図を出すことが責任ではないか、というものである。「たくさんの意見を出すこと＝無責任」という考えかたもあるが、「たくさんの意見を出せる」のは学術会議しかないのである。「複数の選択肢の提示」を学術会議の役割との関連できちんと意義づけること（広渡、2012、p73）、「倫理的な問題の議論には必ず選択肢が存在しなければならない。「これしかない」という議論は、議会制民主主義の信頼を失わせ、社会には受け入れられない」（同、p123）という考え方である[*8]。

　ここでユニークボイスにこだわることが、日本の科学者共同体と社会との関係に特殊なことなのかどうかは、検討する必要があるだろう。第二次世界大戦直後は、科学への「理想」や、科学者共同体を民主主義の体現とすることが、世界でも日本でも共有されていた。しかし、専門家同士も衝突することがしばしば見られた米国の政治文化は、科学的知識を幅のあるものととらえ、社会への助言も幅のある形で示し、あとは国民に選択してもらう形を整備してきた。英国では、専門家同士でも意見が衝突することが、高校の理科の教科書にも明記されている[*9]。これは、英国の科学者集団が BSE 禍以後、外からの圧力に晒されてきた結果、科学者集団と社会との関係が変容してきた結果である。もし日本の科学者集団が戦後すぐの科学者共同体の理想をそのままかかげ、民主主義の体現としての科学者集団が 1 つの合意された「助言」をするというモデルに固執すれば、社会との齟齬を生むことになるだろう。震災後の情報公開に関して国際社会から失笑を買った理由のひとつは、実は専門家や政府が 1 つの合意されたユニークボイスに固執して、Organized な情報を発信できなかったためであることが上記から示唆されている。行動指針となる 1 つの統一見解を出すのが責任なのか、それとも幅のある助言をして、あとは国民に選択してもらうのが責任か。それは社会との関係の成熟の度合いによって変容していくものだろう。後者の立場をとる場合、専門家の意見は割れて当然である

第 2 部　科学者の社会的責任　*133*

と国民が考え、異なる意見を言う複数の専門家の意見を聞いたうえで最後は国民が決める必要がある。そのためには、国民の側も成熟した社会になることが必要となる。

4. 不確実性下の責任〜情報伝達装置と情報解釈装置の差異について

第3節では、不確実性下の科学者からの情報発信について考察した。本節では、ユニークな発信か幅のある発信かに加えて、情報をどのくらい「解釈」するかについてさらに検討をすすめてみよう。科学者が市民に、あるいは専門家が一般のひとに何かをわかりやすく伝えるとき、専門家には少なくとも以下の2つのやりかたがある。

（1）　情報伝達装置に徹すること＝もとの情報を正しく正確に伝えること

（2）　情報解釈装置に徹すること＝一般のひとにわかりやすく言い換えて伝えること

情報解釈装置では、わかりやすくするために、比喩や置き換えが用いられ、日常の文脈に近づけることが必要となろう。たとえば数式や化学式、専門用語で表現された概念は日常用語で置き換えられ、ある種の情報量は確実に減ることになる。しかし、受け手の理解度は、解釈装置をへたほうが高いことになるだろう。同時に、科学知識は一般に「正しい唯一のもの」と考えられているので（不確実性を孕む場合には一意に定まらないこともあるのだが）、やっかいな問題が発生する。つまり、科学者は正しい科学的知識を正しく伝達しなくてはならないのであって、そこに解釈が入ってはならないという立場があるからである。本稿で議論したいのは、どこまでの解釈なら許されるのか、そして双方の立場における科学者の社会的責任についてである。

東日本大震災後の低線量被ばくの健康問題では、被ばくについての「正しい」知識を伝えようとした一部の放射線科学者が福島市民から猛反発を受けた。つまり、正しい「情報伝達装置」になろうとした科学者が、市民からは「抑圧装置」にみえたのである。「災害時に専門家であることは、ただの情報伝達者であることではない[*10]。」東日本大震災後、福島で住民にインタビュー調査を行ったフランスの社会学者ファッセール氏は報告書にこのように記している。災害時に住民は、正確な科学情報の伝達というより、「もしあなたが私

134

の立場であったら、あなたはどうする？」ということを聞くのだという。住民の立場に立った情報解釈者であることを求めるのである。このように、福島の災害では住民は情報解釈者をのぞんだ。しかし、科学者は正確な情報伝達者であることを自らの責任と考えている傾向もあった。住民の望む情報解釈者になることは、科学者の考える社会的責任と矛盾するのである。このように、「科学者が自らの責任と考えること」と「市民が科学者の責任として望むこと」との間には乖離があるのである。

　このギャップはしかし、反転することもある。情報解釈者になったことによって逮捕され、禁固刑となったイタリアの地震学者の事例を考えてみよう。ラクイラ地域はもともと地震が多い地域であるが、2009年3月になってやや群発地震の数がふえ、規模の大きい地震も起こった。3月29日のラドン放出の間接測定によって、6時間から24時間以内に大地震がおこるとの予測がなされ、30日にはマグニチュード4・0の地震も発生した。市民保護局は31日にラクイラ市内で「大リスク委員会」を招集した。市民保護局長官の電話記録によれば（検察から証拠提出された）、民間予知情報によるパニックを鎮静化する目的でこの招集がおこなわれたとのことである[*11]。大リスク委員会の発言は「安全宣言」かのように報道され、そのために、大地震がおこることを懸念して屋外で寝泊まりしていた住民の多くが家に戻った。4月6日にM6・3のラクイラ地震が発生し、309名の死者と多数のけが人がでた。遺族らは、地震予知ができるかいなかではなく、ラクイラ地震で犠牲者がでたのは大リスク委員会が地震に関して間違った情報を出したからであるとして、3月31日の大リスク委員会に出席していた7名を2010年に刑事および民事で告訴した。2012年10月の判決では、禁固6年の有罪となった。また、2014年11月の高裁判決では、科学者6名に対しては逆転無罪、防災庁の副長官（当時）については執行猶予付きの禁固2年となった。

　上記委員会で専門家らは「まったく地震にならないとは言い切れないが、多くの群発地震が大地震につながらずに終わっている」と述べている。しかしメディアはそれを「多くの群発地震は大地震にはつながらない」と述べた。前者と後者ではあきらかに後者のほうが情報解釈を行っているのである。しかし、情報解釈をしたメディアには罪は問われなかった。この場合、安全宣言を解釈したメディアに責任があるのか、それとも誤解されるような述べ方をして、情報伝達装置に徹することができなかった科学者の側に罪があるのだろうか。遺

族らの主張は、情報解釈装置になった専門家をせめているのではなく、きちんとリスクを伝えるために情報伝達装置に徹しきれなかった専門家をせめているのである。

科学者は情報伝達装置に徹することによって責任が果たせるのか、それとも科学者は情報解釈装置になることによって責任が果たせるのか。以上のように、「科学者が自らの責任と考えること」と「市民が科学者の責任として望むこと」との間にはケースごとに異なる乖離が観察される。このように、不確実性下の科学者の責任についてはまだ議論の尽くされていないものが少なからずある。

5. 不確実性下の科学者の責任と市民の「分断」
：主要価値理論をめぐって

第 1 節で現在の日本はフェーズ 3 にあると述べた。東日本大震災は、科学者の社会的責任を考えるうえで大きな節目の 1 つである。本節では、日本で大震災後に専門家への「不信」が生まれた理由は何なのか、そして災害後に市民の間に「分断」が生まれた理由は何なのかについて、社会心理学におけるSVS 理論（主要価値理論）を用いて考察する。

社会心理学者の中谷内氏によると、信頼を規定する 2 成分として（1）能力（Competence）認知と（2）ひとに影響を与えようとする動機付け（Motivation）の認知とがあるという。前者は情報源のもつ能力、経験、資格であり、（2）はひとに影響を与えようとする動機付けがフェアで、一生懸命で、熱心で、かつ公正さや誠実さがあることを指す。したがって、有能なひとが誠実にやれば信頼されると一般には考えられている。第三者専門家委員会などがこれにあたる。しかし、東日本大震災後の原発問題はこの 2 つがあっても信頼されない状況となった。なぜだろうか。

中谷内氏はここで SVS（主要価値類似性）モデル（Earle and Cvetkovich1995）を導入する。SV とは Salient Value（主要価値）であり、ある問題に対処するときの見立てである。SVS モデルは、「相手が主要な価値を共有していると感じると、その相手を信頼する」というものである。ここで主要価値は、上位目標と考えてもよいだろう。たとえば、医師と患者は、「病気を治す」「患者の QOL を向上させる」という価値、そして上位目標を共有することができる。この共有があるからこそ、相互の間に信頼が生じるのである。以上をふ

まえると、人が信頼するのは、情報源に（1）能力があり、（2）公正さと誠実さがあり、および（3）価値共有＝同じ目線に立っていて、目標を共有していると考える場合である。つまり、これまでの社会心理学では、能力が高く誠実であれば信頼される、という説であったのだが、SVS理論では、根っこのところで価値共有できないと信頼されないということになる。

　低線量被ばくの問題に関しては、ある場面ではＡ：100mSV以下なら大丈夫という主張がされ、別の場面ではＢ：20mSV以下でも許せない、という主張がなされた。どちらも（1）能力が高い情報源であり、（2）公正さと誠実さと熱心さがあった。しかし、意見が違った。SVS理論によれば、このときひとは価値を共有しているほうを信頼し、もう一方に「御用学者」というレッテルを貼って信頼しなくなるのである。情報の発信者と受け手がともに「主要価値」「上位目標」を共有していれば、良質の情報解釈装置として評価されるが、それらを共有していない場合は、情報歪曲になるのである。

　医師と患者が「病気を治す」「患者のQOLを向上させる」という主要価値、上位目標を共有することができれば、両者の間に信頼が生まれることはすでに述べた。しかし、低線量被ばくの健康問題となると事情は複雑である。そもそも主要価値、上位目標が複数存在する。「ひとの健康を護るための科学的データを取る」という主要価値（上位目標）、「市民を安心させる」という上位目標、「安全安心のほうに偏ったデータだけでなく全部見せる」という上位目標、「原発反対」という上位目標が混在しており、それらの上位目標は決して共有されることがない。その結果どうなるか。ひとびとは、自分と価値を共有しているひとの主張を信頼し、そうでないほうの主張を信頼しないため、異なる主要価値をもつグループの間の分断が加速されるのである。この分断は現在、日本のさまざまなところですすんでいる。

　福島県立医大の医師は、国際会議の場で、「1対1（患者—医師関係）はうまくいっている。しかし、1対多数のときは難しい（public—医師関係）。その1対多数のなかでも、小さな少数のグループとのコミュニケーションはうまくいく。しかし、多様な多数のグループとのコミュニケーションをやる上で困難が生じる」と述べた。多様な多数のグループとのコミュニケーションが難しいのは、Public側のもつ主要価値が多様であるからである。多様な多数のグループとコミュニケーショするとき、価値を共有していないグループとのコミュニケーションが難しい。つまり、共有する価値や共通上位目標をもたない

グループとのコミュニケーションが難しい状況が生まれているのである。

　以上のことから、フェーズ３の只中にいる日本社会では、科学者の社会的責任として研究不正への対処のみならず、東日本大震災以後のさまざまな課題への対処が求められていることが示唆される。不確実性下の情報発信のありかたとして、行動指針となる１つの統一見解を出すのが科学者の責任なのか、それとも幅のある助言をして国民に選択してもらうのが責任か、情報解釈装置と情報伝達装置のどちらになることが科学者としての責任を果たすことになるのか、あるいは良質の情報解釈装置とそうでない情報歪曲との境界は何か、そして主要価値を共有しないグループへの情報発信はどうあるべきなのか。これらの問いはいまだ解かれることなく残っており、今後考察すべきことは多くあると考えられる。

【注】

* 1　A statement of 21 Japanese physicists who support the Pugwash Conferences sent by telegram on April, 3, 1958, from Hdeki Yukawa, Kyoto, Japan, to Bertrand Russell.
* 2　科学技術批判の思潮を支える日本の科学論の著作としては、柴谷篤弘「あなたにとって科学とは何か」(1977)、広重徹「近代科学再考」(1979)、中岡哲郎「科学文明の曲がり角」(1979) 同「もののみえてくる課程」(1980)、里深文彦「等身大の科学」(1980)、中村禎里「科学者その方法と限界」(1979) などがある。いずれも 70 年代から 80 年にかけて書かれたものである。
* 3　この冊子は、13 章からなり、科学の社会的基礎、実験テクニックとデータの扱い方、科学における価値観、利害による衝突、出版と公開、業績評価とその表記、著者名の扱い方、科学上の間違いと手抜き行為、科学における不正行為、科学的倫理違反とその反応、社会のなかの科学者などの項目について、丁寧に説明されている。9 割がたは、研究者共同体のなかで守るべき責任であるが、第 12 章「社会のなかの科学」では、科学の生産物が社会に与えるインパクトへの責任、一般のひとに科学の中身や過程を教える役割に言及している。
* 4　「科学者の責任：哲学的探求」ジョン・フォージ著、佐藤透、渡邉嘉男訳、産業図書
* 5　"A Scientist is not responsible for the outcome of an experiment or research project but is responsible for the conduct of the research and the reporting of its results."
* 6　"Members of a scientific and technological society become responsible for ensuing the well-being of all persons and other living beings affected by their specific actions in the form of a general and permanent obligation."
* 7　科学技術社会論学会第 10 回年次研究大会（京都）、2011 年 12 月
* 8　幅のある助言のありかたについては、日本学術会議の「科学者からの自立的な科学情報の発信の在り方検討委員会」で詳細にわたって検討された（2013 年 9 月から 2014 年 9 月）。
* 9　21st Century GCSE Science：GCSE Science Higher, Oxford University Press, 2006
* 10　"Being an expert during a crisis is much more than delivery information"（C. Fassert, IRSN, 2013）
* 11　纐纈、科学技術社会論学会第 12 回年次研究大会（東工大）、2013 年 11 月

■ Reference

ジョン・フォージ著、佐藤透、渡邉嘉男訳『科学者の責任：哲学的探求』産業図書、2013

藤垣裕子「科学者の社会的責任と科学コミュニケーション」藤垣・廣野編『科学コミュニケーション論』東京大学出版会、257-275、2008

Fujigaki, Y(ed) Lessons from Fukushima : Japanese Case Studies on Science, Technology and Society, Springer, 2015

藤垣裕子「科学者の社会的責任の現代的課題」日本物理学会誌、65（3）,172-180,2010

広渡清吾『学者にできることは何か』岩波書店、2012

岡本拓司ほか監訳『科学技術倫理辞典』丸善、2012（Ed. By C.Mitcham, Encyclopedia of Science, Technology and Ethics, Thomson, 2005）

T. Porter, Trust in Numbers, 1995　Princeton University Press（藤垣裕子訳、T. ポーター著、「数値への信頼」、みすず書房、2013）

坂田昌一（樫本喜一編）『原子力をめぐる科学者の社会的責任』岩波書店、2012

『朝永振一郎著作集 5　科学者の社会的責任』みすず書房、1982

第3部

公共空間における科学技術

1 | 科学と社会
―― BSE 問題についての科学者の役割

千葉科学大学副学長
危機管理学部教授　**吉川 泰弘**

はじめに

「福島原発災害後の科学と社会の在り方」を問う、この本の中で、ここで取り上げる事例は、他と違って直接的に原発事故と関連したものではない。著者がこれまでに体験してきた、食品安全委員会のプリオン専門調査会で行ったリスク評価の事例が、社会と科学の関係、政治と科学の問題に適合していること、原発事故後の科学者と社会の問題に共通している点があるためである。

最近、レギュラトリーサイエンスという言葉が使われるようになった。科学と行政の橋渡しをすることを目的とした科学ということである。従来、政策の立案や政治的な決断、規制や基準の策定は、政治的な判断に基づいてなされてきた。しかし、近年、政治的な決定を科学的なリスク評価等に基づいて行おうという考え方（science based decision making）が国際的に受け入れられるようになってきた。国益や主義、思想などに基づく判断では、2 国間あるいは多国間の調整が取れないため、中立的、科学的な分析を根拠に置こうというものである。

自然科学は中世の宗教から独立する目的で、中立性、客観性、再現性、普遍性などの要素をもとに、価値観や思想、主義という人文社会科学的なものを捨てることにより、独自に発展し、市民の信頼を得てきた。しかし、このレギュラトリーサイエンスという新しい科学は、再び、社会と科学、政治と科学を結び付ける方向に舵を切った。また、自然科学自体も、ビッグサイエンスとして、社会全体に不可逆的な影響を与えるまでに肥大化してしまった。こうした状況の中で、科学と社会、科学と政治のあるべき関係が問われている。

1. BSE 問題以前の個人的経験

1）基礎科学と社会の関係
　大学で学んだ生命科学研究は、実験科学に基づくものである。そのプロセスは、「どのような実験仮説を立て、どのような材料と方法を用いて自分の仮説を証明するか？　から始まり、実験の結果を考察し、そのうえで次の仮説を立てて研究を進めていく」というものである。この時のキーポイントは、立てた仮説がどのくらい本質的なものであるか？　仮説には優れた独自性があるか？　再現性、客観性は保証されているか？　といったものである。国際誌に受理され評価されれば、一応のゴールで、その成果は、きっといつかどこかで社会に役立つだろうという認識であった。研究成果は専門家のコミュニティーで共有されれば十分で、直接的に社会に関係することは、ほとんどなかった。

2）自然科学の別の側面
　1990 年、大学の研究所から、小さいながらも国の研究機関にセンター長として赴任した。この国立試験研究機関には大学と違い、別のニーズと責務というものがあることを理解した。この国家予算で賄われている省庁の国立試験研究機関の研究には、独自のミッションがあり、そこで得られる研究成果は、喫緊の社会的問題の解決につながることが重要なのである。大学での研究のように、問題の本質を解くというよりは、政治や行政が問題を解決するための基礎的な科学的データを提供する、あるいは法律や規制の根拠となる科学的なデータを作成するといった類のものである。それでも、本質的な部分は実験科学的な要素が多かった。

3）政治と科学
　1999 年、百年ぶりに改正された感染症法に人獣共通感染症が組み込まれた。約百年間、伝染病予防法は人から人への伝染病の統御を目的にしており、家畜伝染病予防法は家畜から家畜への伝染病の蔓延防止を目的としていた。動物から人に伝播する感染症（動物由来感染症、人獣共通感染症）は、それまで医学でも、獣医学でもほとんど取り上げられなかった。感染症法を作るにあたって、獣医から 2 名（他の 1 名は恩師の山内一也先生）の専門家として招聘さ

第 3 部　公共空間における科学技術　143

れ、責任を担うこととなった。人獣共通感染症の統御に必要な規制を順次法制
化するにあたって、初めてリスク評価という基礎科学のアプローチとは異なる
科学的方法論を学んだ。それまで政治的配慮でなされていた立法を、できるだ
け科学的評価に根拠を置いた規制にしようという国際的な動きに対応したもの
であった。

2. BSE の経緯

1）牛海綿状脳症（BSE：Bovine Spongiform Encephalopathy）

　牛海綿状脳症（BSE）は 1986 年に英国で発見され、1988 年に BSE という
名前で国際機関（国際獣疫事務局：OIE）に報告された。平均潜伏期が約 5 年
という非常に長い、致死性の進行性中枢神経疾患である。英国では 1992 ～
93 年が摘発のピークで、年間約 3 万頭以上の発症牛が見つかっている。公式
発表では、18 万頭を越える感染牛が出たとされている。疫学者により、比較
的に早い段階で原因が肉骨粉（獣脂かすを含む）であることがつきとめられ、
その後の対策も適切であったために、英国国内では流行は終息する傾向が見ら
れた。しかし、余った肉骨粉が欧州を中心に国外に輸出された結果、汚染は欧
州に広がった。欧州の汚染ピークは 1995 ～ 96 年であり、飼料規制により陽
性牛の摘発は 2002 ～ 03 年をピークに欧州の流行も終息傾向となった。

　1990 年欧州が英国から肉骨粉の輸入を禁止した後、英国の肉骨粉はアジア、
北南米などに輸出先が変更された。また欧州の汚染された肉骨粉も、自国での
使用を禁止した後、アジア、北南米などに輸出された。そのため、BSE 汚染は
1990 年代から 2000 年代にかけて世界中に広がった。世界では、英国を含め
25 カ国以上で総数約 19 万頭の感染牛が発見される結果となった。初発から
約 30 年を経過し、現在では世界で年間数頭の BSE 陽性牛が摘発される状況と
なっている。

2）変異型クロイツフェルト・ヤコブ病
　（vCJD：variant Creutzfeldt Jakob Disease）

　BSE は異常なプリオン蛋白が中枢神経系に蓄積し、海綿状の病変を惹起する
疾病である。同様の疾病としては、欧州で 200 年以上にわたって羊のスクレ
イピーが知られており、人では全世界でクロイツフェルト・ヤコブ病が、パプ

アニューギニアでクールーが、特定の家系でゲルストマン・ストロイスヒャー・シャインカー病と家族性致死性不眠症などが知られている。

英国では 1994 年頃から、従来のクロイツフェルト・ヤコブ病（CJD）とは臨床症状は異なるが、病変が類似する若年性の海綿状脳症患者が現れるようになった。異常プリオン蛋白の分子性状（糖鎖の付加パターン）や近交系マウスでの病変分布は BSE プリオンと類似していた。当初、BSE は羊のスクレイピーに由来すると考えられていたために、人への感染は起こらないと思われていた。しかし、1996 年になって英国政府は、この新しいタイプのクロイツフェルト・ヤコブ病（vCJD）は、BSE が原因である可能性を示唆した。このことは世界的なパニックを引き起こした。治療法のない致死性神経疾患が牛から人に伝播する可能性が示唆されたのである。

2013 年 7 月までで、vCJD 患者数は世界全体で 228 人（うち英国 177 人（輸血による感染例 3 人を含む）、フランス 27 人、スペイン 5 人など）である。英国では 1990 年に特定牛臓器（SBO：specified bovine offal, 特定危険部位 SRM に相当）の人への食用を禁止した。英国海綿状脳症諮問委員会（SEAC；Spongiform Encephalopathy Advisory Committee）の報告では「あの段階（1989 年）において、もう少し強い規制をかけることを提言すべきだったかもしれないが、そのようなことをすれば、欧州の畜産業界に多大な打撃を与えることになると考えて、やめた」（リチャード・サウスウッド）と述べられている。

3. BSE の侵入と安全神話の崩壊

1）BSE の侵入と初期対応

英国における BSE のアウトブレイク（1992、93 年）、および人の vCJD が BSE 由来である可能性の示唆（1996 年）は、研究者の不安を引き起こした。国際的な物流の拡大、流通量や頻度を考えれば、わが国への BSE の侵入と国内での暴露・増幅の可能性は否定できなかった。欧州の科学運営委員会（SSC：Scientific Steering Committee、欧州食品安全機関 EFSA：European Food Safety Authority の前身）は、独自の分析で、日本が BSE に汚染されている可能性を示唆した。しかし、農水省はその可能性を否定してきた。国内に BSE 牛が存在しないことを明らかにするための調査中に、2001 年 9 月、BSE

第 3 部　公共空間における科学技術　*145*

初発例が見つかった。初発例の診断を巡る混乱、陽性牛への対応の不備（焼却したはずの陽性牛が肉骨粉となって関西に運ばれていた）など、予測ミス、危機管理・初期対応の混乱が消費者に行政への不信を抱かせた。

2）安全神話の崩壊と不安の増幅

農水省は、長い間、日本の牛肉は安全だと消費者に説明してきたため、BSE問題発生後、消費者はパニックに陥った。EFSA（欧州食品安全機関）は以前から日本のBSEリスクについて評価し、警鐘を鳴らしていたのだが、農水省はそれに反論していた。そして農水省の安全宣言の1ヵ月後に1頭目の感染牛が出て、予測ミスだったことが明らかになった。しかも、感染牛は千葉県で偶然発見され、焼却処分したと主張したが、実際には肉骨粉として四国まで流通していたことが分かり、危機管理の不手際、対応の混乱とあいまって、行政への不信が頂点に達した。

消費者は、牛に肉骨粉を食べさせることは生物学上ありえない（共食い）という拒絶感や飼料添加剤などへの不安から、生産者への不信感を高めた。さらに、国産牛の回収にあたって、輸入・加工業者が虚偽申請したことへの不信感、また虚偽表示している流通・小売業者への不信感も高まり、モラルの崩壊が明らかになった。それに加えてメディアが毎日、BSEを発症した牛とvCJDの患者の映像を流して、明日の日本がこうなるかのような報道をした。最後に、専門家が出てきて科学というのは万能ではない。特にBSEはわからない問題ばかりで、科学の限界があること、ゼロリスクという確実な安全性は現実にはないことを指摘した。こうして、消費者は不安のどん底に叩き落とされることになった。わが国は従来、安全性を行政が保証し、国民は無批判にそれを受け入れる方式で、両者が折り合いをつけ、安全神話の安心感を共有する方式でやってきた。安全神話の上に立ってシステムの検証を行うこともしない。したがって、一度安全神話が崩れると、多かれ少なかれパニックを起こした後、システムの見直しをすることになる。

4. 食品安全委員会（FSC：Food Safety Commission）

1）食品安全基本法

BSEの問題を受け、「食品安全基本法（2003年）」が制定された。

その第一条には、科学技術の発展、国際化の進展、国民の食生活を取り巻く環境の変化に適確に対応することの緊要性にかんがみ、食品の安全性の確保に関し、基本理念を定め、国・地方公共団体・食品関連事業者の責務、消費者の役割を明らかにし、施策の策定に係る基本的な方針を定め、食品の安全性の確保に関する施策を総合的に推進することを目的とする。

第三条には食品の安全性の確保は、必要な措置が国民の健康の保護が最も重要であるという基本的認識の下に講じられることにより、行われなければならない。

第五条には、食品の安全性の確保は、必要な措置が食品の安全性の確保に関する国際的動向及び国民の意見（パブリックコメント）に十分配慮しつつ科学的知見（リスク評価）に基づいて講じられることにより、食品を摂取することによる国民の健康への悪影響が未然に防止（予防原則）されるようにすることを旨として、行われなければならない。

第十一条には　食品の安全性の確保に関する施策の策定（リスク管理）に当たっては、人の健康に悪影響を及ぼすおそれがある生物学的、化学的、物理的な要因または状態であって、食品に含まれ、または食品が置かれるおそれがあるものが当該食品を摂取することにより人の健康に及ぼす影響についての評価（リスク評価）が施策ごとに行われなければならない、と書かれている。産業振興と生産者重視できた施策、戦後、食の安全よりも食の安定供給を目指した施策をそのまま延長してきた行政に対して、根本的に考え方を転換させるものであった。

＊（　）は著者が挿入した。

2）食品安全委員会とプリオン専門調査会

BSE 発生（2001 年）後に、食品安全基本法とそれに基づく食品安全委員会が設置された（2003 年）。準備委員会では BSE 問題の本質は、リスク評価とリスク管理と言う 2 つの要素がありながら、行政が評価と同時に管理するという役割も担っていたことにあったと総括した。このことを反省し、評価するものを管理するものと分断したほうがいいということで、各省庁の上に立つ内閣府に独立して、科学的・中立的立場でリスク評価を行う食品安全委員会を置くことになった。そこにプリオン研究の専門家等が集められ、BSE の問題について自分たちで分析し、世の中にはいろいろな意見はあるが、科学的に考えれば

BSE の危害、リスクがどの程度のものなのか？　あるいは外国から来る牛肉、肉製品の危険性がどの程度のものなのか？　といったことを評価する役目を負った。プリオン専門調査会はプリオン研究の専門家、公衆衛生、疫学、感染症の専門家など 12 名で構成され、独自の分析に基づいてリスク評価を行った。そして行政はリスク評価の結果に基づき、自ら決定した施策についてのリスクコミュニケーションを図るということになった。

3) 食品安全委員会の構造と機能

　BSE 発生後に導入されたシステムがリスク分析手法であり、リスクの評価と管理を分離するため、内閣府に食品安全委員会が置かれた。食品安全委員会は、食品安全委員（7 人、医・薬・獣医・報道関係者など）、事務局（農水省、厚労省からの出向者）及び、リスク評価の専門調査会（企画専門調査会を含む、約 200 人の専門家）からなっている。ゼロからスタートしたため、事務局は農水省、厚労省という管理機関からの出向者を充てることとなった。2 ～ 3 年間、食品安全委員会で務めた後に、本省に戻っていくシステムが 12 年たった現在も行われている。

　リスク評価では、ゼロリスクの否定、科学的評価に基づく政策決定（科学と政治の新しい関係）といった、全く新しい試みで消費者の信頼を獲得する方策を模索することとなった。リスク評価の基本は、リスク分析法に基づく。リスク分析は、社会科学と自然科学の両面をもち、リスク評価、リスク管理、リスクコミュニケーションの 3 つの要素から構成されている。

　リスク評価は、食品中の危害因子を摂取することで起こる健康危害の確率（頻度）とその影響（社会的インパクトを含めて）の度合いを科学的に評価することを目的としている。専門家としては疫学、毒性学、公衆衛生学者などの科学者が多い。同時に、事実の分析と必要に応じてリスクモデルの作成も行い、危害が予測されれば不確実であっても予防原則にもとづいて予防措置をとることを勧める。

　リスク管理は、リスク評価の結果を受けて、費用対効果、施策の実現性、国民の意識などを考慮しリスク管理措置を決め、国民にとった施策について説明する責任を負う。感染症のリスクは時間軸上で変化するものである。動的なリスク変動に対して、静的な管理措置（法律対応）を取ることになる。リスク管理者は、リスクが増加・軽減したときにリスク管理措置の強化・緩和をどのよ

うにするかが、リスクコミュニケーションを含め主要な課題となる。情報の公開、容認しうるリスク範囲などに関してコンセンサスを得るための議論が必要である。

リスクコミュニケーションは前の2つに比べ、まだ曖昧である。リスク評価、管理に関する情報の開示は基本的に国民にわかるように伝えられるべきである。そのためには、特に管理者である行政に説明責任があり、リスクとベネフィット、コストとベネフィットの納得のいく説明が必要である。コミュニケーションの重要なもう1つの要素は相互伝達性である。リスク評価及びリスク管理に対する再評価（有効性の検証）は必須であり、メディアを含め、消費者の側に立ってこの役割を行う集団がリスクコミュニケーターである。わが国では評価と管理の組織はできたが、まだ評価者としてコミュニケーションを担う母体ができていないようである。

4) 食品安全委員会の所掌事務（食品安全基本法第二十三条）

一　第二十一条第二項（内閣総理大臣は、食品安全委員会及び消費者委員会の意見を聴いて、基本的事項の案を作成し、閣議の決定を求めなければならない。）により内閣総理大臣に意見を述べること。

二　自ら食品健康影響評価を行うこと。

三　食品健康影響評価の結果に基づき、食品の安全性の確保のため講ずべき施策について内閣総理大臣を通じて関係各大臣に勧告すること。

四　食品健康影響評価の結果に基づき講じられる施策の実施状況を監視し、必要があると認めるときは、内閣総理大臣を通じて関係各大臣に勧告すること。

五　食品の安全性の確保のため講ずべき施策に関する重要事項を調査審議し、必要があると認めるときは、関係行政機関の長に意見を述べること。他に、必要な科学的調査及び研究を行うこと。関係者相互間の情報及び意見の交換を企画し、及び実施すること。

食品健康影響評価を行ったときは、遅滞なく、関係各大臣に対して、その食品健康影響評価の結果を通知しなければならない。

委員会は、通知を行ったとき、勧告をしたときは、遅滞なく、その通知に係る事項又はその勧告の内容を公表しなければならない。

関係各大臣は、第三号又は第四号の規定による勧告に基づき講じた施策について委員会に報告しなければならない。

委員会の所掌事務は上記のように書かれている。準備委員会が食品安全委員会に新しい組織としていかに期待したかは、この条文を読めばよくわかる。しかし、当時、食品安全委員がどこまで理解していたか不明である。また、この条文を読めば、食品安全委員会のリスク評価が単純に科学的評価結果を伝えるだけではないことが明らかである。リスク評価は、管理措置として社会に直結するために、容易に政治に巻き込まれ、政争の具に利用される危険が付きまとう。どのようにこうしたリスクを回避するのかは、全く検討されないままに食品安全委員会はスタートし、走ってきてしまった。

5. プリオン専門調査会のリスク評価と明らかになった課題

1) 中間取りまとめ（2004年9月）

日本のBSE浸潤率がどのくらいか？　BSE対策で行われた施策の効果はあるのか？　日本でvCJD患者が出るリスクはあるか？　といった社会の疑問に対し、科学的立場で分析した最初の試みである。プリオン専門調査会はBSEに関する科学的不確実性を念頭に置きながら、科学的にわかっていること、不明なことを1つずつ明らかにし、これまでに得られた知見を整理した。また英国のデータを基にヒトへのBSE感染リスクを見積もり、日本のvCJDのリスク評価を試みた。これまでのリスク管理措置の実施状況を検証し、リスク低減効果を評価した。結果として、2001年10月の法規制後のリスクは無視できるレベルで、法規制前に食用に回ったBSE感染牛は5〜35頭、vCJDの発生する可能性は0.1〜0.9人であると結論した。

「中間とりまとめ」は多くのメッセージを伝えている。①BSEに関しては科学的に不確実性が多く現時点で全てが説明できるわけではないという科学の限界。②特定危険部位（SRM）に異常プリオン蛋白の99％以上が集中しているが、と畜場で常にSRM除去が完全に行われていると考えるのは現実的でないこと。SRM以外に異常プリオン蛋白が蓄積する組織がないかどうかは、現時点で判断できない等、SRM除去の限界を指摘した。③と畜場でのBSE全頭検査についても検出限界以下の感染牛が存在しうること。全頭検査の結果から21ヵ月齢以上の牛では現在の検査法で感染が検出される可能性はあるが、それ以下の若齢牛でのプリオンの蓄積量は非常に少なく、20ヵ月齢以下の牛では陽性牛が検出されなかったという検査の限界を示唆した。

全ての会議は公開で行われ、議事録も全て名前入りで公開された。評価報告書は全て委員が自分たちで書いた。科学的リスク評価において透明性と公開性という要素は極めて重要である。評価結果のみならず、評価のプロセスを公開することは、科学的リスク評価への信頼性を得るための必須な要素であると思う。全国を回って報告書に基づく公開討議をし、パブリックコメントをまとめた。これらは全て初めての試みであった。プリオンという科学者にとってもわかりにくい病原体の感染症であったために、公開討議というよりは説明をすることに終始してしまった。実際には、科学が万能であってほしい、専門家はなんでもわかるという市民の素朴な希望を打ち砕くものであった。リスク評価自体が不確実性を多く含んでおり、ゼロリスクを証明するものではなく、確率論的な危害発生の推定結果であるということを伝えることは非常に難しかった。科学評価がいつも正しいとは限らないが、しかし、科学的評価をもとに考えてもらうしかないということは伝えられたかもしれないと思っている。この問題は、行政からの諮問でなく、食品安全委員会が「自ら評価」した課題であった（食品安全基本法、二十三条、第二項）。

2) 国内対策見直し（2005 年 5 月）

　「中間とりまとめ」以後、リスク管理機関から国内対策見直しの諮問を受け、食品安全委員会としては BSE 迅速検査法（ELISA 法）で検出困難な月齢の牛（20 ヵ月齢以下の牛）を検査対象からはずした時のリスクの変動を明らかにすることが求められた。英国の発症牛の年齢の分布をどう評価するか？　英国の実験感染例の評価、感染価の考え方、日本の BSE 検査データの評価、英国・EU 諸国の飼料規制等の効果の評価、日本のと畜工程・飼料規制の安全性の検証、日本での飼料規制等のリスク回避効果などを分析した。具体的には生体牛、食肉のリスク評価項目を設定し、定性的評価と定量的評価の 2 つの方法を試した。

　分析結果として、日本の BSE 汚染リスク、飼料規制と食肉加工の安全対策の有効性を背景に考えると、評価時点（2005 年 5 月）で 20 ヵ月齢以下の個体を検査しなくても、検査した場合とのリスクの差は非常に少ないという結果になった。若齢感染牛では異常プリオン蛋白の蓄積量が少なく、検出は難しいが、特定危険部位を除くなら安全性は確保できるというものであり、全頭検査の限界を明示することとなった。世界でも類例のない全頭検査の導入により感染牛を摘発し、ゼロリスクが得られることを示唆する、政治的プロパガンダ、新し

い安全神話の否定であった。しかし、この評価は多くの問題を噴出させた。

このリスク評価は①リスク管理には全く反映されなかった。リスク管理機関は全頭検査を続ける方針を示したまま、リスク評価を求めるという矛盾を犯した。リスク評価に基づく管理措置をとるために諮問するのではなく、3年間延長という管理措置を決めた後に諮問したのであるから、食品安全委員会のリスク評価は3年後にすると回答すべきだったかもしれない。あるいは3年延長という管理措置は科学的には間違っているという回答でもよかったのかもしれない。②研究者も全頭検査の科学的意義と安心のための管理措置の違いを説明できなかった。リスク管理機関の明確な説明責任が果たされないまま、リスク評価と管理の乖離を容認してしまった。③もっとも深刻な問題は、パブリックコメントであった。約7割の意見は、20ヵ月齢以下の検査の廃止を拒否する意見であった。パブリックコメントはプリオン専門調査委員会に戻ってきた。食品安全基本法第五条の「必要な措置が食品の安全性の確保に関する国民の意見に十分配慮しつつ科学的知見に基づいて講じられることにより、食品を摂取することによる国民の健康への悪影響が未然に防止されるようにすることを旨として、行われなければならない」が、専門調査会の問題となったのである。1年以上をかけて議論した専門家の結論が、市民の不安によって変わるはずはなく、リスク評価と消費者の安心感の乖離は解消する方法が見つからなかった。また、3年後の検査見直しの実行は、事実上困難な事態となった。科学的評価がリスク管理機関、消費者に理解されなかった事例となった。

今、振り返ってみると、専門調査会の科学的評価は分析結果を出した段階で終了し、パブリックコメントを受け取るのは親委員会である食品安全委員会であるべきであった。リスク評価とパブリックコメントの乖離を埋めるためリスク管理側と調整する、あるいは20ヵ月齢でなく、30ヵ月齢、または全頭検査廃止であればどのようなリスクになるか、自ら評価のテーマとするといった工夫があっても良かったと思われる。諮問に答えるだけでなく、自ら評価を追加して、リスク評価の科学的意味を社会に知らせる方法もあったかもしれない。

諮問には、諮問通りに応えなければならないか？　分析結果は一通りしかないのか？　食品安全委員会としては、こうしたことを検討する機会がなかった。英国のリスク評価では、しばしば、評価結果が複数提示されることがある。例えば規制措置を緩和した場合、緩和措置がごく一部であればリスクはこ

の程度増加するが、費用はこの程度削減される。さらに緩和すればリスクは増加するが、費用はさらに削減される、全面解除すればリスクはかなり上がるが、費用は掛からない、といった具合である。ゼロリスクがないとすれば、どのレベルが、その時点で受け入れられるリスクになるのか、複数のモデルを提示して、パブリックオピニオンを求め、リスク管理措置を決めるという手順である。リスク評価は科学的なモデルを提示するという役割になり、最終的な管理措置を決めるのは政治や行政ということになる。ここで必要な要素が、双方向性のリスクコミュニケーションということである。

3）米国・カナダ産の牛肉等の評価（2005年12月──専門調査会の分裂）

　国内対策見直しの後、米国・カナダの輸出規制プログラム（EV プログラム：the USDA Export Verification Programs）で管理された牛肉・内臓を摂取する場合と、わが国の牛に由来する牛肉・内臓を摂取する場合のリスクの科学的同等性に関する諮問を受けた。プリオン専門調査会は審議の基本方針として、わが国の BSE 対策の見直しに関する諮問の際に用いたリスク評価項目について米国・カナダと日本の相違を検討し、総合評価を行うこととした。

　今回の諮問では、国外の牛肉等のリスク評価を行うという状況のため、食肉のリスクに関しては文書に書かれた原則が主体で、一部、リスク管理機関からの情報及び専門委員などからの補足説明をもとに評価せざるを得なかった。したがって、不明な側面が多くあることを考慮する必要があった。日本と米国・カナダのデータが質・量ともに異なること、EV プログラムの遵守という仮定を前提に評価しなければならなかったことから、科学的同等性を評価することは困難といわざるを得ないという結論となった。他方、日本で年間に処理される全月齢の牛に由来する食肉等と EV プログラムが遵守されると仮定した場合の米国・カナダの牛に由来する食肉等のリスクレベルについては、月齢判定による上限を超えない範囲（20ヵ月齢以下）では、そのリスクの差は非常に小さいと考えられる。もし、輸入解禁に踏み切ったとしても、遵守が十分でなく、人へのリスクを否定することができない場合は一旦輸入を停止することも必要となる。また、安全性を確保するには、SRM 除去の確認と検証、充分なサーベイランスの継続、完全飼料規制の導入が必要であると結論した。

　しかし、この結論は委員会の中でも紛糾し、統一的見解とは言えなかった。委員の半数近くは、これを機会にプリオン専門調査会の委員を辞任した。科学

第3部　公共空間における科学技術　*153*

的でないという意見もあったし、専門家の中で意見が一致しない場合の対応を
どうするかを考える余裕がなかった。今回の諮問に対する回答では科学的同等
性は評価困難という結論になった。科学的予測に置く前提が大きすぎる場合、
現実的なリスク評価が可能かどうかという問題を提起することにもなった。評
価後の問題としては、リスク管理機関の安全性検証の不足と脊柱の混入が発見
されたため輸入が再停止した。米国と日本の許認可システム等には違いがあ
る。日本の管理システムはトップダウン方式だが、米国はボトムアップ方式を
とっている。日本のシステムが無謬性を基本とするのに対し、米国は検証と修
正を基本においている。BSE リスクの認識の違い、人為的ミスに対する扱いの
違いは、輸入を再開する際に両国の管理機関が認識を共有し、国民に説明して
おく必要があると思われた。また、メディアは日米関係のパワーゲームとして
このリスク評価の過程を報道し続けた。愛国主義論や政争の具に使うバイアス
により、科学者はリスク評価という任務に疲れ果てたという思いが強い。

4) BSE 非発生国からの牛肉等のリスク評価
（座長としての最後の評価，2009 年）

わが国は、これまでに評価を終えた米国・カナダ以外の国からも牛肉及び牛
内臓を輸入している。これらの国については、現在まで BSE 感染牛の発生が
報告されていない。しかし、欧州食品安全機関による地理的 BSE リスク（GBR）
評価でカテゴリー III（BSE 感染牛が存在する可能性は大きいが確認されてい
ない、あるいは低いレベルで確認されている）とされた国や GBR 評価を受け
ていない国も含まれている。リスク管理機関は、これらの国からの牛肉等の輸
入に際し、健康な牛の牛肉等であることを記載した衛生証明書や特定危険部位
の輸入自粛を輸入業者に求めている。しかし、輸出国における BSE の有病率
や対策が不明な部分もあり、牛肉等の潜在的なリスクが必ずしも明確になって
いない。このため、食品安全委員会では自らの判断により食品健康影響評価を
行う案件として、わが国に輸入される牛肉及び牛内臓に係る食品健康影響評価
を行うこととした。

この評価では、これまでモデルとした欧州食品安全機関の評価方法では限界
があるとして、日本独自の評価方法を開発し（評価方法は英文の論文として）
受理された（Alternative BSE risk assessment methodology of imported beef
and beef offal to Japan. Y. Yoshikawa, et al., J. Vet. Med. Sci, 2012, 74,959-

968)。データを送ってくれた国由来の牛肉等のリスクは、現時点の各国のリスク管理措置であれは無視できるという結果になった。

　評価を進めている途中で、著者の人事が国会人事マターとなり、ねじれ国会の結果否定された。その時の民主党の主張は米国・カナダ産のリスク評価が科学的でなかったというものである。日本学術会議は政府に反論を出してくれた。各国にリスク評価の結果を通知しているプリオン専門調査会の座長が、その正当性を立法府で否定された限り、座長を続けることは相手国に対する侮辱であるとして、辞任を申し出た。食品安全委員会に慰留され、評価を全うした後、7年の任期満了でプリオン専門調査会を退いた。科学と政治の関係の難しさを身にしみて知った出来事である。

おわりに

　BSE のリスク評価をもとに、自分の経験から、科学と社会、科学と政治の在り方を振り返ってみた。自然科学者は、もともとこの分野が不得手である。基本的にこの種の現象は複雑系の問題であり（非線形性）、単純化が不可能である。また、取った対応が次のモデルに影響し（介入性）、やり直しがきかない（一回性）。これらは、従来の実験科学と全く違う。通常の実験科学の研究者は、研究室の中にいて実験し、またその結果を見て実験を進めていくという形でやってきたわけであるが、リスク評価では実験と全く違う次元の対応が要求される。リスク評価の役割を担う科学者は、その役割と責任を負う覚悟が必要である。また、人文社会科学者と連携していく能力も必要である。

　東日本大震災と共に起きた福島第一原発事故を巡って、科学と政治の在り方が問われた。福島原発のリスクを検討した委員会、事故後に設置された原子力規制委員会、放射能汚染のリスク評価を巡る専門家の対応等は、これまで述べてきた食品安全委員会の経験した問題点と非常に類似している。今回、発足して 10 年以上を経過した食品安全委員会を、福島原発事故後の科学と社会が突き付けた問題の視点で見ることができたことに感謝している。Science（科学）と Politics（政治）の新しい関係が、一体どういう対応になっていて、どういうレベルで問題が解決できるか？　実は私自身、まだ答えが出ていない。もう一度、今回の提言「科学と社会のよりよい関係に向けて──福島原発災害後の信頼喪失を踏まえて」を読み直している。

第3部　公共空間における科学技術　*155*

2 政策形成における科学者の役割

独立行政法人科学技術振興機構特別顧問 **吉川 弘之**

1. 科学者の役割の変化

　科学は進歩を続ける。次の進歩はどの方向を選ぶのか。人類が平和でより良い生活を実現しながら、しかも人類の外の世界と矛盾を起こさずに生きてゆくために、科学的知識が必要である。そのときどのような知識が準備されているか、それは科学者がどのような研究をし、またどのように知識を社会に提供していくかによって決められる。このことの基本に考えると、科学者の役割の問題がある。わが国は、科学技術基本法および科学技術基本計画によって科学的研究を大切にする国となった。しかも多くの制度改革、特に国立大学の法人化によって、制度的に大幅な変革を起こすこととなった。科学技術の研究は日本国民の最大関心事の1つである。ところが、その中で科学者や技術者の役割についてはほとんど議論されることがなかった。誰もが認めるように、世の中の流れは人によって決められる。科学技術も例外ではない。ここでは科学研究、技術開発に従事する科学者、技術者を含めて科学者と呼ぶが、人類にとって好ましい方向に科学的知識が発展するために、科学者に何が求められているか、それを科学者の役割という点から考察する。

1.1 科学と社会との間に交わされた新しい契約

　1999年の6月にICSUとUNESCOは共同で、世界科学会議（World Conference on Science）をBudapestで開催した。参加者の大半は科学者であった。その最終日に提出された宣言書[*1]は、「科学と科学的知識の利用に関する宣言書」と題され、科学者の役割について、科学者が自らその変化を決

意したことを表明している。それは科学者がより積極的に社会に貢献すること
の決意であるが、ここでは、科学者がこのような宣言を発行するに至った経過
を考えることから始めよう。

　科学と社会は常に深く関係してきたものである。このことは、現在の社会が
あらゆる部分で科学的知識の影響を受けていることを見れば明らかである。し
かしながらその影響がどのようにして起こったのか、その中で科学者がどのよ
うな役割を果たしたのか、また社会の中でその影響を引き起こした主役は誰な
のか、などについては必ずしも明らかではない。しかし最近の出来事のいくつ
かには、そのことが典型的に示される例がある。地球温暖化についての科学者
の働きはその 1 つである。

　地球温暖化の研究は長い歴史を持っている。Sir David King が Zuckerman
Lecture で詳しく述べているように (*2) それは 19 世紀初頭に、J.B.J.Fourier
が熱解析の研究を通じて発見した現象に名づけた "温室効果" という言葉から
始まったといってよいであろう。その後多くの研究が行われたが、1930 年代
には地球が温暖化しているという指摘があり、次にそれが地球上に好ましくな
い異変をもたらすという警告になってゆく。1950 年代には、大気中の二酸化
炭素含有量の測定と地球上の温度分布の測定の精度も上がってきて、大海の水
面上昇や生態系の変化など、人類の生存を脅かす原因になることが、科学者に
よって警告されるようになったのである。

　しかしながらこれらの警告は社会によって十分に受け入れられたわけではな
かった。科学者の発言が、政治家や政策決定者によって取り上げられることは
あったが、いずれも個別的でそれらが何らかの社会的行動を促すものにはなり
えなかった。それが可能になるためには 2 つの条件が必要である。まず社会
が警告を、政治、経済、国際関係などの社会的活動に直接関係する問題として
認知することであり、次に科学者が警告を、科学的根拠を示しつつ多くの科学
者の合意を得たものとして示すことである。

　1972 年の国連人間環境会議（United Nations Conference on the Human
Environment）は、国連の経済社会理事会（Economic and Social Council）の
提案で開催されたものである。その計画段階でエキスパートとしての科学者の
協力はあったが、科学者の合意を反映したものとはいえないであろう。した
がってこの会議は、社会が環境問題を認知し、それを重要問題として取り上げ
た最初の会議として広く知られ、高く評価されているのである。この会議で提

第 3 部　公共空間における科学技術　*157*

出された宣言書では、資源の枯渇防止、エコシステムの保存、自然の保護、環境汚染の予防、などが指摘され、そのために社会、特に政府が採るべき方策について言及している。しかし、地球温暖化についての明示的な指摘はされていない。

　地球温暖化の問題が、科学者からの警告として、社会によって確実に受け止められるのは、1985年に Villach（Austria）で開催された気候変動に関する国際会議（International Conference on the Assessment of the Role of Carbon Dioxide and of other Greenhouse Gases in Climate Variations and Other Impact, 1985）だったと思われる[*3]。これは WMO、UNEP および ICSU の共催で開催され、参加者の多くは科学者であったが政策決定者も参加していた。この会議の開会の挨拶で議長の J.Bruce は、会議には、起こりつつある二酸化炭素による地球温暖化に関して、二つの重要な使命があるとし、次のように述べた。1つは科学者の持つ現在の知識に基づく全員一致の声明（consensus statement）を出すことであり、2つ目にこの科学的一致に基づいて、社会がとるべき行動に対して、根拠の明白な助言（sound recommendation）を提出することであるとする。ここには、「多くの科学者が合意する見解」と、「科学的に根拠の明白な助言」という、いずれも当たり前のようでいて定義の明白でなかった概念が現実的な行動を伴って明白に示されたという点で、画期的な飛躍を見ることができる。

　その後各国から行政者が集まって地球温暖化についての会議を Viareggio で開催するが、それは Villach の宣言を受けての事であると思われる。しかもこの宣言は国連の環境と開発に関する世界委員会（The World Commission on Environment and Development）の報告書「われらが共通の未来」（G.H.Brundtland, Our Common Future1987）に引用され、地球温暖化が環境問題の中で最重要事項として取り上げられることになる。すなわちここに、長い間の科学者の警告をようやく受けて、社会と科学とが共通の認識を持って行動する条件が整うのである。その後の経過は急速であった。気候変動枠組条約（Framework Convention on Climate Change）が締結され、気候変動に関する国際パネル（IPCC）が設置される。科学的根拠に基づく助言を行う科学者の協力を得て、地球温暖化に対して国際的な協議を行う場所が正式に設定されたのである。そして協議の結果として、温暖化防止に有効な行動が各国の協力の下に始められようとしている。

158

以上に示した温暖化の例は、科学者の警告と助言、社会の理解、そしてそれに基づく社会と科学者との協力的行動という、理想的な例である。このような例はほかに無いが、これほど明瞭でないにせよ、さまざまな形で科学者の関与を得ながら、地球環境に関する困難な問題が明らかにされて、それは低開発地域の貧困解消という社会のもう1つの問題と1つになって大きな人類的課題を構成することとなった。その課題は、「持続可能な開発」である。

　持続可能な開発という概念は、よく知られているように前述のBrundtland委員会で作られたものである。それはひとつの安定的な状態を指す言葉ではなく、行動原理を意味するものであるとされる。すなわちそれは、低開発国の経済的発展による開発と、地球環境の持続とは、その両者の同時的実現が極めて困難なものであるが、それを可能にするための新しい行動を模索しようという呼びかけであったのである。持続可能な開発という課題は1992年にRio de Janeiroで開催された地球サミットにおいて中心的な課題として議論され、すべての人類にとって共通に取り組むべき課題であることが確認された。そして、この会議で採択された行動計画Agenda21は、社会の多くのセクターに対してそれぞれの行動を要請するものであった。そこには、当然のことながら科学コミュニティに対する要請も含まれていた。それは、持続可能な開発とは、現在のところあたかも解けない方程式のようなものであるが、正しい科学技術の発展により、それを解く道があるというものである。このことは、社会が科学に対して、1つの要請を出したということである。

　この要請に対して科学は正式に答えることになる。冒頭に述べたように、1992年の地球サミットから7年後の1999年、ICSU（国際科学会議、International Council for Science）はUNESCOと共催で、"世界科学会議（World Conference on Science）"をBudapestで開催する。この会議で採択された宣言書は、「科学と科学的知識の利用に関する宣言書（Declaration on Science and the Use of Scientific Knowledge）」と題し、4つの章からなっていた。それは、1）前進に必要な知識のための科学、2）平和のための科学、3）開発のための科学、4）社会の中の、社会のための科学、である。この表題にある"利用"という表現と、4つの章を見れば明らかなように、この宣言は、科学研究が、科学者の純粋な好奇心によって、利用目的と無関係にただ新しい知識を生み出すという伝統的な定義にとどまるのではなく、知識は使われるものであることを認識し、そして何のために使われるかを考えながら行われなけ

ればならないことを述べているのである。これは社会と科学との関係を築きな
がら、その中で研究の方法を転換することの宣言である。この世界科学会議
の参加者の大部分が科学者であったことを考えると、これは科学を研究する
ものの決意であったと考えられる。事実それから3カ月後に開催されたICSU
の総会（Cairo,2001）で、この宣言書は圧倒的多数で採択されることとなる。
ICSUが純粋科学、基礎科学の科学研究者の集まりであることを考えるとこれ
は重大な決意であり、この宣言書が、前述の社会が科学に向けて出した要請に
対する回答であったと思われるのである。いわばここに、社会と科学との間に
" 契約 " が交わされたと考えられる[*4]。そして研究が公的資金によって行わ
れるとき、この契約は現実のものとなる。すなわち、社会の期待を乗せた伝達
媒体としての公的資金によって研究を行う科学者は、社会で認知された問題の
解決に有効な知識を生み出すことによって契約を履行しなければならない。

　合意した科学者の警告によって、社会は問題の存在に気づき、今度はそれを
社会が合意した問題として位置づけることとなった。その代表的なものが持続
可能な開発である。次にそれは社会から科学への要請となった。そして結局科
学者がその解決に取り組むことになる。この関係は、科学と社会とを関係付け
るための、重要なメカニズムである。

1.2　社会の中の解決すべき問題──現代の邪悪なるもの

　歴史的に言って、科学、あるいはより広く学問と呼ばれるものは、時代時代
の「邪悪なるもの」に対抗し、そして打ち勝ってきたのだと考えてよいであろ
う。古くギリシャ時代の倫理学や論理学は、自己のうちにある邪悪な欲望や、
社会における虚偽などを見破り、退けるものであった。多様な哲学も、時代の
権力と複雑に関係しながらも、それが現代の科学へと結びついていくものであ
る限り、本質的には人間の尊厳と基本的権利を守ってきたと考えてよい。邪悪
な支配権力、人種的偏見などを支持する論拠を崩したのも、哲学であった。歴
史を詳細に見れば、数多くの例外を持ちながら、しかし結局それらの例外は排
除され、科学が人間の平等の権利を保障する基盤であり続けたことを誰も否定
しないであろう。結果的に科学は邪悪な精神や制度を排除してきたのである。

　自然科学の領域では、科学はより積極的に邪悪なる物を排除するのに有効で
あった。人々を敵対的な獣や病原菌から守り、自然の災害を軽減し、またそれ
から人命を保護し、安全な行動を可能にして、人間の行動範囲を拡大した。そ

の結果人間にとって快適な生活環境を作り出した。

　ここで科学が有効であったという意味は、もともと科学があってその応用によって邪悪なる物が排除されたということではない。人類は経験したことの無い邪悪なるものに遭遇したとき、知恵を絞ってそれと戦う。その結果勝利を収めたとき、新しい知識を獲得する。その一部が体系的知識となり、世代を通じて語り継がれることになる。それが科学的知識の原型である。ひとたび獲得され体系化された知識は何度も使われて有効であり、邪悪なるものを駆逐するのである。現代に於いてわれわれが持っている科学は領域に分割されている。その領域が覆う知識は、元をたどれば過去において人類が遭遇した邪悪なるものに対抗すべく作り出した知識であると考えることができる。上述したように、邪悪な欲望に打ち勝つ戦いから生まれたものが倫理学であり、虚偽を見破る努力から生まれたものが論理学である。そして自然科学の分野では、病原菌との戦いが細菌学を生み、それは発展して現代の生命科学となった。嵐や地震との戦いを通じて得て知識は、気象学や地球物理学となり、それはさらに建築や土木工事等に役立つ工学的知識となったのである。したがって、現在われわれが手にしている科学という華麗な知識体系は、人類の長い間の命をかけた戦いの結果として得られたものなのである。多くの邪悪なるものと戦った結果、科学は多くの領域を持っているのである。

　さて科学の体系化も進み、各領域における進歩も急速となった現代は、邪悪なる物をすべて排除しえた時代と考えてよいかといえばそうではない。前章で述べたように、われわれは今、持続可能な開発という困難な問題に直面している。これは低開発地域の経済開発と、人間活動の地球への負担の最小化という、相互に矛盾する課題を同時に解決するという困難な問題であった。そこでこの新しい問題に取り組み、その努力を通じて新しい科学 " 持続可能な開発学 " を作り、後はどんどんそれを適用して完全に処理するという過去の方式でこの困難な問題を解決することができるのであろうか。残念ながらこの目論見は成功しないであろう。それは現在われわれが遭遇している邪悪なるものが過去のものと異質であるからである。上に述べた邪悪なるものは、平和に生活しようとする人類の外から襲撃してくる外敵であった。これらの過去の邪悪なるものと、現代の邪悪なるものとの間には本質的な違いがある。

　現代の邪悪なるものを排除することを意味する持続可能な開発という概念の中には、多くの問題が含まれている。それは以下のようなものである。すでに

述べたように、貧困地域の解消と環境維持との同時的実現は主要な問題である。そのほかにも大きな問題がある。すなわち、人口の急激な増加、民族間の紛争、テロリズム、HIVなどの新しい感染症の発生、BSEや鳥インフルエンザなどの新型の病気、人工物による事故の大型化、都市生活における孤独、情報犯罪などである。これらはさまざまな原因によって引き起こされるものであるが共通している点がある。それは人類が安全と豊かさを求めてきた行為の結果として、まったく予期しないままに生じてきたもの、という点である。そこには可視的な外部から攻撃をかける敵は存在せず、原因を求めるとすれば、安全と豊かさを求める行為を生み出した人間の意図そのものの中に見出すしかないのではないかという不安を抱かせる状況がある。とすれば、われわれが現在手にしている体系的知識の中に現代の邪悪なるものを生み出した原因が潜んでいるのではないかと考える必要がある[*5]。したがって現代の邪悪なるものを排除するためには、過去の領域化した科学的知識の適用だけではもちろん不十分であるが、しかもそれだけではなく、過去の知識の作り方、すなわち、専門家の当面の対象に集中する思索と行動により、専門的知識を造りつつ排除の力を増してゆく、というやりかたに頼っていたのでは、現代の邪悪なるものを排除できないだけではなく、新しい現代の邪悪なるものを作り出してしまう可能性すら疑わなければならないであろう。Budapestにおける世界科学会議の宣言はこのことをより深く考察することによって現実の意味を持つことになる。その中で、科学者の役割の変化は最も重要な課題である。

1.3 現代において科学者が果たすべき役割

現在の科学者、あるいは科学技術研究者は、独特の特徴を持っている。それは細分化された領域のどれかに属していること、その領域の中のみで先陣争いをしていること、対象の分析が主流であること、得られた知識の利用は研究世界の壁の外（extramural）の人々に任せてしまうこと、与えられた課題でなく自らの好奇心に基づく研究のみに権威が与えられることなどである。これらのことは特定の領域が進歩するために有効な社会的装置であり、そのおかげで科学全体が近代において急速に進歩してきたのである。しかし一方でこのことは研究者すなわち知識生産者から知識全体を見る目を曇らせることとなった。そしてその結果、相互に無関係な領域知識が社会に流れ出して行き、それらが科学の全体像を俯瞰的に見る能力を持たない社会の人々によってばらばらに使用

される。こうして作り出された人工環境は、全体として調和を持たず、変えようとしても変えられないものとなる。このことが、現代の邪悪なるものが意図に反して発生することの主要な原因である。

　生命科学の例を考えてみよう。過去に於いて伝染病との戦いが少数の専門家たちによって行われた。そしてその戦いを通じて病原菌についての知識を獲得し、それが細菌学という領域を生む。領域となった後は研究者たちによって知識は増殖され、現代の生命科学へと発展して行く。それは遺伝子操作を可能にし、難病を克服したり有益な農作物を創出したりする一方で、過去に無かった生命倫理問題や生物多様性破壊問題を引き起こした。これらは現代の、解決が非常にむずかしい問題群の例である。

　以上の考察により、現代の邪悪なるものを排除し、さらに新しい邪悪なるものの将来における発生を抑止するためには、科学者に従来とは異なる役割を期待せざるを得ないことが理解される。それは、現在の科学者あるいは科学技術研究者が、知識生産者として果たしている重要な役割に障害を与えることなしに、上述の問題を解決するための主役のひとつを演じるということである。その実現のために、ここでは科学者が閉じた研究空間を出て、社会に入っていくことを要請することになる。このことは Budapest 宣言における "社会の中の科学" に対応する。

　社会の中に入っていった科学者は何をするのであろうか。科学者あるいは科学技術研究者は、まず対象を定めて観察し、次にそれを知識に変換し、そして科学論文を書く。この行為が社会の中で行われるとき、次のような変化が起こる。第一に観察の対象に社会的事象が入ってくる。第二に研究成果を社会の誰かに直接手渡すことになる。このことは次のようなことを意味している。すなわち研究者の研究が、科学研究が外の世界で使用された結果の影響を受け、変化した自然現象あるいは社会現象を対象とすることになり、したがってその影響も研究の対象となる。そして研究の結果がどのような影響を与えるかを意識しつつ研究成果の発表を行うことになる。

　科学者がこのような形で社会に入っていくとき、社会には今までに無かった情報の循環が生起することになる。それは科学技術研究と研究結果の使用という人類の知的活動が引き起こす変化についての情報が、科学技術研究者、研究成果の使用者（社会における多くのアクターたち、実業家、技術者、政治家、行政者、教育者、作家、医者、報道者など）、使用結果の影響を受けるも

の、影響の堆積としての自然や社会の変化の観察者——これは科学技術研究者である——という連鎖を通じて循環するという、循環構造を獲得することである。この循環構造の中に科学者が含まれている。ここで科学者は、この情報循環を、正しく、好ましい速度で行わせることのできる最も重要な存在なのである。それが実現したとき、科学者によって駆動される情報循環[*6]と呼ぶことができるが、それは社会が知的活動による適応的な構造を獲得して進化を可能にすることを意味するものである。これは「科学による進化」と呼んでよいであろう。

このように、すでに述べた社会と科学コミュニティとの間の契約を履行するために、社会の中の情報の循環構造の中に入っていった科学者の果たすべき役割を以下に述べよう。

(1) 分析科学者としての役割——俯瞰的視点／領域の再編

一般に科学技術研究者は、研究対象をまず定める。ほとんどの場合、自分の属する領域の範囲内で対象を選択する。研究者にとってこのことはほぼ必要条件である。なぜなら、自分の領域のことであれば、その対象がどの程度困難なものであり、またよい研究成果が上がったときどのような称賛を受けるかも予測できるからである。研究費の獲得容易性も推測できる。そして成果は研究者としてのキャリアの向上につながる。ところが自分の属している領域では扱っていない対象を選んだ場合、これらの可能性は予測ができず、結果としてきわめてリスクの大きい研究になってしまう。しかしこのように伝統的な対象選択の方法に従っている限り、前述の、科学研究が外の世界で使用された結果の影響を受け変化した自然現象あるいは社会現象を完全に観察することは保障されない。現代の邪悪なるものが既存の科学領域の中に可視的に存在していないことを考えればこのことは明らかである。

日本学術会議では、この問題を次のような方法で解決することを試みたのであった。日本学術会議は国際科学会議（ICSU）のメンバーであり、国際的には科学アカデミーである。しかし他の多くの科学アカデミーと異なり、あらゆる学問分野の科学者の代表者でメンバーが構成されている。すなわち、自然科学者だけでなく、工学者、医科学者、農学者、社会科学者、そして人文科学者を含む。この特徴を活かしてあらゆる分野の研究者からなる研究グループを日本学術会議のメンバーによって組織し、俯瞰的な視点で研究を行うこととなっ

ている。それらの研究結果のうちいくつかは、日本学術会議の声明として発行されたが、ここでは 1997 年にはじまった第 17 期の 1 つの例を紹介することにしよう。

現在、日本において環境問題と教育問題とが最も深刻な問題として取り上げられることが多い。前者はすでに述べた国際的な問題意識を受け、地球の持続可能な開発への貢献が主題であり、国際共同による環境研究や環境に関する国際援助などがある。そして二酸化炭素排出量制限の達成は、あらゆるセクターの主要な課題である。国内的には廃棄物処理や汚染防止など数々の課題が存在している。これらは、一般の人々の広い関心を集めてはいるが、それに影響を与えうるのは国際政治、経済、産業、などであり、議論はそれぞれの専門家たちに向けられる。一方教育問題は全ての人々の最大関心事である。これは教育者や学校経営者だけでなく一般の人々、すなわち教育を受けるもの、その親などを含む。しかしその質を決めるのは結局教育者と学校経営者であり、期待や批判はそれらに向けられることになる。このように環境と教育の 2 大問題は、ともに一般の人々の大きな関心事でありながら、議論は別々に行われ、担当する専門家も別々で、相互に交流することはない。

このような状況を打開するために、1997 年に「教育と環境」という研究グループを設置する（委員長、和田昭允）。そこには当然教育の専門家と環境の専門家が共存することになった。研究を重ねた結果、重大さが指摘されている割には事態の改善されない環境問題と、教育界のさまざまな工夫と努力にもかかわらず低下する学力という深刻な問題を抱える教育問題との間に、1 つの接点があることが示されたのであった。それは簡単に言えば、教育政策と環境政策とを、相互に関連させつつ実施することにより、子供や若者に勉学の動機を与え、同時に社会全体に環境保全に対する行動力を与えるというものであった。この研究は 2000 年に声明として発行され[*7]、わが国だけでなく国際的にも反響があった。それは現実的有効性のみならず、学問領域の再編の可能性を示したからであった。この思想は、持続可能な開発のための世界首脳会議（World Summit on Sustainable Development, Johannesburg,2002）における日本政府提案によって実現した国連・持続可能な開発のための教育の 10 年（UN-DESD、2005-2015）での世界的な研究とそれに基づく教育改革によって広く現実のものになった。日本提案が 2000 年の日本学術会議の声明の結果だったのかどうかは不明であるが、少なくとも当時のわが国の学術界の意識が

反映されたことは間違いないと思われる。

　2000年にはじまった第18期（3年間）に於いては、このような研究グループを7つ作った。その課題は、価値の転換と新しいライフスタイル、ジェンダー問題の多角的検討、ヒューマンセキュリティの構築、情報技術革新と経済・社会、循環型社会、生命科学の全体像と生命倫理、教育体系の再構築、である。これらの課題はいずれも単一の学問領域で討議できるものでなく、いずれも多くの専門的知識を必要とする。各研究グループは単なるシンポジウムを開催するのではなく、3年間継続して共同研究を続け、研究報告書を出版した。しかもこの期に於いては、これらのグループの上にスーパー委員会を設けて、さらに広い学問領域において日本の抱える問題を総合的に研究したのであった。それは「日本の計画」と名づけられて出版された[*8]。その主要な結論は、わが国にはさまざまな問題が相互に関係しながら存在するために解が見つからないという問題があり、その解決のためには「科学者によって駆動される情報循環」が必要であるというものである。

　日本学術会議における以上の経験から、現代の邪悪なるものと呼んだ現代を特徴付ける問題を解くことは、既存の科学領域の単独適用では不可能であることを明らかにし、さらに異なる領域の科学者の共同研究による俯瞰的な視点に立つことで有益な結果を得ることも実証したのであった。しかしながら、この共同研究とは何か、それは知的活動としての研究にどのような特徴を与えているのか、さらにこれに参加した科学者の思考過程は、特定の領域の範囲内で研究する場合とどのように異なるのか、などについての知見を明示的に得ることがさらに進んで必要である。

　このことを目的として、日本の計画に加え、多くの学術領域の科学者の協力を実行することに伴う本質的問題の検討が行われた。現在、理系領域だけ見ても、物理学を始めてする分析的分野と、工学、医学、農学などの設計的分野がある。しかも同じ分析分野でも物理学と生物学では知識の構造が全く異なる状況にある。さらに、文系領域では、人文学、歴史学、経済学、社会学、教育学など、手法も知識体系も異なるものがある。これらの領域にいる科学者たちが協力する上での困難は、各学術領域の背後にあって科学者が信じる「秩序」が異なるという視点から考察する検討であり、それは「学術の体系」という報告書となり、これが上述した「日本の計画」と並置されて、科学が現実問題に助言することの意義を明らかにする努力がなされ、それが実際の協力を強固なも

のにしたと考えてよい。

　このようにして得られた知見を、より現実的な研究開発においてどのように役立たせることができるのかは、日本学術会議のような組織で実際に確認することはできない。このことについて、筆者の経験を基に若干の成果を以下に簡単に触れておく。

(2) 設計科学者としての役割——もう１つの基礎研究 "本格研究"

　1983 年に筆者は小さな研究グループを設置した。それには２人の日本人教授と１人のハンガリー人教授、それに 10 人ほどの若い研究者たちが加わった。専門は、科学、工学、歴史学などからなっていた[*9]。目的は技術の歴史の中にある法則性を明らかにするというものであった。得られた結果の中に、１つの興味ある事実が見出された。それは画期的な発見や発明が行われ、しかもそれらが新しい技術の実現の可能性を見せているとき、社会はそれらに大きな期待を寄せる。発見者や発明者は賞賛を受け、研究のための資金も容易に得られるようになる。そこにはそれを行った研究者だけではなく、広く社会の人々もその技術の実現に夢を持つのである。しかしその夢は簡単には実現できない。人々からの期待が大きいだけに、失望も大きい。その結果研究者は忘れ去られるか、時には非難されることすら起こる。研究費の獲得は困難となり、研究環境はいっぺんに悪くなってしまう。これは研究者にとって悪夢のようなものである。しかし途中であきらめなかった研究者の多くは、やがて夢見た技術を現実のものとする。われわれの歴史研究の結果、この悪夢の続く期間が平均して 15 年であることが明らかにされた。

　この 15 年という期間は、１人の研究者にとって長すぎる。特に大学や公的研究機関で仕事をするものは、15 年も顕著な成果を出さなかったら敗北であり、常に功績を争っている同じ分野の研究者によりよい職を奪われてしまう。優れた研究者としての生涯を送るためには、この悪夢に出会うことを極力避けようとするのは当然である。その結果、研究者たちは最初の発見や発明によって賞賛を受け研究費が容易に獲得できる間はその課題で研究を行うが、悪夢の時期に入りかけるとさっさとその課題の研究は止めて、新しい別の課題に取り掛かることになる。その間に研究論文は十分に書けるし研究者としての評判も上がるから、それはよい決断だということになる。同じ 15 年かけるならば、次の発明や発見で新しい夢を作り賞賛を受けることを狙ったほうが見返りは多い。

第 3 部　公共空間における科学技術　*167*

このような研究者の挙動は、現在の研究環境ではありがちなことである。し
かしながら、すでに述べた社会と科学コミュニティとの間に契約が成立してい
るという現代を特徴付ける状況の下では、このような研究のやり方は好ましい
ものではない。その理由は、このような研究者は情報循環の要素となる資格を
欠いているからである。すなわち彼らの発信する情報である研究結果は直接社
会に届くことができない。社会と科学コミュニティとの間のリンクがつながっ
ていない。学会で発表された論文は確かに社会の知的財産とはなるが、悪夢に
耐える研究者が現れない限りそれは宙に浮いた財産である。

　これを解決するためには、悪夢の時期における研究とはどのようなものかを
明らかにし、それに基づく研究環境の改変が必要である。その研究は夢を追う
いわゆる基礎研究とは異質のものである。いわゆる基礎研究とは、研究対象を
選定し、その対象に適した科学領域を選び、その領域固有の方法によってその
対象を記述し、またその背後にあるより一般的な法則を導出する。一方、悪夢
の時期における研究は、最初の発見や発明が行われた領域における知識だけで
はなく、既存の領域のみならずある場合には今まで存在しなかった新しい領域
を創出した上、それらの法則群や知識を多数使用することによって、目的とす
る機能の発現を考察するための"臨時領域"を合成することが必要である[*10]。
この臨時領域は、目的とする"製品"のためだけに有効なもので、伝統的な科
学領域のように汎用のものではないが、たとえば地震学とか船舶工学のように
特定の目的が広く期待されるような場合に永続的になる場合もある。

　単一の領域における思考は論理的であり効率がよい。しかし多数の領域の知
識を同時に使って考えることには定まった手順もなく解が得られる保証もな
い。そこでできるだけ論理的に考えられるように臨時領域を合成するのであ
る。しかしこの臨時領域の合成はきわめて困難な作業であることが明らかと
なってきた[*11]。そしてこの困難さが、夢を実現するために研究者が悪夢に
耐えなければならない理由なのである。

　科学研究の成果が埋没したり忘れ去られたりすることなしに、社会の期待に
応えて的確にしかも迅速に使用されることがすでに述べた契約の履行のために
必要なことである。そのためにはその成果を生み出した研究者自身がその社会
における使用について関心を持つことがまず必要なことである。しかしそれだ
けでは十分ではない。この夢——悪夢——現実という過程を、研究者の生涯を
傷つけることなく進行させ、しかも悪夢の期間をできるだけ短縮するのに有効

な研究環境を準備することも必要である。

それを実現する1つの試みを紹介する。それは産業技術総合研究所（AIST）における組織論である。AISTは2001年に、それぞれの領域に分かれて産業技術研究を行ってきた15の国立研究所を統合して、3000人の研究者を擁する独立行政法人の総合研究所として発足したが、そのとき新しい研究ユニットの組織方法を導入した。それは非常に柔軟なもので、卓越した研究指導者の下に自発的に研究者が集まるというものである。しかしそのとき1つの条件が課せられる。それは、「各ユニットを構成する研究者が三種類の研究者から構成される」というものである。三種類とは、通常の基礎研究者、産業と協力して製品化を行う研究者、そして悪夢に耐える研究者である。

この試みは成功したと言ってよいであろう。いくつかの基礎研究は現実に産業技術を生み出したが、それは世界にないものである。この試みにおいて取られた方法はその後「橋渡し研究」と呼ばれ、わが国の産業振興のために採用されることとなり、すでにいくつかの国家プロジェクトが始動している。

(3) 助言者としての役割──中立的助言

最初に述べた地球温暖化問題において、科学者の警告が長い間社会に受け入れられなかったのは、それが科学者の一致した意見としてまとめられていなかったからであった。そしてVillachの会議において科学者の合意として警告が提出されて初めて、それが社会によって深刻に受け止められたのであった。しかしこの科学者の一致した合意というのは、そう簡単に得られるものではない。現代は、科学のどの分野においても進歩は急速で、新しい発見があり、また新しい学説が提出されている。特に新しい現象の外界に対する影響というような多領域に亘る話題になると、その解釈は仮説であったり、単なる推定であったりする。そのような科学者の発言が、特定の利益のために悪用されたりすれば、社会的な混乱を引き起こすことをわれわれは知っている。したがって科学者の合意が必要なのであるが、そのとき、どの範囲まで合意が出来ているかを明示しなければならないのである。それから先はその時点ではまだ複数の見解が並存していて、合意に至るまでにはより進んだ研究が必要である事も明示する必要がある。この条件のもとで提出される科学者の見解を、「科学者の中立的助言」と呼ぶ[*12][*13]。科学者の役割の1つである助言は本稿の主要な話題であり、次章で改めて詳述する。

(4) 科学者の自治

さて、本章で述べる科学者の社会における役割、社会への助言、そしてアカデミーという機関の意味などを考えるに際して、それらの基本としての科学者の研究・教育における自治という問題に触れておく必要がある。すでに筆者が1995年に論じた[*14] 負託自治と固有自治の考えを基にしながら、本章に関係のある点に触れることにする。

科学者の自治は、歴史を経て成立した科学の本質にかかわる理念であるが、それは科学者の現実的な組織や行動に枠組みを与えるものであり、したがってその考察を現実的認識から出発する必要がある。科学のすべての分野において、その基礎研究のほとんどは国費で賄われるのが現在の状況である。ここではこの点から現代における科学者の自治という点について考察しておくことが必要となる。特に国立の大学あるいは研究機関においてはこのことは明瞭であり、これらは国民の負託を受けて成立しておりその存在自体は国民の理解を根拠としているという現実がある。しかし一方で、大学の存立基盤としての学問は、各分野ごとにその分野に属する専門家によってしかその内容の成否がわからないという現実的な性質を持っており、したがって教育・研究の内容については、当該分野に属する専門家が自らの判断によって決定していくほかはない。

国民の負託は、政治・経済、その他社会における短期に変動する環境におかれた人々が、その変動を自ら同定するための、不変でありかつ普遍の機軸を提供するものとして学問に期待することを通じて行われる。このような不変で普遍なものへの期待は、教育と基礎研究とに対して、最も強くかけられるが、その他多くの事象に対しても、判断や理解の表明が求められる。現代の社会において、このように不変で普遍な学問を基盤としつつ教育・研究を行う大学の存在が不可欠であることが広く認められている。したがってそこには、社会から期待を寄せられ、貢献を求められつつ、しかし社会の他の活動とは独立して、学問の固有性を根拠とする独自の機能を発揮し、行動するものとしての大学の存在が認知されている。これは社会の側から大学に求められる自治であり、社会から要請される負託自治と呼ぶことができよう。

一方、学問が持つ、各分野ごとにその分野の専門家にしかその成否が判断できないという本来的な性質は、学問の自治の客観的根拠を与えるものである。すなわち学問は、分野を構成した時、分野固有の内容と方法とを同時に規定す

るものであり、その内容についての深い知識と方法の習熟によって専門家が生み出される。すると、その学問がこれらの専門家によって発展させられ維持されるものとなる。すなわち発展や維持の正当性は、これらの専門家によってのみ保証されるという現実的状況が生まれる。このことから必然的に、学問における研究、そしてそれを根拠とする教育が、専門家の自治のもとに行われるしかないことが帰結される。これは学問の本質から導出される自治であり、学問により必然的に生じる固有自治と呼ぶことができよう。

この負託自治と固有自治とは、本質的には同一のものを、機能と存在という異なる位相に分解してみたものに他ならない。しかしながら、この自治を大学の組織運営という現実行動を規定する根拠として位置づける場合、両者は必ずしも同一の結果を生むとは限らない。このことが現在において、大学が求めるべき組織運営の議論に固有の問題を投影している。

大学人として考えると、負託自治は社会的合意によって成立する"与えられた自治"であり、一方固有自治は、自らの専門性に基づく"避けようもない自治"である。両者は、本来同一のものであるが、既定の主体がそれぞれ大学と社会という異なるものである以上、それは現実社会では異なるものとして現れる。両者の間の不調和が、社会の側で言えば本来期待してはならぬ期待を持つことによって生じる例は歴史的に多く存在したし、大学においても学問が本来持つ仮説性によって常に不調和を生み出す可能性を持っているというべきである。しかしこの不調和は、社会において人々が大学を意識し、一方大学人もまた専門的存在を社会に対して開くための動機を提供するものとして、必要なものであることを認識する必要がある。

さて大学人として、この不調和から生み出される緊張を現実の行為に移すとすれば、それは与えられた負託自治を、能動的なものとしてとらえなおすことを通じて、すなわち期待する者と応える者の二面性を統合的に演じることによって、その不調和を解消する道があり得ることになろう。

これらのことは、研究教育に携わるときにおいてはもちろんのこと、科学者が社会における自らの位置を考察するとき、あるいは社会において行動するとき、常に念頭におくべきことである。

第3部　公共空間における科学技術　*171*

2. 科学者の助言

2.1　福島原子力発電所事故に対する科学者の直後の体験

　前章では現代に求められる科学者の役割について述べた。そのことを前提として、ここで助言について述べる。科学者の助言は、科学の影響が社会のあらゆる部分におよぶようになった現在、その影響が社会にとって真によきものであることを保証するために必要な、1つの大きな要素となった。前章で述べたように、人間が対抗するべき「邪悪なるもの」は、過去に於けるように外部から攻撃を掛ける可視的なものから、人間の行為自身に原因を求めなければならない不可視的な「現代の邪悪なるもの」へと変化を起こしている現代において、社会の行動者にとって科学者の助言は必要不可欠なものとなった。このような観点からこの章では、科学者の助言の在り方を考える。特に東京電力福島第一発電所の事故の後に社会による科学者への信頼が、急速に落ちたことが報告されているが、その原因が何なのかを科学者は明確に認識することからこの問題を考える必要があると思われる。

　この事故のみならず、従来しばしば指摘されていた必ずしも最適とは言えない現在における科学者と社会、あるいは政治、行政との関係の状況を改めて考える必要がある。この状況は現在のわが国における不十分な組織あるいは制度に起因していると考えられるが、その改善は長い間実現せず放置されていると言わざるを得ないであろう。福島の事故は、これらの組織あるいは制度の欠陥を明示的に露呈させたのである。いま、福島の経験から学び、従来手が付けられなかった課題を発見し、それに基づく改革を行う機会が到来したととらえるべきである。

　ここではその改善のための考察を行うが、科学コミュニティの立場で政府等に対して科学関連政策の助言、提言を行ってきた科学技術振興機構研究開発戦略センターが、東京電力福島第一原子力発電所の事故直後に科学者に対して呼びかけた一文を紹介して、当時どのような助言が可能であったかを考察することから検討を始めることにする。まず事故後に発行された提言[*15]の概要を以下に記す。

【福島原子力発電所事故の対応における科学者の役割　2011年4月28日】

【1】状況

現在、政府、関連省庁、原子力安全保安院、原子力安全委員会、自衛隊、消防庁、統合本部、東京電力、関連企業、政府参与、外国専門家などがそれぞれ懸命に努力していることが報道され、また現場の状況は想像を超える過酷なものである。

【2】不安

（1）外部者の不安

これらの懸命の努力によって、破滅的状況を回避していることは確かであるが、終息に向けて予想される経過は決して楽観できない状況にある。今までのところ次々に新しい困難な問題が起こり、そのつど新しい工夫でそれを乗り越えるという経過が見て取れる。今までのところ乗り越えてきたとは言えるが、対応作業の外部者である私たちにとって、事故拡大の恐れ、次に何が起こるか分からないという不安、今の状況についての不確かな知識による疑心暗鬼などを払拭することはとてもできない状況にある。

（2）諸外国の不安

諸外国は、それぞれ異なる点からではあるが、いずれも大きな関心をもっている。それぞれ固有の情報を入手しているのであろうが、それは十分ではないと考えられ、多くの不安や不満が寄せられている。これらの不安や不満は、間もなく何らかの行動になることが予想されるが、それが日本と独立の行動になることは避けなければならない。

（3）近隣居住者の不安

上述の不安は、近隣居住者にとって最大であり、計り知れないほど大きいであろう。特に放射能の健康への影響、生活拠点の確保、生産事業の見通しについては、できるだけ厳密な情報を支援策とともに提供する必要がある。これは震災復興の中の大きな問題であり、近隣者への人道的問題であるだけでなく、復興の成功の可否にかかわる深刻な問題である。

【3】科学者の役割

このような状況の中で、緊急事態に対応する科学的知識が必要とされる現

在、科学者がその持つ能力を結集し、問題の対応に生かす方法を考える。その
ための枠組みは以下のようなものである。

（1）わが国において、科学者コミュニティが科学者の能力を結集して、「合
意した声」（unique voice）である助言を提出する可能性を持つのは日本学術
会議である。

（2）このような大災害という危機においての「合意した声」としての助言
は、自らの関与に言及せずに「国は、すべきである」というような他人任せ
型、あるいは自分の研究を適用するために「費用が必要」というような陳情
型、十分な根拠なしに「こうすればうまくいく」というような思いつき型は極
力避けることが望まれる。そうではなく、現実に科学者集団が持っている能
力、十分な情報に基づく科学的根拠、さらに科学者が災害に立ち向かう意志・
意図を前提として、「この点について貢献ができる」と意思表示することが危
機に有効に対処する助言となる。その上で初めて、意思表示した科学者が現
実にできることに基礎をおいて「するべきである」という助言も可能となる。
（「合意した声」とは別に科学者個人の助言もありうるし、望まれもするが、こ
の時もその個人が自らその助言の行動の実行者あるいは責任者となる意思と能
力をもつことが前提になることは言うまでもない）。

（3）科学者の貢献は、復興全般では、調査、復興計画、実施協力であるが、
原発事故に関しては、調査は事故状況、対応過程の客観的把握と情報開示、特
に放射能の状況の把握と開示、復興計画は事故の進行予測と復興計画への助言
と協力、おそらく長期にわたる事故対応で生じるであろう諸問題の予測と対応
助言などである。

（4）科学者の「合意した声」である助言の対象は政府である。

（5）科学者の「合意した声」である情報を開示するとき、その対象は、政
府のみならず、近隣居住者、一般社会、および諸外国のアカデミーである。

（6）情報開示、助言をしようとするときには、様々な意見、見解をもつ科
学者は、協力的な研究と討論を通してそれらを「合意した声」に集約する努力
をしなければならない。

【4】科学者コミュニティの行動

現在、日本学術会議を始めとしていくつかの学会あるいは科学者個人から提
言などが提出されているが、それは決して十分なものではないと考える。その

理由としてまず認識すべきことは、わが国における科学者（専門家を含む）の位置づけである。原発事故処理において（残念なことに大震災の復興計画についても）、科学者がまとまった活躍の場を与えられていない。色々な場面での助言が求められ、個々の科学者はそれに忠実に答えているが、異なる場面と状況で、また限られた情報をもとにした助言であって相互に一貫性がなく、一般社会に混乱を与える可能性がある。また政治に対する個人の助言が陳情であると解釈された場合があったが、不幸なことである。科学者が「合意した声」を出す仕組みが不十分なのはわが国の科学と社会の関係の未熟な状況が原因であり、それを作る努力が日本学術会議や学会などでされているものの、まだ途上である。このことが原因となって、わが国の科学者が持つ知識を結集した「科学者集団（科学コミュニティ）の知識」がこの深刻な状況に対して生かされていないのは深刻な問題である。現実に次のような問題が生じている。

(1) 情報開示

原発の事故状況について、事故に対応している政府、東電、原子力安全・保安院からメデイアに対して随時報告されているが、科学コミュニティは対応の外側にあって、科学コミュニティが専門的な判断をするためのデータを入手できないでいる。このため、科学者の使命である科学的根拠を持つ事故に関する情報および評価を一般社会、諸外国に開示できない。特に諸外国のアカデミーに対する情報開示について緊急に科学コミュニティとして対策を考えないと深刻な問題が起こる。このことは現時点だけでなく、原発事故に加え、震災・津波被害に関してこれから予想される長い経過における問題でもあり、調査も含めて情報入手と情報開示の体制を整える必要がある。

(2) 助言

科学者コミュニティの助言は前述のように「科学的に根拠づけられた合意した声」であることが望ましい。そのために、(1) で述べたデータが必要であり、それなしでは抽象的な助言に留まらざるを得ない。現在、科学者コミュニティが政治に対して助言を届けるパイプは日本学術会議である（日本学術会議法第4条、第5条）。また科学者の内外に対する代表機関であるから（同、第2条）一般社会、諸外国に対し、震災および原子力事故に関して、科学者の立場で科学的判断を表明する責任がある。現在までにいくつかの緊急提言が公表

されているが、政府に対する直接の助言は行われていない。

(3) 復興計画

日本学術会議は日本学術会議緊急集会（"今、われわれにできることは何か"（3月18日）緊急報告第8項報告、3月21日）で、"被害から立ち上がり復興を果たし、再生日本を構築でき、その日本の社会が持続的に安全で生活の質も向上し続けるために"あらゆる貢献をする決意を示している。これは「合意した声」であり、科学者はこれを実行するのであるが、各分野で具体的な行動が行われるのはこれからであり、現在グランドデザインを検討中である。これが個々の科学者の復興に対して有効な行動を可能にするものであることを期待するが、そのことはまだ分からない。

【5】緊急にするべきこと

上に述べたように、原子力発電所事故への対応および震災の調査と復興支援においては、多様な科学的知識が必要であり、わが国にはそれにこたえる知識を持つ科学者がいるのに、両者の邂逅ができていないという状況がある。それを可能にするために、制度、科学者の行動規範、科学者コミュニティのあり方などを今後深く考えることが必要なのはもちろんであるが、現在の緊急事態において直ちにするべきことを以下に述べる。

(1) 情報開示について

原発事故に対しては、まず事故状況と対応状況に関する情報を政府と共有し、科学的な評価と判断ができるようになることが必要である。共有には政府と科学コミュニティとの間の信頼関係が不可欠であり、そのため共有した情報の一般への開示は両者の合意に基づいて行うことが必要であろう。特に諸外国に対しては、早急に情報共有の場を作る必要がある。これを怠ると、日本の科学者のみならず、日本の統治能力への不信が増大し、諸外国独自の調査を始めてしまう。これは国際的風評を含め、好ましくない結果を招くことは必定で、極力防止しなければならない。次項とも関係するが、政府と科学者コミュニティとの間の情報共有についての合意をできるだけ早く取り付ける。その上で世界の科学コミュニティと情報共有することを目的とした「国際フォーラム」をできるだけ早く開催しなければならない。この開催者を早急に決める必要が

ある。

　地震・津波については、多くの専門を含む科学者による調査が必要であり、調査主体である関連府省が大学、研究所などへ調査依頼すると思われるが、個人で関心を持つ科学者の研究を含め、不統一な体制で調査が行われた結果として重複や欠落が起こる、あるいは被災地での被調査者の負担が大きくなる等のことが起こらないように全体を俯瞰しておくことが必要である。これは復興のための条件であると同時に、災害に科学的記録を残す、わが国の国際的責任である。これを行う仕組みを科学者コミュニティの中に作る。

（2）助言について

　科学者の政府に対する助言は、総合科学技術会議の専門部会、各省の審議会、官邸や各省の参与、顧問など多様である。これらに関与する科学者が一堂に会して議論をする機会はないから、各科学者は自分の能力と思想によって助言を行う。このこと自体は悪いことではないが、統一のない助言が政治的対立を増幅し、決定を遅らせ、決定が結局科学的根拠のない妥協的なものとなることの可能性は古くから指摘されている。これを回避するために個人助言とは別に科学者コミュニティの合意した声が必要であるが、これは前述のように現在の制度では日本学術会議が行うしかない。したがって、日本学術会議が必要な情報を入手し、合意した助言を行うことが必要である。しかしながら、当時の会長の努力にもかかわらず、科学的考察に不可欠な情報の入手は極めて困難であった。

（3）復興計画について

　日本学術会議の決意表明ともいうべき緊急報告（3月21日）は重要であり、それにこたえて行動する一例を提案する。緊急報告では、復興すると同時に日本の発展が必要と述べている。そこで科学者として復興支援を通じての"科学者の発展"を考える。今回の震災において科学者の緊急の対応や社会貢献が十分できていないことの原因の1つは、科学者の日常の研究が社会の科学への期待（社会的期待）と十分連結していなかったことにあると考えられる。もし復興支援を目標として研究するなら、復興の主体である被災者の期待と連結した研究課題が選ばれなければならないであろう。このような研究にはさまざまな形態があり得るが、もっとも直截には、被災地の復興集団に科学者が参加

し、そこの社会的期待を課題として研究し、その結果を被災者との共同作業で復興に注入することによって復興を高度化する。このような研究は、研究課題と社会的期待の連結を事実として構成する先行的な事例となることが期待される。言い換えれば、復興のための研究が科学者と社会との間に新しい関係を作り上げ、それは結果として、復興と同時に持続性時代において期待される科学者の発展をもたらす。これを具体化するためにはこのような研究を行う科学者の参加がまず必要であるが、東北大学の「災害復興・地域再生重点研究事業構想」（2011 年 4 月 14 日）にはこのような研究プロジェクトの構想が述べられており、東北大学を中心として全国の研究者が参加する、多くの地域におけるこのような研究が多数実施されることが期待される。

【6】復興の目標

　開発の時代から持続性の時代へと移る過程で、私たちはすでに科学研究のあり方を考え直さなければならないことを議論してきたのであった。それは科学者の知的好奇心に依拠する研究のみが真の基礎研究であるとする考え方の修正である。別の言い方をすれば、真の基礎研究には、科学者が自らの専門の中で抱く内在的な好奇心を出発とする研究に加えて、自らの研究課題を自然あるいは社会に潜在する重大な問題の発見を通じて定め、それを出発として行う研究をも基礎研究とするという考え方である。これは課題発見研究と課題解決研究とが統合された研究であり、基礎研究の条件である研究の自立性が、伝統的な好奇心研究よりも高い。

　このような研究は、文理を越えた方法を必要とし、科学コミュニティと社会を含む再帰的なループ構造の中で研究が行われるもので、要素として地域研究を含むものであり、上に提案した復興研究はこの型に入ると思われる。考えてみれば、持続性時代における科学研究とは、人類の行動が原因であるか、あるいはそれによって拡大された災害に対し、それを軽減あるいは適応することによって乗り越えてゆく課題が主なものである。しかも今、それは "地域気候変動研究"（Regional climate change research）と呼ばれるように、世界の地域ごとに独自の研究が行われる体制が取られつつある。したがって、今回の災害は、それに対する科学者の対応がこの災害を収束させた時に終わるものでなく、これからの持続性時代に必要な科学者の研究のあり方に対して極めて重大な問題を投げかけていると考えなければならないであろう。

以上が事故直後の 2011 年 4 月 28 日にまとめられた緊急の【科学者の役割】[*15] の概要である。当時の混乱の中で、科学と社会に関するさまざまな問題が明らかとなった。それは科学者の意識の問題、合意した声の不在、課題についての情報流通の不在、科学者の助言と政府・行政などの行動の不整合、行動者と科学者の間の情報断絶、社会に対する情報開示の欠落などであった。以下はこれらの経験を通じて学習したことを基本とし、助言の世界的趨勢を考慮しながら行われた検討であり、原子力事故のような緊急な場合に限らず、科学にかかわる一般の政策に対しても必要な科学者の助言について検討し、提言するものである。

2.2　科学者の助言のための制度と新しい科学者

2.2.1　科学コミュニティの助言に関する認識

近年における科学技術の社会への影響の増大に対応して、政策決定に対して科学的知見を正しく反映させる努力が、科学者の政策立案者への助言として世界的に数十年にわたって行われてきた。この助言には 2 つの視点があり、科学技術の研究開発政策、重点分野、予算などを定めるうえで必要な助言「科学のための政策（Policy for Science）」と、そのうちに科学技術を重要な因子として含むより広い一般的な政策の決定に必要な科学者による助言「政策のための科学（Science for Policy）」とである[*12]。各国において、必ずしも成功ばかりでない多くの助言がなされたが、それらを科学者と政策立案者との協力を通じて学習しつつ、次第にその方法、制度などが充実しつつあるといってよいであろう。現在、欧米諸国で制度化され運営の実績が重ねられつつあるが、制度などは各国の事情を反映して、それぞれ異なっている[*16]。したがってわが国ではわが国固有の制度等を定めることが求められる。

第一の視点、科学のための政策についていえば、考慮すべき課題が増加しつつあり、その検討に科学性が求められる。人口増加を含む国際情勢の急変や、資源枯渇、環境劣化などの、持続性時代と呼ばれる状況の下で起こりつつある問題を克服しながら世界の豊かさを向上してゆくためには、従来の科学技術の産業への適用方法を拡大するだけでは不十分であり、従来とは異なる方法論に基づく社会的革新、すなわち持続性のためのイノベーションを必要としている。これらの政策決定には科学技術的知見が必要不可欠である。この視点での助言は多く行われているものの、それらは体系、あるいは経験の蓄積を欠き、

科学的とは言えない水準にとどまっている[*17]。

　現在文部科学省のもとで進行中の「科学技術イノベーションにおける政策のための科学（Science for re-designing Science, Technology and Innovation Policy, SciREX）は、この「科学のための政策（Policy for Science）」に属する。「科学政策のための科学（Science for Science Policy）」という言い方は、科学政策を科学的に行うことを目的としていて、より広い「科学のための政策」の一部である。その成果によって科学政策が科学的に行われるようになることが期待される。

　一方、第二の視点、「政策のための科学（Science for Policy）」についての議論は、後述するように日本学術会議での議論はあったものの、より広い範囲での議論は科学者の間ですらあまり行われず、その検討を基本的な考察から始めることが必要である。政策のための科学の重要性については多言を要さない。科学技術が深く関係する政策の歴史的経緯を見れば、その不十分さが原因となって社会的損失を招いた少なからぬ例がある。水俣病、薬害、アスベスト、干拓、治水工事など、それぞれ科学技術的知見を必要とする課題が、助言の不十分さによって正当な政策決定が遅れ、関係者に大きな被害をもたらし、また広く社会的損害を与えてしまった。最近では、BSE、遺伝子組み換え食品なども、先端的な科学技術知識が関係する国際的問題として各国の政策決定が関心を集めている。

　福島原子力発電所の事故は、原因は津波、自然現象であったが、事故への対応が明らかに科学技術的知見を必要としながら、科学コミュニティからの的確な助言が得られないことが原因で混乱の拡大を招いたことは間違いなく、その後の復興に関する諸政策も助言が的確とは言えない状況が見られることを否定できない。しかも、より深刻なことは原子力発電所導入以後、安全性の確保と向上に関する科学者からの助言が十分に行われてこなかったという事実である。様々な助言が不十分であったいくつもの歴史事例を背景としながら福島事故から学ぶべきことの１つとして、「政策のための科学」についての検討が極めて重要な課題として浮上している。また事故のみならず災害、環境劣化、健康阻害などの、多くの問題が政策を決めるために的確な科学技術的判断を必要とするようになった現在、科学者から政策決定者への助言の充実が緊急に求められる。

　これらは科学が関係する多様な政策の決定に対する科学者の助言であり、科

学政策という、科学者自らの問題についての政策の決定に対する科学者自身の助言とは異なる内容を持っている。しかしながら、科学技術政策が科学技術第4期基本計画で「科学技術イノベーション政策」と言い換えられたことを受けて、両助言とも社会との関係という点において密接に関係することとなったことには注意を払う必要がある。

いずれの助言においても、科学者から政策決定者への助言の、それぞれの仕組みを充実することが、緊急の課題である。この課題に応えるために、科学を考慮に入れる政策論の方法的確立をはじめとし、制度、政治・行政的組織、助言組織などの検討が必要である。しかし、これらの方策の実現を可能にするためには、的確に助言する能力を持った科学者の存在が必要条件であり、それなしにはどのような制度も意味を持たない。以下に述べるように、そのような科学者は従来わが国で言われていた科学者像とは異なる姿を持つものであるが、その出現が社会的に求められるようになった今、それを正確に定義するとともに、その実現を目指して科学者の側で検討することが科学者の重要な責務である。(ここで科学者というときは日本学術会議の定義に従っており、人文学、法学、経済学、生命科学、医学、農学、理学、工学などの科学の全分野にわたり、基礎研究者、応用研究者のほか、科学技術の社会的適用を目的とする専門家を含む。日本学術会議法第11条)

2.2.2. 二つの助言と科学顧問

科学技術の影響が社会に深く浸透し、また科学技術研究の水準が国力に大きな効果を持つことが明らかになるにつれて、科学技術に関する国家としての政策の重要性が国際的に強く認識されるようになった。わが国はこの点について早くから議論が行われ、1995年の科学技術基本法の制定、1996年に始まる科学技術基本計画の実施、そして2001年には科学技術政策の"司令塔"と銘打って、従来の科学技術会議の所掌範囲を拡大した、首相を座長とする総合科学技術会議が内閣府に設置され、課題ごとに専門調査会を設置して広く科学者の意見を聞きつつ科学技術政策の基本的構想を検討してきたのである。したがって総合科学技術会議は、「科学のための政策」を立案する司令塔として位置づけられたことがわかる。

一方「政策のための科学」についての科学者の助言は、公的には日本学術会議が行うことが定められていると考えてよい。日本学術会議は日本学術会議

法、第一章「設立および目的」の第二条に、「科学者の内外に対する代表機関として、科学の向上発達を図り、行政、産業、国民生活に科学を反映浸透させる」とあるように、自らの科学研究の振興と一般社会に対する科学の適用の推進がうたわれている。したがって前述の分類の両者を含んでいるが、「科学のための政策」については、総合科学技術会議との関係を考慮して個別政策への助言は諮問への回答にとどめ、政府への助言は政策についての基本的な考え方が主体となる。一方「政策のための科学」については現在のわが国の組織から考えると１つの重要な主役を果たすことが期待されていると考えられる。しかし「政策のための科学」は、原子力発電所の事故がその典型であるが、一般的に考えて予測なしに生起する政策決定にも応えなければならないのであって、日本学術会議がすべて応えるわけにはいかない。これは本論で提案する科学顧問との協力が必要となるのであるが、この点については後述する。

　両助言は截然と分けられるものではなく、また前述のように近年相互に関係を生じるようになっているし、また両会議の使命には両者を含むことを禁じているわけではない。しかし両会議が車の両輪と呼ばれるように、上述のような関係を理解したうえで、助言における２つの視点は総合科学技術会議と日本学術会議とが分担して実施することが両者の協力を前提として暗黙に了解されていたといえるであろう。したがってここで、一見して十分配慮されたこれらの制度がありながら、前節に述べたような科学者による緊急の検討が求められる状況が出現したのは、何が原因なのかを明らかにする必要がある。以下に、２つの視点それぞれについての問題を考察する。

(1) 科学のための政策

　科学技術政策立案における科学者の助言、すなわち「科学のための政策」においては、実はわが国に特徴的な歴史があった。簡単に言えば、科学者はすべて自らの研究課題が最も重要であると主張するというものであり、この主張は各省の審議会、総合科学技術会議の専門調査会（重点分野）における委員の議論を通じて行われる。しかもかつては、日本学術会議においても数多くの（毎年、数十におよぶ）報告書が自らの研究分野が重要であることを主張するために発行されていた[*18]。これらは政策立案者から見れば陳情型の情報であり、どの研究分野が科学者の関心事であるかについての重要な情報ではあるが、それが真に科学コミュニティを代表しているか、またその陳情に基づいて決めら

れた政策が社会にとって真に有効な研究を実現するかなどが問題なのであるが、残念ながらそれは不十分であるといわざるを得ない。

政策立案者は、多様な経路を通じて必要な情報を集めるが、現在公式的には総合科学技術会議がそれを集約することになっていると考えてよいであろう。したがって、科学者の助言という意味では会議の科学者である有識者議員がその役割を果たすと考えてよい。前述のように、陳情型情報を中心としてさまざまな情報がそこに集まるが、その情報の質について次のような問題がある。

[1] 領域の選定：審議会や専門調査会・戦略協議会などの委員を選ぶ前提としての領域の選定がまず客観的に正当なものであることが求められる。領域は、それが科学研究領域として固有の重要性を持つという視点だけでなく、その社会的課題解決にとっての必要性も考慮されなければならない。したがってその選定は、分野別の研究実力者や担当政策立案者の恣意性によらず、公募も含めて全領域の科学者に公開され、また一般社会にも公開されつつ行われるべきである。

[2] 委員の利益相反：専門調査会にせよ、審議会にせよ、選ばれた各委員はある研究領域を代表している。しかし、これらの公的会議に選ばれたものは、領域を代表はするが自らの研究領域あるいは課題に有利になることを意図して意見を述べることは本来禁じられるべきである。代表するとは、検討において自らの専門性を使うということであり、それ以外の意図を持つこと、特に自らの研究領域の重要性を客観的理由に基づかずに主張することは利益相反である。したがって会議の委員になるためには、この客観性を守ることを約束しなければならない。実はこのような条件のもとで領域の代表者を選択することは現在のわが国では容易ではない。ともすれば領域の実力者を選ぶことになるが、その場合選ばれた者には客観性を守るために特に大きな自らの決意が求められる。特に選出母体と考えられる同じ領域の研究者からの研究費などへの期待を代表することは厳に慎むべきであり、つらいことではあるがその期待を断ち切って中立性を護ることが求められる。これは科学者であるための1つの資格である。

[3] 科学者の支持：科学技術政策が有効かどうかは、実際に研究を行う研究者の理解にかかっている。もちろんその前に、研究組織の構成、研究環境の設定、研究資金の配分などの条件整備があるが、実際の研究者が研究しなけれ

第3部　公共空間における科学技術　*183*

ば政策の目的は全く実現されない。現実の研究者とは、課題を与えられて研究
するものでなく、研究の自治のもとに自ら課題を定め、研究するものである。
したがって政策は、現場研究者に届き共感されるものであることが必要条件で
ある。このことは政策立案において用いられる情報が現場研究者の研究意欲を
十分に反映していなければならないことを意味している。統計による 80 万人
といわれる科学者コミュニティ全体の意欲を調査することはもちろん現実的で
なく、選ばれた情報提供者がそのことを十分考慮することの義務を負っている
ということである。これもまた難しい注文であるが必要である。

　これらの条件を英国や米国では明示的条件として提示し、受け入れたものだ
けが委員として選ばれる方式をとっているが [* 19]、必ずしも明示的に示すこ
となしに委員会等の設置や委員の選定を行っているわが国の状況では、条件を
守ることが委員の自己努力に任されているといってよい。しかしこのような現
状では、情報を提供する委員の努力をできるだけ求めるにしても、得た情報か
ら真に有効な政策を導出することは総合科学技術会議の責任であることにな
り、したがってそれに携わる有識者・政策立案者には大きな努力と叡智とが求
められる。特に有識者議員は「政府の中の科学者（scientist in government）」
と呼ばれ、権限はないが政策決定に重要な役割を担い、事実上主役の役割を果
たす。このことは、政府の政策決定に対する責任を持つ者と定義されているこ
とを意味し、すべての科学者から構成される科学コミュニティの代表とは違
う。このことは発足当時に広く科学者の代表であることを目指して行われてい
た有識者と科学コミュニティとの直接的な対話が、最近行われることがなく
なったことにも現れている。

(2) 政策のための科学

　もう 1 つの助言、政策のための科学については、わが国における検討が不
十分であると述べたが、それに関連する議論は 1997 年に始まる日本学術会議
第 17 期およびそれに続く第 18 期に行われた。それは 1.3 節（1）に述べたよ
うに、すべての学術領域の代表的科学者を擁する日本学術会議の使命とは何か
という議論と関係して行われ、政策のための科学に関連はしたが原則論にかか
わる議論であって提言として社会に公開されたが、個別政策への具体的助言の
形をとるものは少なかった。

1950 年代の初期の日本学術会議が政策決定に一定の影響を与えていたのに対し、1990 年代にそれは著しく低下していた。当時、高度成長期にあったわが国の状況の下で、低下には様々な原因があったが、それをここでは論じない。ただ、日本学術会議が政策のための科学についての助言に対する関心を失い、もっぱら科学のための政策、それも前述したように会員個人の属する領域の振興に関心を持つようになり、陳情型の主張が多くなっていたことだけを指摘しておこう。その結果社会からは「大型陳情機関」であるとみなされてしまう。会員同士では学術に関する真摯な議論を行っていたにもかかわらず、社会からはその意義が理解されず社会から孤立する。その解決を目指して 1997 年に始まる第 17 期の初頭から、自らの領域にこだわらない「俯瞰的視点」と、社会における科学知識への期待とその使用状況を感受する「開いた学術」、および社会における行動者に対する「行動規範の根拠としての学術」を標語に、政策のための助言を科学コミュニティとして発信するための会議の在り方について議論を重ね[* 20]、その結果は科学コミュニティが行うべき中立的助言という形でまとめられた。付言すれば、第 18 期は行政改革において日本学術会議の存続が議論された年であり、2003 年には総合科学技術会議に検討のために“日本学術会議の在り方に関する専門調査会（石井紫郎委員長）”が設置されたのであったが、そこで日本学術会議で行われた検討結果（未来懇談会：日本学術会議のあり方に関する検討委員会）を説明する機会があり[* 21]、その結果、主として政策のための科学に関する助言機関としての意義が理解され存続が確認されたのであった。その後第 19 期を経て法律成立後の第 20 期から、基本的思想を受け継ぎながら会員選出法、会員数などを刷新した新しい制度のもとに日本学術会議が発足する。そこでは陳情報告書は払拭され、各省からの諮問への回答など、政策のための科学の機能を果たすことを始めていた。

　そのような状況下で迎えた東日本大震災および東京電力福島原子力発電所事故に対して、日本学術会議は迅速に対応し、震災、事故に対するいろいろな分野からの科学的助言を発行している[* 22]。しかしそれらの助言行為を通じて以下のような問題が明らかとなった。

　[1] 政策決定者との相互情報流通：的確な助言を発するためには助言対象についての情報が必要なことは言うまでもない。しかし原発事故に関して、当時の日本学術会議会長が担当機関を訪れたにもかかわらず開示を拒否されたこ

とを初めとして、地震・津波災害についても情報はメディアを通じてのものしかなかった。当時の混乱から言ってやむを得なかった面があるとはいえ、情報流通のための現実的仕組みが全く欠落していたという事実が明らかとなったといわざるを得ない。日本学術会議法に、政府への勧告（第5条）、政府への資料等開陳請求（第6条）などがあるが、緊急時には全く機能せず、また平常時においてもほとんど機能していないことが明らかとなった。この解決のためには、政府、科学者の両者とも流通の必要性を強く認識し、それに加えて日常的な流通を通じて流通路を現実化しておくことが必要である。

　[2]　科学的見解の集約による合意した助言：政策のための科学では、学説の違いなどによって異なる助言が主張される可能性があるが、それらを阻止することは発表の自由がある以上許されない。その場合、できるだけそれらを集約して科学コミュニティを代表する助言を作成することが求められるが、それをする能力を持つのが日本学術会議であり、またそれが制度上求められている。特に福島事故においては科学者の合意した科学的助言が必要であったのに、現実には日本学術会議と関係なく異なる多くの助言が官邸に対して行われ、混乱したといわれるが、われわれはそのことから多くを学ぶ必要がある。これは政策に対して、一人一人の科学者が個人的助言を行うことはあるにしても、科学コミュニティを代表する助言は日本学術会議が行う、という関係を、会議と科学者とが明解に認識していること、そして助言を受けるものもそのことを知らなければならない、ということであるが、それには様々な意識変革を伴う骨の折れる作業を必要とする。これについては後述する。

(3) 科学顧問の必要性

　科学のための政策に対する助言を総合科学技術会議が行い、また政策のための科学に関する助言を日本学術会議が行うことを概括的に認めたうえで、科学者の在り方、科学者の新しい役割について考えるのであるが、ここで両会議だけでは基本的に満たされない点を指摘し、したがって両会議を補完する「科学顧問」を新しく置くことが必要となることを示す。その役割については、次節で述べるが、ここでは必要性を述べる。

　両会議を補完するべき基本的な点は、次のような点である。それは科学技術政策にせよ一般政策にせよ、助言が有効に作用するために、政策立案者と科学者の間に信頼感に基づく相互理解が確立されることが不可欠であることであ

り、そのために政治と科学との結節点として、両者から信頼される「人」の存在が必要である。それを務めるのが科学顧問であるが、それは政策決定に至る複雑な過程において臨機応変に助言する者である。そのとき必要な情報は、総合科学技術イノベーション会議および日本学術会議から提供される体系的で原則論的な情報を補完する「柔軟な情報」である。それに加え、結節点として情報の逆の流れである「科学者への助言」を行うが、これは科学者と政策者の双方から信頼されるために必要な行為である。このように、科学顧問には、総合科学技術イノベーション会議と日本学術会議が担う仕事の外にある機能を果たす、二つの使命がある。

[1] 常に変化する科学の現実状況理解のための柔軟な情報を提供する助言：政策立案者にとって、体系的な科学技術政策を作り上げるためには、総合科学技術イノベーション会議および日本学術会議が提供する前述のような情報が最も重要なものではあるが、それだけでは不十分であり、次のような情報によって補完することが必要である。例えば、多様化した科学領域の間の学問的手法の違い、学問と社会の関係の領域による違い、若い科学者の研究意欲また関心などは、学問の進展により、あるいは社会の変化により、不断に変わるものであるが、研究現場で研究を行う科学者にとってこれらは重要な関心であり、彼らの共感を呼ぶことによって政策を現実的に有効にするために不可欠な情報である。もちろん両会議の範囲を超える宇宙科学戦略などの国家的科学分野戦略の状況との関係も的確に提供することも必要である。これらは制度によって定められた経路を経て収集できる情報には含まれない。いくつかを以下に例示する。

潜在的情報
《1》わが国の科学についての状況：科学者について、科学者が興味を持つ学問領域の動向、学会で今行われている議論、基礎と応用についての科学者の意識など。また科学と社会との関係として、科学の普及への人々の意識、産業での応用の計画など。
《2》科学者とは何か：これも時代によって変わる。研究の自治についての現在の科学者の意識、研究競争、政府への期待、社会への貢献意識、倫理観など。
《3》科学者を取り巻く現実的な状況：研究職の状況（就業の可能性や他種

第3部　公共空間における科学技術　*187*

職業に就く可能性）、昇格の可能性、生活状況、関心の大きい課題、研究実施上の環境など。

《4》諸政策における科学の関与：諸政策決定の中で科学が果たす役割、重要度など、難しい問題が続出しているが、それについての考え方の状況、社会における見解の分布など。

関連情報

《5》政策決定に間接的に関係する事項：他の分野の政策（宇宙、IT などの国策的科学分野政策、および規制改革、産業競争力、知財政策、経済政策などの関連分野政策）との関係、国際的な科学技術政策の動向などについての俯瞰的情報。

《6》即決が求められる緊急課題に必要な情報：これは一般政策、事故対応、予防政策など多様な対象がある。特に「政策のための科学」においては、事故時に限らず助言の必要性が予期できなかったり、また緊急に必要であったりすることが多く、現実の科学者がどの組織にいて、どのような連絡が可能かなど、社会の中での現実に存在している科学者の状況を共時的に把握しておき、即決が必要な課題について即時に組織を作って行動を起こすための資料の保持が必要である。

これらの潜在的であり、また臨機応変な情報は、委員会などの正規の経路では伝わらない。しかし、政策決定者（首相）が諸政策との均衡に配慮し、また現場の研究者と問題意識を共有するために必要不可欠なものである。

［2］科学者への政治的意志の伝達：科学の状況、社会が必要とする科学技術に加え、科学者の意図や状況に関する情報が政策決定に必要なことを述べてきたが、もう 1 つの、いわば逆方向の、政治的意志を研究者に伝える科学者への助言を怠っては有効な政策とはならない。従来は科学に関する政治的意志が研究者に現れるのは、研究課題の公示、選考によって決められる研究費配分、およびそれに関係する組織の制約として伝えられるが、これでは政治的意志を伝えるには全く不十分であり、この改善のために新しい情報の経路が必要である。

現在の研究費配分によって伝えようとする意志は、研究費獲得競争とそれに関係する論文競争の中で混濁し、場合によっては研究者の恣意的な理解によっ

て異なる解釈が与えられてしまう。例えば社会からの期待を充足するイノベーションの実現のために設定された課題の研究費が、その課題と関係はするが論文の書きやすい既存分野の基礎研究のためだけに使われてしまい、出てくるのは論文ばかりで実質的な期待充足は全く起きないことが多いといわれる。これは、現在わが国で解けない問題といわれている、優れた基礎研究の成果がイノベーションにつながらないという問題の原因の1つであると考えられる。しかしこれは研究者の意図的な曲解ではなく、政治的意思が正しく伝わっていないからである。政治的意志を研究者に的確に伝達する仕組みが必要である。特にイノベーションの場合はその主要な担い手である企業にも政治的意志を伝えなければならない。

　これらの、正規の経路では伝わらないが政策決定に最も重要な、研究者についての情報を政府（首相）に伝える。これらの多様な、しかし本質的な情報の伝達は、組織化された委員会等ではほとんど困難であり、個人的な日常の対話などによってしかできない。これを行うのが科学顧問の1つの役割である。一方政治的意志を研究費配分によらず研究者に直接伝えるのが科学顧問の第二の仕事である。

　この役割は、総合科学技術イノベーション会議においては組織的情報収集および科学技術基本計画としての公式な伝達および前述の研究費によるしかなく、経験によればうまくいかない。また日本学術会議ではコミュニティの公式決定による情報の収集と、声明等の公式的表明に限られていて、柔軟性は求められない。これらを補完して、政府（首相）と研究者を結んで両者に信頼関係を築く結節点としての役割を果たすのが科学顧問である。ここで想定される科学顧問は、多様で多量の仕事を行うものであり、現役研究者と交流する若手政策科学者を中心とするシンクタンクの支援が不可欠である。科学顧問は、科学のための政策、政策のための科学の両者において固有の役割を持つだけでなく、両者の関係についての知見を持って重層的な助言を行うことになる。しかも、時々刻々変動する現実の情報を迅速に把握する立場にいることから、特に緊急時の政策立案者への助言、および研究者だけでなく一般社会への政治的決定の迅速な伝達における主役を果たすという重要な責務を果たすことが期待される。

　ここに述べた科学顧問は、まだわが国には存在していない、新しい役割を持つ科学者である。この科学顧問は首相に直接助言する科学者と位置付けて考え

第3部　公共空間における科学技術　*189*

てきたが、同じ意味で各省大臣に助言する科学顧問を置くことも必要であろう。その場合区別して前者を「首相科学顧問」と呼べば、この首相科学顧問をリーダーとする科学顧問団が政府に対する助言を行うことになる。科学顧問は政府の行政目的全般を俯瞰的に理解したうえで各個別行政目的から独立し、資源配分等の行政機関間の利害に関与しない独立性を守りつつ、また科学技術の研究およびその使用の進展状況に関する十分な知識を前提として、政策決定に対する「中立的助言」を政府に対しておこなって、社会的期待の実現を目的とする政府の政策に関する政治的意志形成に寄与する機能を持つ者である。同時にその政治的意志を、研究、開発、実現を担う大学、研究機関そして企業、またより直接的に実行者である科学技術研究者、産業人に伝達することを通じて、機関とともにそれに属する研究者・産業人が、政治的意志への応答における自らの役割意識を明確にすることを助ける、というものである。

さて、すでに述べたように、科学顧問だけでなく「科学のための政策」、「政策のための科学」いずれにおいても、助言を行う、あるいは助言作成に関与する科学者がいる。すでに述べたようにそれらの機能、役割はそれぞれ異なっているが、科学者として求められる資質には共通性がある。これをまとめて以下に示そう。

2.2.3. わが国の科学者の状況

有効な科学技術イノベーション政策の立案と施行のために、科学のための政策、政策のための科学における助言者、そして政策立案者と科学コミュニティとの信頼感を樹立するための双方向情報流通を可能にする結節点としての助言者が必要であることを述べてきた。そしてこれらの助言者は、総合科学技術イノベーション会議の有識者議員、日本学術会議の会員、そして科学顧問などの科学者に加え、それを支援するシンクタンクの要員などの、広いすそ野を持った科学者集団から構成されると考えるべきである。これらはそれぞれ多様な役割を持つ者ではあるが、いずれも科学の専門性に立脚した研究経験のある科学者でなければならないことも述べた。

しかしながらここで重大なことに気付く。それはこのような仕事を行う科学者の存在の必要性が明示的には理解されていないという現実の状況である。明示的に、というのは、現実にこれらの仕事が必要である場合が多いにもかかわらず、一部の科学者の片手間の仕事として行われるような状況があるからであ

る。その理由には、すでに述べたようにこれらの仕事が社会的に極めて重要で欠くことのできない、言い換えれば科学コミュニティが正当に存立を続けてゆくための1つの不可欠な、しかも科学者にしかできない仕事であるのに、それに対する理解が一般社会にまだないのはともかく、それによって研究を可能にしてもらっている科学者自身がそれを知ろうとせず、中立的助言を専門とする科学者をコミュニティの一員として認めないという牢固とした考えを持つ科学者が少なくないことがある。

　これはわが国でこのような助言機能が極めて遅れている状況を生んでしまったことの1つの大きな原因である。そして、大学における科学教育において、これらが教育の課題として扱われることはほとんどない。その結果、研究者の経験を経て中立的な立場での政策立案、科学助言を専門とする職業に就く経路は未確立である。以下に科学助言者、科学顧問などの選出を考えるが、それと深い関係にある現行の助言の仕組みの状況について触れておく必要があるであろう。

　総合科学技術イノベーション会議と日本学術会議との強化について、その内容はここでの話題ではないので触れないが、強化を前提として検討を進めるために若干のことを述べておく。

　両会議の強化が必要なことはすでに取り上げられ議論されている。総合科学技術イノベーション会議の強化は司令塔としての政府内位置づけの強化であり、現政権における成長戦略を担う重要な組織として位置づけられ議論が行われている。それはここで述べた「科学のための政策」助言機関としての強化であると考えてよい。一方日本学術会議の強化は、すでに述べた2004年の法改正に付記された10年後の見直しを間もなく迎える時期となっており、その機会に大幅な強化が期待される。同法の基本思想は2004年の改正においても1948年の発足当時のものが変化を受けることはなかったのであるから、今回の見直しにおいても議論の対象とはならない。したがって、実働的強化が問題である。「政策のための科学」における助言が広範な分野で重要性を増している現在、日本学術会議の仕事は確実に増える。しかも東日本大震災に対する科学的助言は広い科学分野で必要となり、特に科学コミュニティの代表としての合意した助言作成のための作業は膨大なものであった。したがって、その助言機能の拡大に対応する実働的強化が必要なのであり、それは役員の常勤化、行動のための予算の増額、科学コミュニティが提供するシンクタンクとの連携な

第3部　公共空間における科学技術　191

どが必要となる。若手科学者からなるシンクタンクは、異なる学説を出発点として合意した声を作り上げるという独特な助言作成のための膨大な作業の遂行のために、緊急時に限らず平常時でも必要である。このシンクタンクは大学の若手研究者の参加が求められ、したがって大学を中心とする科学者の自発的な参加が強く望まれる。これは、大学の成員、すなわち教授、執行部の理解がなければできない。その理解とは、科学者の作り出す成果を調査し、また科学者の個々の意見を集約して合意した声を作り出すという新しい使命が、科学者にとって教育・研究と同じ重要度を持つ第三の仕事であり、それを専門とするものの存在を認め、教育も行うということである。付言すれば、このシンクタンクは、大学がその気になれば、基本的に予算を必要としない。

　これらはすでに、科学コミュニティでも議論がはじめられ、また一部は政治的にも取り上げられているのでここでは述べない。次節における科学顧問の提案は両会議の強化を前提として考えるのであるが、ここでは提案の前に科学者として深く考えなければならない問題をまとめておく。

(1) 俯瞰的視点の欠如

　科学顧問に限らず、科学助言に携わるものには俯瞰的視点が求められるが、それは必ずしも容易でない。

　基本的に近代以降、科学的知見の増大、すなわち科学的知識のフロンティアの拡大が社会的に求められるようになり、それに応えて領域が分化あるいは分科することを通じて研究を急速化したという歴史的事実があることを理解しなければならない。このような状況の下で、世界的に進歩の速さを研究者間で競うことが科学の進展の基本であるとの認識が一般的となり、早い成果を得るために科学者が狭い領域内で研究することを容認した結果、それが習慣となりまた奨励もしてきたのである。したがって俯瞰的視点を重要視する科学者は、個別領域で評価を受ける機会がないばかりでなく、そもそもそのような科学者を評価する仕組みが社会的に存在しなくなった。その結果、俯瞰的視点を重視する科学者を育てる方法がなくなり、またそのような視点を持つ科学者の数は次第に減って、今やわが国においては見出すことが困難となった。

(2) 歴史的視点・組織の記憶の欠如

　科学技術イノベーション政策を含む政策一般に対して有効な科学的助言をす

るためには、わが国における科学技術知識の増大とその使用の歴史についての理解と洞察が必要である。それは、国際的な科学技術の進展の中でわが国が固有の存在意義を維持するための重要な要件である。科学技術研究とは、実際はすべて過去の研究の積み重ねの上に載っているのだが、ともすれば他者との違いを強調して独創性を主張するあまりその積み重ねが明示されないこともある。特にわが国では自国の先人の研究を無視することが多い。その結果わが国を特徴づける研究成果の歴史の流れが忘れ去られる。政策においても同様であり、担当が変わると政策が変わる。この点は、福島事故の経過から深く反省すべきことであり、例えば、多くの福島事故調査委員会では残念ながら取り上げられなかったが、1999 年の東海村臨界事故（JCO）の教訓[* 23]が福島事故で生かされなかったことを深刻にとらえ、その原因を明らかにすることは事故調査の最も必要なことの 1 つではなかったのか。過去の事例が生かされないことは、わが国に「組織の記憶」が残らないという事実があることが原因であり、それがわが国の固有の組織運営と関係しているからその改変は容易でない。これを補完する役割が組織から解放された科学顧問に求められると考えられるが、その視点と能力とを持つ科学者をどのようにして発掘するかが問題である。

（3）科学者の役割意識の状況

　一般的に言って科学者の第一の使命は研究であるといってよいであろう。しかし大学などの教育機関にいる科学者においては、教育が第一の使命となり研究が第二であるとされるが、教育に研究は不可欠とされる。現実に、科学者の評価は研究業績で行われるのが一般であり、教育が最重要とされる大学ですら、評価は研究業績による。最近になり、一般社会への貢献という点が指摘され、大学評価では取り上げられるがそれは機関としての大学の評価であって個人の評価にはつながらない。また政府などの公的機関への助言では労力は評価されるが助言内容に高い評価が与えられることはない。民間企業等への助言は評価されず、やりすぎれば非難される。科学者が社会に貢献するという点から言えば、この状況は健全ではなく、現代社会では教育、研究以外にも多様な貢献が必要とされている。

　本論で考察している問題も、科学者の社会的貢献の範疇に入る。すでに繰り返し述べたように、科学研究の環境のための助言だけでなく社会一般の科学に

関係することへの多様な助言、学説を超えて集約する合意、政治的意志すなわち国民の期待の研究者への伝達、臨機応変の助言など、通常の研究者の能力に加えて独自の能力が求められる科学者の誕生が待たれているのである。しかしながら、研究・教育以外の行動に対する評価が全くなく、またその必要性が教育課程の中に陽に現れることがないという現状で、科学者に教育研究以外の貢献、特にここで考察している上記の役割を果たすことの意義を理解しているものは、それが必要である場面を現実に、しかも厳しく経験した科学者以外には、ほとんどいないと考えなければならないであろう。したがって、研究、教育、助言を、等しく重要さを持つ三つの使命として認識するための方策を、科学者自身が案出することが科学者に課せられた責務であり、緊急の課題である。

(4) 中立性

助言は自らの属する組織あるいは分野の利害関係と関係のない中立的なものでなければならない。この点も現在の科学者にとって新しい課題である。すでに 2.2.2 (1) で意見を述べるものの選出について述べたように、政策決定に対する科学的助言の多くは、その政策が関係すると思われる科学領域を専門とする者が政策決定者の準備した審議会等に招致され、意見を述べるという形式をとっていた。この場合は、科学者は背後にいる自らの専門分野の多くの研究者の研究費への期待などの利益を代表する者と考えられることが多い。代表者とは決して利益代表である必要はなく、より俯瞰的視点で公平な主張をしてよいとされているのであるが、現実には利益を代表して陳情という面を持つことが否定できない。それは前述の俯瞰的視点の欠如という点もあるが、一般研究者の大きな期待が原因となって陳情になってしまうことが多い。

これはわが国に必要な科学の進展の基本にかかわる問題である。例えば科学研究費の配分が研究者の数に比例する傾向が強かった過去の経過から理解されるように、科学技術政策における分野の重点が研究者の"声量"で決まる傾向があった。これは一見科学者にとって公平な政策のようであるが、社会のための科学という側面が重要となった現在では認めるわけにはいかない。この点は総合科学技術イノベーション会議や研究費配分機関などの努力によって改善されつつあるが、しかし科学者の間には依然として根強く残る意識であり、自らの領域の重要性を述べることが義務感となっているようにさえ見えるのは、少

なくとも行政への助言という公的場面では問題であり、より厳しく考えればすでに述べたように利益相反である。

自らの領域の重要性を主張することはもちろん正しい。しかし現在のように基礎科学の研究が主として国費、すなわち一般の人々の負担で行われるようになると、その声量だけで政策を決めることは許されない。研究費には人々の期待が乗っているのであり、したがって基礎研究であっても、その少なからぬ部分において人々の声である政治的意志の理解が必要であり、それは自己の領域の推進につながらないこともあることを認めなければならない。これは科学者の1つの倫理感であり、その向上が求められる[*4]。このことは第二の視点、政策のための科学でより鋭く現れる。ある政策の決定において社会的対立がある場合、助言はどちらかに有利になる可能性を持つが、助言を自らの研究を盛んにすることと関係して考えることは厳に慎まなければならないのであって、それは科学者の助言において基本的に求められる倫理性である。

2.2.4. 科学顧問選出に関する提案

科学顧問を実現するためには、その職の機能を果たし得る科学者の存在が条件であることを述べた。その存在を保証し、実際に送り出すのは科学者の集団である科学コミュニティの責務である。

科学顧問の現実の選出は、科学コミュニティを代表する選出母体の透明性の高い討議を経て推薦された複数の候補である科学者の中から、政府内地位の明確なポストに国会が任命するという経過で選出するのが望ましいであろう。この過程により、実質的にも形式的にも、政治と科学の結節点に存在する者、という立場が守られる。ここで、科学者の代表選出母体は、いろいろ考えられるが、現法律のもとでは日本学術会議がふさわしい。しかし、選出母体に必要な条件は、日本学術会議に限らずその組織が最も倫理的であることが社会的にも、科学コミュニティにも認められていることであって、この条件が常に優先される。また、すでに述べた理由により、日本学術会議の会長が顧問になることはありえない。

結節点としての科学顧問は、政治的意思を代表する首相と緊密な連絡を常時取ることはもとより、政治における政策の策定にできる限り深く関与することが望ましい。一方選出母体（例えば日本学術会議）は、政策策定の主要な部分の中にいる科学顧問とできるだけ接触する。接触は陳情であってはならず、顧

問が中立的助言を行うために必要な内容を提供するものである。

ここで前節に指摘した科学者の現状についての2.2.3の（1）から（4）に述べた課題に対応して、その解決の可能性を探る。これらは科学コミュニティが科学顧問候補者の選出においても、合意した声としての提言をまとめる場合においても、解決が求められる共通の課題である。

（1）俯瞰的視点：科学コミュニティの「合意した声」

政府における政策決定に対する助言は、科学のための政策、政策のための科学、のいずれにおいても科学コミュニティの合意に基づいていることが求められる。特に、科学者だけでなく広く社会一般に直接影響を与える政策のための科学ではこのことが重要である。しかし科学コミュニティにおける助言のための合意は決して容易なことではないことを知らなければならない。

第一に、"学説の対立"がある。科学技術が関係する政策課題は、しばしば話題を呼びつつ進行中の研究課題が関係するものであることが多い。例えば医療にかかわる先端的な生命科学や、多量に使用される製品にかかわるナノ科学、また人々の生活に直結するエネルギー科学などがある。そして政策課題に必要な科学的見解は、それが科学研究の先端的事項にかかわればかかわるほど、科学者の間で対立的になる可能性がある。それは科学研究とは、学説の対立と戦いの中で進められるべきものであり、事実そうなっているからである。先端的な研究領域における学説間の対立は研究の進行とともに解消され定説となってゆくが、その時は研究対象としては話題でなくなるとともに政策上に必要な科学的知見も既知となり、助言の必要な主要対象ではなくなる。

第二に、"分野の多数性"がある。科学技術に関係する政策課題は、多数の科学技術分野が同時に関係することが多い。例えば環境に影響を与える開発は、生態系、気候、地質などの、いずれも物理、化学、工学、システム学、さらに人文社会科学などに基礎を置く急速に進展する分野と関係するが、これらの分野は過去において協同した実績もなく、統合して1つの見解を出した経験もないから、政策形成における合意のためには共通の言語の創出から始めなければならない。国際的には国際科学会議（ICSU）の関連組織としての、IGBP（International Geosphere-Biosphere Programme）やIHDP（International Human Dimensions Programme on Global Environmental Change）などの、異分野の統合を強く意識した分野形成の蓄積があり、これらから学ぶ必要がある。

第三に、"被覆の不完全性"を上記に関連して考えておかなければならない。ある科学分野は対応する諸現象についての知識を提供する。科学的知識は、多くの分野によっておこりうる現象のすべてを覆う、すなわち被覆することを目的としているが、科学は発展途上なのであって分野間には知識の隙間があり、決してすべての可能な現象を覆っているわけではない。技術上の不具合や事故はこのような被覆の欠陥、すなわち専門知識のおよばない部分で起こることが多いのであって、例えば安全に関してはこのような欠陥が存在していることを前提とする注意深い観察が求められる。

　第四に、"分野同定の困難性"がある。科学技術の助言を必要とする政策課題は、過去に前例のないものであることが多い。これは助言の意義から言って当然のことであるが、その助言を作成する主役がどの科学技術分野になるべきかを決めるのは容易でない。しかし、その選出を正しく行うことは必須の条件であり、柔軟に参加分野を選ぶことが必要であり、また途上で変更もするべきである。

　第五に、"研究課題と助言課題との不一致"がある。多くの政策課題は、一人一人の科学者にとっては、自らの研究課題とは陽に関係しないことが多いであろう。しかし、科学者たちの研究結果が集合して社会に影響していることは否定すべくもない。したがって、政策決定に関係することの予測を通じて関係の可能性を認めたときは、科学者はその影響の過程を想定しつつ助言作成に参加することが求められる。

　これらの困難さを克服して、有効な助言であるために必要な「合意した声」を科学コミュニティで作るためには、科学者自身の助言必要性に対する認識とともに、慎重な手続きが必要である。必要な事項は次のようなものである。

　（a）科学者は、科学技術が関係する政策決定に対して助言が必要であることを認識し、その政策課題と自らの研究課題との関係を洞察し、関係ありと認めたときは助言作成に参加する。関係は政策の内容に対してだけでなく、その内容に固有の意思決定問題も含むから、多様な分野からの参加が期待される。関係ありと認識する科学者が不在の時は、実は問題が深刻なのであり、類似分野の科学者の協力によって該当分野を、新しく研究することも含めて、樹立しつつ助言を作成するべく努力する。

　（b）科学者は、助言作成の根拠を自己の研究成果に基づいて忠実に主張す

第3部　公共空間における科学技術　*197*

るが、他の科学者の主張にも耳を傾け、一致した見解に基づく助言作成に努力する。一致した場合、それが「合意した声」である。

（c）一致した科学的見解が得られなかった場合は、科学者の間での各見解の割合をできるだけ定量的に求める。その割合を付して各見解を列記して「合意した声」とする。

（d）定量的評価が得られないほどに見解が分かれているときは、見解収束のための会議を公開で続けるが、その会議の記録が未成熟ではあるが「合意した声」である。

この過程は、独自の研究成果を日常的に求めている科学研究者にとって簡単なことでなく、固有のしかも膨大な作業を必要とする。これは科学コミュニティの代表者、例えば日本学術会議の会員だけで行う作業としては負担が大きすぎる。したがってそこには、会員の見解を受けて「合意した声」の案を作成する独特な作業を行う科学者の集団が必要である。それはおそらくこのような助言の意義を理解する若手研究者が作るシンクタンクであろうと思われる。このようにして得られた「合意した声」が、政策立案者および科学顧問に伝えられる。それが科学のための政策にかかわるとき、政策立案者は総合科学技術会議であり、政策のための科学の場合は、総理および該当する政策を担当する省庁である。

特に、一般政策に対する助言、すなわち「政策のための科学」における助言は、該当する政策の政治的・行政的側面を十分理解したうえで行われるものでなければならない。言い換えれば、科学的助言はその政策のどのような部分に効果し、またその役割がどの程度であるのかなど、政策決定の科学以外の要因との関係を考慮しつつ助言を行う。これはすでに述べたように、現代における困難な課題であり、その考察には独特の能力と作業が必要である。この作業も決して簡単なものでないことが英国、米国の経験から明らかになっており[*19]、科学的なエビデンスに基づくものであることが要請されるから、わが国でも経験を積み重ねることが要請され、ここにも若手科学者のシンクタンクが必要であると思われる。これは多様な学説から出発して合意した声としての科学的助言を作成する作業とは異なるものである。ここで前者を「シンクタンク1」、後者を「シンクタンク2」と呼んでおく。

前者は科学コミュニティの代表である日本学術会議の会員と、そして後者は

総合科学技術イノベーション会議の有識者議員と同じ立場で作業を行う。したがってそこで助言の思考法を学ぶ。そして、このようなシンクタンクの構成員は、その作業を通じて科学的助言者の持つべき資質を学び取ってゆく。

(2) 歴史的視点・組織の記憶の重視

　上述のように、科学技術イノベーション顧問は、自己の領域を超越して領域中立性を持ち、政府の政策と科学技術との関係について洞察し、そのうえで、科学技術が社会にもたらす恩恵を最大化するべく助言する。イノベーションの実現を目標とする助言もその中に含まれる。

　そのためには、科学技術全般（分野、基礎─応用）について見識を持つだけでなく過去の科学の進展の歴史の理解に基づく将来の可能性を洞察し、同じく政府の政策についても過去の経過と結果とを把握していなければならない。前節に述べたように、科学者は研究において常に独自性を要求されている。科学の発展の歴史から言って、その独自性には従来の領域の中での知識の拡大と新領域の創出とがあるが、前者は歴史的展開の上に載っているし、後者は歴史的展開とは断絶するのであるが断絶そのものが歴史的経過の存在を前提としている以上、歴史と無関係であるはずはない。従って科学者は、科学においてはどんな研究も歴史的な知識増加の仕組みと無縁であることはありえず体系的であることを認識することが求められる。したがって科学顧問はその認識を率先して示す者でなければならず、それを使用して展開する技術もまた歴史的考察に基づき考案するものであることを示さなければならない。

　このように、科学顧問の助言は過去における政策がどのような効果を社会にもたらしたかについて十分学習したうえで、言い換えればエビデンスに基づいて、政策がもたらす成果とその社会的効果とを明確に示すことを目指して行うべきである。そのために、科学顧問が利用可能な情報の正規の蓄積を作る必要がある。日本学術会議がこのような歴史的視点での組織の記憶を担う主要な組織であることは言うまでもない。

(3) 科学者の役割意識の高揚

　科学顧問は政府（首相）および科学コミュニティに対して恒常的で緊密な対話を継続する。この過程を通じて、科学顧問は政府（首相）、科学コミュニティ両者からの信頼を次第に獲得していくことが期待される。科学者に対して

は、この信頼が科学者は社会的存在であることの理解を強めるものであること
が期待される。現代においては、科学者の存在は社会において無前提に認めら
れているわけではない。かつて科学は、富裕者に雇用されて彼らのために研究
したが、次第に科学は国家権力のためのものとなり、この時代に戦争が科学を
進歩させるという俗説が生まれた。しかし次第に科学が産業に応用され、企業
の競争力の重要な条件となるにつれ、知識が産業に所有される。しかし現代
は、科学は一般の人々に役立つべきものという認識が間違いなく成立した。そ
れは基礎科学研究が国費、すなわち人々の税金で賄われるという形式が世界的
となったことで明らかである。もちろん研究成果は金で買えるものでなく科学
者の独自の思考の成果であることは言うまでもないが、これらの歴史的経過を
考えるとき、その成果が一般の人々に恩恵をもたらすものでなければならない
ことは強い条件であり、このことの明示的、かつ具体的認識が科学者の役割意
識を基礎づける。この認識の獲得方法が重要であるが、それは以下のような過
程を通じて行われるであろう。

（a）科学者が自ら政治的意志に応える役割を意識する。これが役割意識の基
本であって、これ以外にはないが、現在の状況から考えて、このことが自然に
起こることを期待するのは難しい。したがって以下の事項を考えなければなら
ない。

（b）科学者の役割について討議し理解を進める場、"役割スクール（仮称）"
を設置し、理解を進める。これにはすでに理解した先行者を交える。

（c）日本学術会議の合意形成、科学顧問の助言作成、総合科学技術イノベー
ション会議の基本計画作成・政治的意志検討、あるいは決定の場にオブザーバ
として参加する。

（d）シンクタンク1、2の一員として作業する。

（e）学会等において科学者の役割を検討するセッションを設置する。

これらは緊急に行い得る方法である。しかしより本格的には下記が必要であ
る。

（f）大学教育において（さらには初等中等教育においても）科学者の役割に
ついての教育課程を設置する。

（g）教育を受けたものの職を公的機関に準備する。

　このようにして醸成される役割意識は、ここで述べているように科学者の第三の使命、すなわち政策形成に対する助言を含む社会的貢献のために必要な基本的事項である。しかし、これが第一、第二の使命、すなわち研究、教育にどのような影響を持つかを吟味しておくことも必要であろう。結論をいえば、助言をするものは他の使命をも持ち続けることが求められるのであり、"助言専門家"になってはならない。しかし現実にはここで考える科学顧問はおそらく多忙となって研究、教育をする余裕がなくなる。ところで、すでに述べた科学顧問に対する科学者側からの信頼は助言の良さによって生じるのではなく、科学顧問と科学者との間の研究、教育についての高度に抽象的ではあるが共有する理解があることによって生じるものなのである。そのためには、科学顧問は高い研究成果と優れた教育成果とをすでにあげているという条件に加えて、仮に研究教育の実務の現場にいる時間が減る助言者の立場についたとしても、研究、教育に従事している科学者と同じ地平に立ちうる資質を持つことが求められる。

　さらに、科学顧問に加えて科学助言をするものを代表とする科学コミュニティの助言機能の強化のためには、多くの一般の科学者がこの役割意識を持つことが必要である。この場合、役割意識は自発的に持つようになることが必要であり、強制されてはならない。これは役割意識と研究の自治とが矛盾しないための必要条件である。このことが、上述の現実的な獲得過程において考慮されていることも忘れてはならない。

（4）中立性の確保

　上記のような項目が満たされるとして、そのうえで最も重要なのは助言の中立性の担保である。前節に述べたように、これは科学者の倫理性にかかわる問題であって外形的に定めることが難しい条件であり、深い検討が必要であろう。したがってここでは現実的側面だけを考えておく。

　すでに述べたように、科学コミュニティの合意のための手続きを定め、それに従うことで助言の中立性を保証するのが基本的な立場であるが、ここで改めて中立性を考えるのは、合意があればそれで十分という立場は取らず、合意の質を高める必要があると考えるからである。現実に過去の歴史を振り返ると

き、すでに述べたわが国で一見合意に基づく助言であったのにそれがのちに合意でなかったことが明らかになったり、また米国や英国での助言の失敗の例などを見るとき、合意は必要条件ではあるが十分ではないことを知るべきである。しかし、助言の質を上げるための定型的な方法があるわけではない。したがって常に質を向上する努力を助言作成の過程でするしかない。言い換えれば、助言作成過程を透明化し、助言の成果の評価によって方法を進化させるしかないということである。現時点でいえるのは、助言作成過程が、科学者コミュニティを構成する科学分野の声量から解放されていること、助言を受ける政策側の干渉から自由であること、他の特定集団の利益から独立であること、などの保証を明示的に示すことであろう。したがって助言作成過程の公開性が求められる。これは科学の健全性（integrity）の問題であり[*16]、科学者、政策立案者そして両者の関係において十分な検討が必要である。

2.2.5. 緊急時の問題

科学者の政治あるいは行政への助言は、日常的、あるいは平常時だけでなく緊急時における助言が大きな問題である。このことをわれわれは今、福島原子力発電所事故における科学者の助言の失敗を通じて実感しているわけであり、すでに述べたように、今回の提案もこの事故からの教訓に基づいているのであった。しかし、前節までに述べたことは主として平常時の助言を念頭に置いたものであり、改めて緊急時固有の問題を考察することが必要である。

緊急時における助言は発生時（acute phase）、経過時（chronic phase）、回復時（recovery phase）などによってさまざまな様式が必要とされ、また対象の種類によっても様々な内容を持つ。しかも科学者の助言と政策者の関係も、今までに述べたよりも複雑になると考えられる。しかしながらここでは、今までに述べた事柄は緊急時にも守られるべきものであることを前提として、時系列により、また対象の種類により異なる固有の要素を考慮して現実的な助言の作成、方法などを含む助言組織、危機管理などを現実的に定める必要があることだけを述べるにとどめておく。

2.2.6. まとめ

ここで前節までに述べたことのうち、科学顧問設置に向けて科学コミュニティとして考える科学顧問の在り方とその選出にあたって取るべき具体的な方

策、およびシンクタンクの在り方を列記してまとめとする。

〈科学顧問〉
1）科学顧問は、科学技術に関して、政治的意思と科学者の役割意識との結節点である。
2）科学顧問は、政治家、科学者の両者から信頼されなければならない。
3）科学顧問は、科学コミュニティにおける透明な選出過程を経て推薦され、政治的に明確な位置づけを持つものとして国会によって任命される。
4）科学顧問は、科学コミュニティからの助言を理解したうえで政府（首相）に助言する。
5）科学顧問の能力：①優れた研究教育の実績、②科学領域に関する俯瞰的視点、③科学技術と社会の関係についての歴史的理解、④政策に与える科学技術の効果についての洞察力、⑤エビデンスに基づく科学技術政策の理解
6）科学顧問の資質：①日本、さらには世界の科学者を代表する強い意志力、②自己の領域の利益にこだわらない倫理性、③世界における日本を位置づける国際性、④科学の特定領域の声量に負けない頑強な公平性、⑤社会の特定集団の利益からの独立性
7）科学顧問が広範な科学知識に対応し、また科学コミュニティと対話するために、日本学術会議、総合科学技術イノベーション会議それぞれにおかれるシンクタンク１およびシンクタンク２が合同して行う「中立的シンクタンク会議」の座長を務めることが期待される。

〈シンクタンク〉
1）科学者としての自覚を持ち、科学の自治に基づいて思索し行動する。
2）研究能力があり、第一線の研究者と対等に議論できる（そのためには研究経験を持ち、少なくとも数編の科学論文を書いていなければならないであろう）。
3）自らの専門だけでなく、他の分野の研究状況についての知識を持ち、俯瞰的に考える意欲と能力を持たなければならない。
4）研究の個別の遂行だけでなく研究の立案にも関心を持つことが求められる（研究立案は、研究行為の最初のフェーズであり、研究の一部である。例えば社会的期待発見研究）。

5）科学技術が社会におよぼす影響について、恩恵、脅威のいずれにも関心を持っていなければならない。

6）自らの専門の進展を期待するのでなく、科学技術全体が人類にとってよきものとして進展することを期待する。

7）現代社会に生きる人々が科学技術に対して持つ期待に関心を持つ。

8）科学技術が社会に恩恵をもたらす過程についての知識を持ち、また企業によって主導されるイノベーションについて理解する。

　本文で述べたような助言組織を支える科学者一般の意識が重要であることは言うまでもない。しかしそのことをこの小文で論じることは適当でない。ここでは、特に関係する点に限定して触れておくのにとどめる。

〈科学コミュニティ・科学者〉

1）科学コミュニティは、科学技術が関係を持つ政策立案に対して政府に助言する責務を負う。

2）日本学術会議が科学コミュニティを代表することに関して、学協会、大学、研究機関等での科学者の認識を深める。

3）日本学術会議は自ら科学的助言を作成するために、同会議のもとに必要な作業を行う科学者よりなる科学的助言作成のための中立的シンクタンク「シンクタンク1」を置く。

4）助言の作成過程においては、科学コミュニティの原則である組織構成員の間の完全な平等性（collegiality）を遵守し、あらゆる権力行為を排除する。

5）科学者は、上述のような科学顧問、および政策的助言作成のための中立的シンクタンクの存在を、自らの役割意識を通じて理解し、歓迎し、協力する。

6）科学者は、研究、教育に次ぐ第三の使命である社会への助言について、自らの問題としてその重要性を認識すると同時に、助言作成に協力する責任を持つ。

7）科学者は、助言作成の協力において、科学技術の社会的影響について、特に自らの研究の影響について深く考察しなければならない。

8）科学者は、自らの学説を主張するだけでなく、他の科学者の対立する学説の存在を認める能力と寛容度を持たなければならない。

9）科学コミュニティは、科学者に対して上述のような科学者像を一般的に期待するとしても、それを強制あるいは異質な科学者を排除することはしない。

2.2.7. 終わりに

科学行政についての検討は常に行われ、特に科学技術基本法の制定以来、科学技術と社会との関係についての議論も多く行われた。また総合科学技術イノベーション会議では、重点領域の指定のみならず、科学研究のあり方、制度についての検討も強力に行われたと思う。しかし、その結果が十分に現実化したとは思えない。その最大の理由は、制度の制定の真意が科学研究を行っている現場の科学者たちに正確に伝わっていないことである。事実、科学技術基本計画を中心として述べられる科学技術研究の在り方に対しての、科学者からの発言はない。それは十分理解したからないのではなく、真の対話がないことが理由である。

本報告は、科学者あるいは科学コミュニティとして果たすべき責務、あるいは果たしうる能力について、科学者の立場から提案するものである。政治的意志が有効に作動するためには、科学者がそれらを受け止め、ここに述べたことを実行することが必要であり、それなしには科学的知見を有効に生かす政策が実施できないばかりでなく、科学の自治の維持に混乱を引き起こす危険があると考える。本提案は、これらについての議論が科学者の間で緊急に行われることを期待して記したものである。

■引用文献

＊1　World Conference on Science（ICSU/UNESCO 1999,Budapest）,UNESCO 2000

＊2　David King：The Science of Climate Change, The ninth Zuckerman Lecture,The Office of Science and Technology, 2002

＊3　International Conference on the Assessment of the Role of Carbon Dioxide and of Other Greenhouse Gases on Climate Variations and Associated Impacts, UNEP/ICSU/WMO, Villach, Austria, October 1985

＊4　Jane Lubchenco：Entering the Century of Environment：A New Social Contract for Science, Science, 23 January 1998, Vol.279, p.491

＊5　Hiroyuki Yoshikawa：Reformation of Scientific Disciplines, World Conference on Science, ICSU/UNESCO, Budapest, 1999, p.76

＊6　吉川弘之：科学者の新しい役割、岩波書店、2002

＊7　和田昭允：（日本学術会議提言）Towards a Comprehensive Solution to Problems in Education and the Environment based on a Recognition of Human Dignity and Self-Worth, June 8th 2000

＊8　日本の計画、日本学術会議、提言、2002

＊ 9　Hiroyuki Yoshikawa, Josef Hatvany：Progress Reports of the Joint Japanese Hungarian Project for the History of Science and Technology 1-4, 1983-1986

＊10　吉川弘之、『本格研究』東大出版会、2009

＊11　吉川弘之、一般設計学序説、精密機械、45 巻 8 号、1979、p.906

＊12　R.W.Schmitt：Final Report, ICSU Assessment Panel, October1996

＊13　吉川弘之、新世紀の日本学術会議、学術の動向、7 巻 1 号、p.7、2002

＊14　吉川弘之：21 世紀における国立大学、文化学術立国をめざして、国立大学協会編、1995、東京大学出版会、p.240 ～ 260

＊15　吉川弘之、福島原子力発電所事故の対応における科学者の役割、東日本大震災からの復興に関する提言（CRDS-FY2011-SP-02）研究開発戦略センター（科学技術振興機構）2011 年 4 月 21 日、p.21

＊16　佐藤靖、他：政策形成における科学の健全性の確保と行動規範について、研究開発戦略センター（科学技術振興機構）調査報告書、CRDS-FY2011-RR-01（2011）

＊17　吉川弘之：科学技術イノベーション政策に対する科学者の行動と助言、2013

＊18　道家達将、日本学術会議声明・報告調査、日本学術会議、2003 年

＊19　John R. Beddington（Chief Scientific Advisor, UK Government）との対話（2011 年 10 月）、Kevin Crowley（National Research Council, US）との対話（2013 年 3 月）

＊20　吉川弘之、活動計画作成に関しての会長所感、学術の動向、2 巻 12 号 1997、p.14

＊21　総合科学技術会議、日本学術会議の在り方に関する専門調査会議事録、2002 年 5 月 22 日

＊22　日本学術会議幹事会声明「東日本大震災からの復興と日本学術会議の責務」2011 年 9 月 22 日、他、震災に対する多くの対外報告、声明、日本学術会議、2011 年～

＊23　ウラン加工工場臨界事故調査委員会報告、原子力安全委員会・ウラン加工工場臨界事故調査委員会、1999.12.24

第4部

シンポジウム
「科学者はフクシマから何を学ぶのか？
——科学と社会の関係の見直し」

日本学術会議
第 1 部　福島原発災害後の科学と社会のあり方を問う分科会（第 22 期）

公開シンポジウム
科学者はフクシマから何を学ぶのか？　——科学と社会の関係の見直し

2013 年 1 月 12 日　13：00 〜 18：00
日本学術会議講堂

◆プログラム

13：00	開会挨拶	島薗　進	（第一部会員、東京大学大学院人文社会系研究科教授、「福島原発災害後の科学と社会のあり方を問う分科会」委員長）
13：10	講演 1	小林傳司	（連携会員、大阪大学コミュニケーションデザイン・センター教授、「福島原発災害後の科学と社会のあり方を問う分科会」委員）
14：00	講演 2	吉川泰弘	（第二部会員、千葉科学大学副学長・同危機管理学部教授、「福島原発災害後の科学と社会のあり方を問う分科会」委員）
（　休　憩　）			
15：10	講演 3	広渡清吾	（連携会員、専修大学法学部教授、「福島原発災害後の科学と社会のあり方を問う分科会」委員）
16：00	講演 4	城山英明	（東京大学大学院法学政治学研究科・公共政策大学院教授）
（　休　憩　）			
17：00	コメント 1	杉田　敦	（第一部会員、法政大学法学部教授、「福島原発災害後の科学と社会のあり方を問う分科会」幹事）
	コメント 2	鬼頭秀一	（連携会員、東京大学大学院新領域創成科学研究科教授、「福島原発災害後の科学と社会のあり方を問う分科会」幹事）
17：20	総合討議		
18：00	閉会挨拶	後藤弘子	（第一部幹事、千葉大学大学院教授、「福島原発災害後の科学と社会のあり方を問う分科会」副委員長）

司会：後藤弘子
文責：寿楽浩太
（日本学術会議学術調査員、東京電機大学未来科学部助教）

【開会挨拶】島薗　進

　皆さん、こんにちは。ようこそおいでくださいました。本シンポジウムは日本学術会議第一部の催しです。第一部というのはいわゆる文系、つまり人文社会科学の学問分野の会員からなり、第二部が生命科学系、第三部が理工系です。その第一部を設けました「福島原発災後の科学と社会のあり方を問う分科会」が本シンポジウムを企画しました。分科会のメンバーは別紙名簿の通りです（巻末・資料参考）。また、学術会議元会長の吉川弘之先生にも特別メンバーとして会合に参加していただいています。

　この「福島原発災害後の科学と社会のあり方を問う分科会」は 2012 年 3 月以来、会合を 6 回開催し、審議を重ねてきました。まず、この分科会の課題について申し上げます。

　福島原発事故の原因については、民間事故調、国会事故調、政府事故調等の各種事故調での解明がはかられてきていますが、それらの中では「科学」「学術」そのもののどこに問題があったのかについては、なお詳しく検討されてはいません。

　振り返れば、かつて原子力利用を始める際に議論の場となったのは日本学術会議でした。その後の長い経緯があって今回の事故があったのですから、原子力の問題につ

き、科学、学術がどのような関わりを持ってきたのか、しっかり省みることが必要でしょう。その責任があるのではないでしょうか。

　各種事故調は事故直前から事故を経て事故後 1、2 年という、比較的短い時間軸で分析を試みていますが、上記の認識に立てばより深い歴史的な分析が必要です。また、原子力や放射線による健康影響の問題だけでなく、地震学、医学・生命科学、リスク学、政治学、倫理学等、さまざまな科学・学術分野の問題が関わっています。本委員会はこうした認識に立って、科学・学術と政治、また社会の関わりについて、広く目を配りながら省察を重ねています。

　本日は公開シンポジウムの形式ではありますが、本分科会委員間の討議を深めることをまず第一の目標とし、そうした省察を委員以外の方々にも拡げ、共有する場ともしていきたいと考えております。そこで、委員の方々に前の方に座っていただき、まず発言していただくようお願いをしております。参加各位においてもこうした趣旨をご理解の上、議論にご参加いただきたいと存じます。

　なお、本委員会は来年（2014 年）秋を目途として報告書を取りまとめようと考えています。

【講演 1】小林傳司「もっと前から学んでおくべきだったこと」

　科学技術論や科学哲学の立場から「もっと前から学んでおくべきだったこと」という題でお話ししたいと思います。

　私は 2007 年に出版した著書『トラン

ス・サイエンスの時代』で、1972 年に米国の原子力工学者の Weinberg が提唱した「トランス・サイエンス」の概念を取り上げて議論を展開してきました。しかし、日

本の原子力工学者で Weinberg はきわめて有名な人物でありながら、この概念を 3.11 前に知っていたという人に出会ったことがありません。

その理由は、おそらくこの Weinberg の論文 'Science and Transscience' が Minerva という文科系の学術雑誌に掲載されていたことにあると思うのです。また日本にある根強い文系と理系の分断がここでも影響していたのかもしれません。

この論文で、Weinberg は低線量被ばくや原子力発電所の（低確率だが起これば極めて深刻な）事故を事例に取り上げて、「科学に問うことはできるが、科学だけでは答えることができない問題群」について議論を展開し、こうした問題は専門家だけでは決められず、社会で議論して決めるほかない、という主張を展開していたのでした。

かつての科学（ここで言う科学とはいわゆる自然科学）と政治の関係は、科学が客観的真理を提供し、政治が「科学的・定量的判断に基づく意思決定」を行なうというある種の分業が前提とされていました（ただし、工学の専門家はもう少し意思決定の部分を自分たちが担っているという認識を持っていたように思えます）。

ところが、今日では科学と政治の関係はもっと接近し、かつ、両者にまたがる領域、すなわちトランス・サイエンス的な問題群と、それに対応するレギュラトリーサイエンス、あるいは、ELSI（倫理的・法的・社会的問題群）と呼ばれる領域の重要性が増しています。ここでは、「社会的討議に基づく意思決定」が必要になるのです。

ここで、3.11 の前に言われてきたことを振り返ってみましょう。地震予知がそう簡単に「当たらない」ことは 3.11 以前から広く認識されていました。また、地震予知がもたらす地震の発生確率の数字が大きな幅をもっており、確率の表現の意味というのは受け止めが非常に難しいこともまた、以前から明らかでした。原子力の専門家が「ゼロリスクはない」と主張するのも、事故前からすでに見られていたことでした。

こうした不確実性に対しては、「最高の専門家が最高の審議をする」ことを通した専門家の裁量、工学的判断で対応するということを、司法も含めて認めてきていました。これは「伊方原発行政訴訟」で最高裁判所の判決もこの方向を示していました。

これらを踏まえてなお、「科学的・定量的判断に基づく意思決定」が志向されてきたのが 3.11 以前の状況だったのです。

そこでまず、専門家の裁量についてです。班目氏の「割り切り」発言が一時問題とされましたが、これは工学の専門家としては率直な答弁であり、それ自体は正しい内容だと思います。しかし、こうした専門家の裁量と、先に触れた最高裁判決に見られる「わが国の社会がどの程度の危険性であれば容認するかという観点」での判断とを同一視してしまう態度が問題なのです。

次に BSE 問題の事例を取り上げて、課題に対して適切な専門家の発見と動員の困難という問題について見てみましょう。英国でもこうした問題の発生に際して対応する専門家集団は、いわゆる「お偉いさん委員会」（Eminent committee）であったと言われています。問題の全容と内実が明ら

かでない段階で「適切な」専門家を選ぶのは実は極めて難しいことなのです。これは、3.11後の官邸への専門家の招集にも当てはまりそうです。その当時の混乱状況を後知恵的に批判することは容易だが、実際に事態が進行中で結果が分からない段階で、その時々に適切な専門家を見い出し、招集し、その識見を適確に用いるのは極めて難しいことなのです。

英国のBSEの場合は、こうして集められた専門家の委員会（サウスウッド委員会）が「人間への感染はほぼないように思える」という見解を示しました。しかし、「こういった見積もりの評価が誤っていれば、結果は大変深刻なものとなるであろう」という留保がついていたのですが、政府はこの部分を気にとめることはなく、牛肉の安全性に疑問を呈する向きに対しては、その情緒的対応を戒め、「これ以上優れた学識ある科学者グループはいない」（当時の農業大臣）という言い方で反論を展開し、繰り返し「安全」を強調したのでした。しかし、実際にはBSEは人間に対する感染性を持ち、多くの被害が後に明るみに出ました。

ここで注意したいのは、後年サウスウッド委員長が当時を後年振り返って、「あの段階においてもう少し強い規制をかけることを提言すべきだったかもしれないが、そのようなことをすれば、欧州の畜産業界に多大な打撃を与えることになると考えて、やめた」と語っていることです。彼は明らかに、いわゆる「科学的な判断」にとどまらない判断を行なったのです。ここには、科学者が政府に助言する際に、どこまで専門を超えた発言をするかという重要な問題

があるのです。

この問題を後に調査したフィリップス委員会の報告書によれば、当時の英政府は本当に「牛肉は安全である」と信じ、公衆の不安を取り除くために安全を訴えるメッセージばかりを発信し続け、事実がそうではなかったことを後に発表すると、国民は政府に裏切られたと感じました。

なお、このフィリップス委員会報告書は4500ページの大部のもので、2年間かけて作成されています。日本の原発事故調査報告書も大部だと言われますが、彼我の差は少なくないのです。われわれにはまだまだすべきことがあると思います。

続いて、政府への助言を求められる科学者の役割と責任の問題について考えてみましょう。これは何も理科系の「科学者」ばかりが問われる問題ではなく、文科系の私たちにとっても深刻な問題なのです。

例えば、リスク論研究者の中西準子氏は著書『リスクと向き合う』（2012）でいくつかの問題を提起しています。まず、「科学的に不確実な場合は政治家に任せる」という議論があり、これは学者にとって楽なやり方ではあるが、やはり学者は社会的意思決定に関与すべきであり、「専門分野を越えていても、全体としてこうあるべき」という意見を表明すべき局面があるのではないかという問題提起です。

専門家は特定の専門分野があるからこそ専門家なのだが、だからといって自分の専門外のことを政治家や行政官に全てを任せるわけにはいかないのではないか、と中西氏は言います。これは、鬼頭委員も指摘するように、専門分野に閉じこもることは結果的に、専門家の不作為になり、具体的な

第4部　シンポジウム「科学者はフクシマから何を学ぶのか？──科学と社会の関係の見直し」　*211*

被害を生むことさえもありうることを考えれば、誠実な態度でもあると言えましょう。

しかし、不確実性が常に残る中で、このような意思決定への関与の仕方をして、専門家が最終的な責任を負えるのか、ということはなお問題として残るように思います。

とは言え、少なくとも、自身が生み出した知識が社会の中でどう流通し、どう使われるのかということについては最低限、どの専門家も意識し、知っているべきではないでしょうか。

その上で、いわゆる「媒介の専門家」が求められるのだと思います。そして、そうした「媒介の専門家」を育成し、評価し、活躍の場を与えることも必要になっていると思います。

こう考えると、現下行なわれている原発の活断層調査のようなやり方には、ある種の危うさがあることもわかります。なぜなら、活断層の判定のような問題は、実はそうクリアカットに科学的な答えが出る種類の問題ではなく、不確実性を常にはらむので、専門家が科学以外の要素を忖度して回答しなければならない立場に追い込まれる可能性が常にあるからです。先ほどのサウスウッド氏と同じです。

3.11後を生きるということは、すなわち「ゼロリスクはない＝失敗の確率はゼロではない」ことをどうやってのみ込むか、ということです。これには、「合理的な失敗」あるいは、「後悔の最小化」というアプローチ、つまり失敗したときにどう納得するかを考えるアプローチでしか対応できないのではないかというのが私の見解で

す。

「最高の専門家による審議を経たのだから」という納得の仕方は１つのやり方としてありうるかもしれないが、本当にそれで十分だと思えるかが問われるのです。

また、リスクは多次元的な概念であり、「危険―安全」というような二分法的なものではありません。むしろ、「どんな世界に生きることを欲するか」という問いこそが大事な問いになり、その答え方に応じて失敗に対する納得の仕方も決まるのです。

こうなると、専門家と政策形成の関係を再考することが極めて重要かつ緊急の課題になってきます。

１つの対処法としてあり得るのは、意思決定への関与者（参加者）の拡大でしょう。特定分野の専門家だけでなく、問題に関わる多様なステークホルダーの参加という方策です。

市民参加はその１つに過ぎず、市民さえ参加させれば問題が解決する、というものではありません。むしろ、市民の参加を得る前に参加を促すべき他の主体が多いと思います。

それから、最後に、科学的助言のあり方について、海外の指針を参照しておきたいと思います。こういう多様な参加者による社会的意思決定に際して、科学技術の専門家はどう振る舞うべきか、という問題が生まれるからです。英国の指針では、「科学的助言は、政府の意思決定者により考慮されなければならないものの１つでしかなく、他には、社会的・政治的・経済的・倫理的考慮等がある」としています。「社会的・政治的・経済的・倫理的考慮」を抜きにした科学的判断だけで社会的意思決定を

行なうことはできないということを、科学技術の専門家は理解しなければなりません。

また、ドイツの指針は、「科学的政策助言における知識と、学術的な知識とは同じものではない。科学的政策助言における知識は学術的知識を超えるものである。なぜなら科学的政策助言の知識は、科学的な基準を満たしたうえに、さらに政治的に効果のあるものでなければならないからである」としているのです。科学的判断と社会的判断の分業から協働へ、これがトランス・サイエンス的課題に向き合う作法なのでしょう。社会も科学技術の専門家もこの厄介な構造に対応することが求められています。

【質疑応答】

島薗 今回の原発事故をめぐっては、トランス・サイエンスの諸課題とは別に、科学者がすでに利権構造にとらわれていたという大きな問題があります。小林委員が今回提案されたさまざまなアイデアはそうした問題にも対応できるものなのでしょうか。

小林 科学技術が現代技術の中で権力性を帯びていて、権力構造の中でしか作動しないというのは自明のことだと思います。どのような手法、制度を用いても類似の問題が根絶するとは思えません。こまめな摘発以外には対処はないのでしょうか。われわれは成功の保証のない時代を生きています。だから、「こうすればうまくいく」という提案はできえないのですが、「明らかにこういう部分は足りなかったのではないか」ということは指摘できると思い、今日の話をしました。「原子力ムラの解体」といった安易な議論には乗りたくありません。「ムラ」を解体しても、原子力発電所も原子力技術もなくなりません。あえて言えば、よりよい「ムラ」にする以外にないのではないかとさえ思います。

島薗 よりよい「ムラ」にするための具体的な方策、それは私の考えでは「ムラ」ではないものになる、つまり科学者共同体と社会のよりよい関係を構築するということだと思いますが、それと今日お話になったような制度的な側面とはどのようにつながってくるのでしょうか。

小林 原子力技術に関する部分で1つのアイデアは、吉岡斉氏の考え方に近いものです。一人ひとりの科学者、技術者の良心の目覚めとか教育といったものの効果はおそらく限定的ですね。科学者性善説も採らないが、性悪説も採るつもりはありません。彼らはごく普通の社会的なセッティングの中で行動しています。したがって、吉岡氏が提案するように、経済的なメカニズム、市場メカニズムによる作用は浄化作用を一定程度持っていると思います。ただ、それで問題が全て解けるとは思わないですが。

また、前言と反するようですが、教育の重要性もあります。やはり、どうしても同質性の中で育ってくると、その議論の伝統から抜け出せなくなるものです。これは、本当は原子力工学者に限らないはずで、人文社会科学の研究者にも共通する問題のはずです。ただ、われわれは巨大な利権とは結びついていないから問題化しなかっただけだと理解するべきではないでしょうか。

舩橋 技術と科学を注意深く峻別すべきだと感じました。それ抜きではきちんとした議論ができないのではないでしょうか。技術は目的に対する価値判断を前提としています。技術は事業システムに内部化されていて、その固有の利害に深く浸食されているのです。

多くの示唆をいただきましたが、「お偉いさん委員会」ではうまくいかない、という視点には大いに賛同しています。ここで、リスクがある、しかし大きな利害関係に関わるとわかったときに、どのように意思決定をするかが重要です。決定帰結の自己解決性、自己回収性が重要なのです。決定者がコストもメリットも引き受けるという状況でのリスクに関する意思決定は誰もがやっています。喫煙などがその例でしょう。しかし、例えば原子力はそうではないわけです。決定の帰結が第三者に大きな影響を及ぼしてしまうからです。このタイプの違いによって議論を分節化できるのではないかと考えます。

小林 科学と技術を実体的に区別できるかには注意が必要ですが、理念的に区別して扱おうというのは有効な考え方だと思います。今日の私の話でも、理学的なイメージの科学と工学を区別して話したことに気づかれたと思います。そうすると、レギュラトリーサイエンスはどちらなのか、という話になりますが、工学は普通の意味の科学ではないと私は考えています。もっと言えば、工学こそ、今まさに出番なのだと思いますが、工学が自然科学化しているように見えることこそが問題なのでしょう。

また、システミックリスクということで言うと、2000年代にリスク論の受容が

あった時に、そういう方向性も含んでいたはずですが、残念ながら日本では安心・安全論に収斂してしまいました。これは残念なことだと感じます。

自己決定、自己回収性ということで言うと、たとえば、自動車のリスクはすでに自己決定・自己回収の範囲を超えていると思うのです。これだけ道路を作り、これだけ車が行き交う社会を受け入れる、というのは、個人の意思決定を大きく超えるものでしょう。また、リスクが顕在化した場合の帰結が回復可能な被害なのか、そうではないのかといった区別も重要だと思います。リスクの内実についてもっと丁寧な議論を行なうことが求められているように感じています。

一般参加者・A氏 媒介の専門家というのは重要だと思いますが、その際には哲学・倫理が中心的なインターフェースになると考えるのですが、いかがでしょうか。次に、不確実性をめぐって、それが免責の理由になってはならないと思います。不確実性を逓減するという「科学者の不確実性に対する責任」についてはどのようにお考えでしょうか。続いて「合理的な失敗」については、ベストを尽くしたことを担保するものは何でしょうか。最悪の状況、自身にとって最も都合の悪い状況を想定することがそれにあたるのではないかと思いますが、いかがでしょうか。最後に、世論と輿論の違いについては、討論型世論調査が有効ではないかと思うのですが、ご意見をお聞かせください。

小林 倫理的な議論が重要だとは思いますが、それのみにフォーカスしたくはないと思います。「のりしろのある専門家」のよ

うな存在が増えることを期待したいのです。ただ、媒介の専門家をきちんと評価する仕組みがないといけないでしょう。医療では「プライマリケア」ができる専門家を評価しようという動きがあります。これを参考にできないかなと思います。

科学者が不確実性を常に逓減する努力をすべきであるというのはそうだろうし、最悪の状況を想定して対応することが「合理的失敗」を目指す上で少なくとも確実に含まれると考えます。

最後に、世論と輿論の違いについてですが、昨今の新聞紙上の議論などを見れば、世論が熟慮というよりは反射的な反応の集積になっていることはおそらく明らかでしょう。したがって、意味がないわけではもちろんないのですが、限界があることも自覚すべきだと思います。その意味で、昨夏の討論型世論調査の試みは多くの課題を抱えての実施でしたが、単なる世論調査を超えようとした点で、一定の評価をすべきだと思います。

杉田　先ほどの裁判所の論理について、社会としてどのぐらいまで受け入れるかどうかをエンドポイントにするというのはよい点ですが、その判断主体が官庁であると飛躍してしまうのが問題であるというご指摘がありました。では、どのような場、どのような主体がその判断を行なうべきなのか、あるいは、裁判所はそうした官庁以外の主体を想定しているのか、ご教示願います。

小林　原発に関する訴訟の基本形は今回紹介した伊方原発・福島第二原発訴訟です。その上で、この訴訟では、持っている情報の非対称性を踏まえて挙証責任を被告（国）側に課すなど評価できる部分もありますが、行政訴訟の場合には法体系の問題として、勝ち目がないということが問題です。結局、今の裁判の法体系の中で、人びとが訴えたい論点を組み込んで意味のある議論をすることが不可能になっています。これは法制度的な限界でしょう。ご指摘にもあったように、第三者委員会とか、別の場で処理することでこれを乗りこえられる可能性はあると思います。しかし、現在の法体系ではこういった科学技術と社会に関する問題を扱えない、ということが根本的な問題なのです。城山氏が後ほど講演で言及されるかもしれませんが、テクノロジーアセスメント機関の設置・活用なども一案ではないでしょうか。

後藤　「合理的失敗」であっても、「失敗」の直接的結果を引き受ける人びとからすれば、「合理的」と言われても納得できません。例えば、福島の人びとは納得できないでしょうが、この点はいかがでしょうか。

小林　その点はまさしく皆さんに議論してほしかったのですが、私見としては、今回の事故は合理的失敗として理解し、納得することは到底できないものだったと思っています。その上で、専門家の科学的判断で決めるという議論の対極にはすべて市民が話し合って決めるという立場がありますが、私はそれには否定的です。やはり政治の場できちんと決めるしか、私たちの社会で正当性のある決め方はありません。政治がいかに機能できるかというところに議論は帰着せざるを得ないのではないでしょうか。

【講演 2】　吉川泰弘「科学と社会：BSE リスク評価から学んだこと」

日本学術会議第 1 部が主催する「福島原発災害後の科学と社会のあり方を問う分科会」に、第 2 部の自然科学系生命科学分野から参加してみて、非常に多くのことを学びました。特に人文社会科学系の専門家が巨大科学技術の問題や、レギュラトリーサイエンスの問題、専門分野だけでは結論の出し得ない問題等について、どのような問題意識で、どのように問題の本質を捉えているかということは、これまで考えてみる機会がありませんでした。いまの小林委員の講演を聴いても、「もっと前から学んで」おけば、この 10 年間、BSE 問題でこんなに苦心することもなかったかと感じました。BSE の問題で発足した食品安全委員会が悩んできたことと、確かに、現下、原子力規制委員会が悩んでいることには、ある種通じる部分が多いと感じています。その部分について、私の経験から話すことが、本シンポジウムにおける自分の役割かと思っています。

2003 年、食品安全委員会にプリオン専門調査会ができました。プリオン研究に関連した専門家として召集された各委員が、それまで全く学問的経験を持たなかった「リスク評価」という、自然科学と行政の橋渡しの役割を担うことになりました。その中で悩んできたこと、考えてきたことから問題提起を始めたいと思います。最初の悩みは、BSE および変異型クロイツフェルト・ヤコブ病（vCJD）の原因と言われている病原体の異常性です。通常のウイルスや細菌と異なり、その性状を明らかにすることが困難で、起こり得る事象を推定す

るには、証明の困難な不確実性がつきまとうことになります。それで、まずプリオンの異常性と科学の限界について説明し、なぜ、この問題が難しい問題であり、われわれが巻き込まれ、苦心してきたかを説明することから始めます。

問題になったのは、BSE（牛海綿状脳症：ウシの脳がスポンジ状になり進行性の神経症状を示し、死亡する病気）です。原因は BSE プリオンということになっています。スタンレー・プルシナー博士は、プリオン病の原因となるプリオン（感染性蛋白粒子）の業績でノーベル賞を受賞しました。プリオンという異常蛋白質の脳内蓄積がプリオン病の原因となる点に関しては、研究者の間にそれほど異論があるとは思えません。しかし、本当に BSE という病気を引き起こし、牛から牛、牛から人への伝播の原因となる感染病原体がプリオンなのかは、究極的にはまだ証明できていないと言ってよいと思います。

プリオンは熱や化学薬品などに対して極めて強い耐性を示します。BSE の原因は疫学的に、肉骨粉の中に混入した、感染牛由来のプリオンと考えられています。感染病巣は中枢神経であり、感染し発症すると 100 ％死亡します。予防・治療法はありません。BSE のもう 1 つの特徴は、潜伏期間が極めて長い点です。平均潜伏期は 5 年であり、5 年前に感染したことが、今症状となって現れます。この時間的ズレも科学研究にとって阻害要因となります。因果関係が極めて特定しづらいからです。また、有効な防御措置をとっても、その結果

がわかるのに5年以上かかるという難点があります。

プリオンは通常の病原体からみれば極めて小さいものです。病原体と言っても寄生虫なら肉眼で見えるような大きさだし（体長数メートルというものまであります）、細菌は光学顕微鏡で、ウイルスは電子顕微鏡で観察できます。また、ウイルスまでは、自らを複製していく能力を備えた基本構造（ゲノムといわれる遺伝子情報群と複製酵素など）を持っています。ところが、プリオンは自らの構造中には遺伝情報を持っていません。電子顕微鏡で観察しても、繊維状の蛋白質の重合体が見えるだけで、独立した粒子様の構造は見えません。ただし、蛋白分解酵素で分解すれば病原性がなくなるので、これが病原体だと推定されているわけです。

それでは、遺伝情報がないのにどうやってプリオンは複製するのか、という問題を説明するのがドミノ理論と呼ばれるものです。異常プリオン蛋白ができたり、神経細胞に侵入すると、アミノ酸の配列は変わらないが、正常プリオン蛋白の立体構造が変化して異常プリオン蛋白となり、病原性が出て来ると考えられています。したがって、プリオン病は現在でも専門家でもわからないことが多い病気です。今も、プリオンが病原体であることに同意しない科学者がいます。正確にはBSEプリオンの由来もわかっていません。感染した動物の中では、免疫反応が起こらずプリオンに対する抗体ができないので抗体検査はできません。また、病原体の同定に使う遺伝子検査もプリオンは独自のゲノムを持たないので使えません。診断は死後に病変や異常プリ

オン蛋白の存在を特定しないと確定できません。熱にも消毒にも、極めて強い点も他の病原体に比べて異常です。いずれも従来の病原体や感染症に対する科学的理解を超えた性質を示しています。

続いて日本でのBSE問題の経緯を説明したいと思います。ちなみに、この冒頭のスライドの写真では武部元農林水産大臣が牛肉を食べて安全性をアピールしていますが、科学的には人での潜伏期間の長さを考えると（感受性の高い遺伝子をホモに持つ人でも、平均潜伏期は15年くらい）、時間がまだ十分経っていないので、本当に安全だったかはわかりません。そうした感染症です。日本におけるBSE発生以前の食品安全に関する行政は、リスク管理機関である農林水産省と厚生労働省が審議会等を設けて行なっていました。両省の業務内容からして、食品に関する消費者目線という考えはなかったように思います。リスク評価とリスク管理が分離されたのは、BSE問題後に食品安全基本法ができ、食品安全委員会が設けられてからです。

BSEの問題の発端は、日本では発生しないという行政の予測ミス（安全神話）と、発生後の危機管理対応の混乱により、不信を招いたことです。欧州のリスク評価機関は日本が危険であるという指摘をしていたのですが、日本の行政は自らの分析で安全であると断じて、リスク対応を拒否していました。さらに、1例目の牛は焼却処分されたはずでしたが、肉骨粉になって関西に出回っていました。次いで、生産者への不信（肉骨粉による「共食い」を行なっていることが公知になりました）、輸入・加工・流通・小売り業者への不信（虚偽申請・虚

偽表示など)、メディア報道のブレなどが
あり、消費者の不安と不信は拡大していき
ました。そして最後に科学者への不信に行
き着いたのです。科学者がプリオンについ
て完全にわかっているわけではないこと、
科学でもわからないことがあることが説明
されました。また「危険説と安全説の分
離」もありました。不確実性がある中で、
「シロかクロか」での回答を迫られたので
すが、そのような回答をすることはできま
せんでした。明快な答えを科学に求めた消
費者の期待には応えられなかったのです。

しばしば、リスク評価の過程で専門家の
中でも意見の対立が起こりました。例え
ば、全頭検査をめぐっては、不要論と必要
論の鋭い意見の対立がありました。どちら
の論者とも、頭脳明晰な科学者でオピニオ
ンリーダーであり、相互に意見を譲りませ
んでした。しかし、自然科学であるので、
BSE といえども次第に実験データや疫学情
報が増えてきます。感染実験の結果などに
よって、プリオンの感染経路や蓄積の状況
が時系列的に明確になってきました。その
結果、20 カ月以下の若いウシではプリオ
ンが脳に達していないので検査しても陰性
結果しか出ず、体内の感染経路にあたる特
定危険部位を全て除去する以外に方法はな
いことが判明しました。他方、48 カ月以
上であれば、95 % 信頼限界で BSE 検査に
より検出可能である反面、脳に蓄積したプ
リオンが末梢神経にも広がるので特定危険
部位除去では不十分であることがわかりま
した。この場合は、BSE 検査で陽性個体を
摘発し、丸ごと焼却処分するのがベストと
いうことになります。

つまり、全頭検査不要論も必要論も、ど

ちらもある一面では正しく、ある一面では
間違いであったというのが科学的結論にな
るわけですが、現実の論争は平行線のまま
でした。科学的な修正が働かなかったので
す。「世界中どこでも実施されない全頭検
査」という行政の施策、全頭検査するか
ら安全という言葉の持つ安全神話が、再
び消費者の心を捉えたのでしょう。しか
し、BSE とその結果の vCJD は感染力の低
い、潜伏期の異様に長い動物に由来する感
染症であり、感染経路を適切に絶てば、流
行は終息すると見込まれました。実際、英
国での最初の流行から 20 年を経て、世界
は BSE の封じ込めに成功しました。数年
以内には終息できるだろうと見込まれてい
ます。

さて、BSE の事例を紹介したところで、
食品安全委員会とリスク評価についてお話
ししたいと思います。食品安全基本法第 5
条には、「国際的動向及び国民の意見に十
分配慮しつつ」、しかし、「科学的知見に基
づいて」行政措置を講じることで、食品に
よる国民の健康への悪影響を「未然に防
止」することが謳われています。この法律
により発足した食品安全委員会は、BSE の
失敗に学び、産業振興の省庁では中立・科
学的なリスク評価はできないとの見地か
ら、科学的評価をリスク管理機関から独立
させるという意図で設立されました。これ
は原子力規制委員会の設立経緯と非常に類
似しています。食品の安全に関する科学
的、中立的なリスク評価を、消費者（一般
市民）を大切にしながら実施し、リスク管
理機関から独立した第三者評価を行なうと
いう狙いははっきりしていましたが、現実
には、行政上の問題がありました。食品安

218

全委員会は内閣府に設置されましたが、事務局は農水省・厚労省からの出向者に頼らざるを得ないし、リスク評価の結果を実際の政策として実施するのは引き続き両省でした。

食品安全委員会のプリオン専門調査会がまず取り組んだのが BSE（とそのヒトへの感染である vCJD：変異型クロイツフェルト・ヤコブ病）の日本独自のリスク評価でした。BSE に関する科学的不明確さ、感染リスクの不確実性を念頭に置き、分析する時点での科学的知見の蓄積と限界をはっきりさせた上で、英国でのデータをもとに、日本の vCJD リスクを試算しました。

なお、リスク評価に基づく対策はリスクコミュニケーションを経て行政が決定すべき、つまり、リスク評価とリスク管理は分離されるべきとの立場を取りました。評価結果は日本での vCJD 発症数の推定は 0.1〜0.9 人であり、英国に比べて格段に少ないというものでした。リスク評価と同時に、科学の限界を表明し、ゼロリスクがないことに注意喚起を行なうとともに、数字の独り歩きを防ぐよう配慮しました。この評価は、わが国で初めての公的な、かつ独自のリスク評価であり、全てを公開で審議し、議事録は名前入りで公表し、リスクコミュニケーションを併せて実施した点は画期的ではあったと思っています。この評価は諮問・答申という形でなく、食品安全委員会が「自ら評価」と称して、独自に取り組んだ課題でした。その点では従来の諮問に答える審議会とは全く異なった仕組みでした。

続いて、2001 年以後 BSE 対策が継続実行されているという状況で、国内対策の見直しというテーマで、全頭検査をどうするかという議論に関して、「20 カ月以下は検査を行なわなくてもリスクは変わらないか？」という諮問を受けました。結論としては、リスクは変わらない、ということになりました。ここでは定性的評価と定量的評価の両方の手法でリスク評価を行ないました。「安全神話」になりつつあった全頭検査の限界を明示しました。評価の結論は 20 カ月齢以下の検査をしなくても、特定危険部位の除去をするならリスクの差は非常に少ない、というものでしたが、現実の結果としては、リスク評価とリスク管理が乖離した、つまり全頭検査は継続することとなりました。また、リスク評価結果と消費者の安心感の両者も非常な乖離を見せました。

諮問の経過を振り返ってみると、専門家の行なった科学的評価に基づいて立法府で法制化され、行政府で執行されることが想定されていますが、このケースではリスク管理機関である行政と立法府は諮問前から 3 年間の執行猶予期間を設けていました。すなわち、リスク評価結果と関係なくリスク管理措置（全頭検査の継続）を事前に決めていたわけです。本来はリスク評価機関に対する諮問はリスク管理措置の決定前に行われるべきであり、この場合はリスク評価を拒否すべきであったか、3 年後に諮問するように答申すべきだったという反省は現時点では感じています。結果として、このリスク評価は消費者に理解されず、メディアによる「米国産牛肉輸入再開の前座に過ぎない」というキャンペーンの方が市民に支持されました。そうした中で、科学的リスク評価は政局マターになり、政治に

利用され、科学的評価の意味を失っていきました。

3つめに行なったリスク評価が米国・カナダ産牛肉の件です。当時、米国内で流通する肉と日本国内で流通する肉の安全性は同等ではないということは日米の行政当局にも理解されていました。その結果、「輸出プログラム」を追加して、20カ月齢以下の牛肉で、BSE検査はしないが、全月齢の牛の特定危険部位の除去を行なえば、安全性は科学的に同等になるか、ということの評価が求められました。しかし、これは、このプログラムが導入され、遵守された場合に、という仮定を入れた上での評価であり、仮定を入れての科学的同等性評価は困難である、と結論しました。その上で、「輸入プログラム」が遵守されたと仮定すれば、リスクの差は非常に小さい、と評価結果を回答しましたが、これは非常にわかりにくく、消費者やメディアの不評を買いました。プリオン専門調査会としては、リスク評価の付帯事項として、輸入再開の施策を進めるとしても、「輸出プログラム」の実効性がなければ、即再輸入を停止することや、検証メカニズムの導入などを入れました。この評価では、仮定を入れたリスク評価をどこまで責任を持ってできるか、ということが課題として残りました。また、科学的評価不可能、という回答も出せるのだ、ということは大きな学習でしたが、それでもやはり、仮定を含めたリスク評価もやらなければならなかった、というのは、リスク評価者として引き続き課題として残りました。

リスク評価の課題を最後に簡単に述べたいと思います。近代自然科学の基本スタンスは、客観性、再現性、普遍性を重視するものです。われわれ科学者はこれらを原則とするように教育・訓練されています。しかし、リスク評価では実験と異なり、評価者(自然科学者)を系の外には置けず、どうしても客観性が脆弱になります。また、リスク評価の結果は行政の管理措置に結びつき、事態を変更させてしまうので、事象は一回限りで、再現性はありません。さらに、科学は唯一の真理にたどり着く、収束すると思っていたが、そういうタイプの科学ではない領域に足を踏み入れたわけです。リスク評価の科学者は、これまでにない大変な領域に関わっているのだ、と後になって気づいた次第です。その意味ではこの分野の専門家の人材育成は、ほとんど行なわれてこなかったと言えます。

リスク評価に当たっては、予防原則の適用ということがよく言われます。不確実性を前提に確率論的に行なうリスク評価に基づく管理措置ですから、単純にいかないのは当然です。予防原則を適用するには、相応性(リスク評価に相応した措置であること)、非差別性(他のリスクと差別しないで、特別扱いにしないこと)、一貫性(リスク評価には一貫性を持つこと)、費用便益計算の考慮、検証義務(科学者は不明確な部分、不確実な部分に対するデータの追加、新しいデータの提出義務を負う)、検証責任(リスク評価者・管理者はとった施策を検証する責任を負う)といった条件が存在します。

最後に、BSEをめぐるリスクコミュニケーションを振り返ってみたいと思います。「安全神話」の崩壊とメディアによるネガティブキャンペーンの結果、消費者は

パニック状態に陥り、行政や政治は新しい安全神話の提示や過剰対応のパフォーマンスで答えようとしました。メディアの報道スタンスもワイドショー的な興味本位の垂れ流し、政争や政局マターとしての取り上げ、日米摩擦の愛国論など、本質に触れずに、その時々の表面的な事象の報道に終始したと思います。これが結果として、全頭検査の継続とか、BSE問題の政争化・政局マター化とか、御用学者論というレッテル張りによる科学的評価の否定といったことにつながり、科学的な議論の停止に帰結しました。科学者の行なうリスク評価が管理措置を通じて、政治や経済、社会に大きな影響を与える限り、政治や行政がこれを利用しようというのは当然かもしれません。食品安全基本法に基づいて、新しく食品安全委員会という機関を発足させた原点を忘れないで進化させていく必要があります。

欧米でのリスク評価、リスク管理では各主体の役割と関係がはっきりしています。これに比べて日本はやや複雑な仕組みを作ってしまったという印象があります。また、食品安全委員会の責務として、リスク評価とリスク管理の関係が不明瞭であると

いう問題があります。リスク評価だけを引き受けるのだと思っていたら、実際には管理まで求められる。リスク評価者が実質上の責任を取るという（リスク評価というお墨付きをもらってリスク管理を行なうと、政治家や行政執行者は言います）一極集中型の役割を期待されています。当初の制度設計で両者を分離したことはどうなったのだろうか？　と疑問に思います。日本の食品安全委員会の場合、専門調査会が実質的にリスク評価と管理の双方を一手に引き受けてしまうような格好になっていましたが、本来は、ヘテロ集団である食品安全委員会の本委員会が、専門調査会の評価結果を多角的に評価して、社会に対してリスク管理のためのコンサルテーションを行なうべきだったのだろうと今は考えています。すなわち、専門調査委員会の評価結果をリスクコミュニケーションした結果（パブリックコメント等）は、専門調査会に返すのではなく、食品安全委員会（親委員会）に返し、もう一段上で総合的なリスク評価を行なうべく組織化すべきだったのではないかと考えています。

【質疑応答】

小林　食品安全委員会での議論は議事録を通してウォッチしていたので、ご苦労はよく承知しています。先ほどの米国・カナダ産牛肉の例で、「プログラムが守られたとすると……」という部分を書かない、という選択肢は考えなかったのでしょうか。翌日の新聞では「米国・カナダ産輸入再開決定」といったように大々的に取り上げられてしまったのです。こうした展開を予想さ

れていたのでしょうか。

吉川　審議の過程では、「そもそも諮問の仕方がおかしい」という議論が途中からかなり出ていました。科学的な同等性を問うというのは、食品安全の国際的なハーモナイゼーションとして行政官にとっては必要なことだったのでしょうが、実際のリスク評価では仮定の中でしか扱えないので、これには答えられない、という声がかなり出

ていました。他方で、諮問としては「守られたとして、リスクに差があるかどうか」という評価もしてほしいということでしたので、並列ということになってしまいました。最後の数回で「こんなにわかりにくい結論を出してしまっていいのか」という議論はありましたが、時間的制約も含めて、並列でしか出せませんでした。諮問された限り、専門調査会で答えなければならないという雰囲気もあり、専門調査会が未熟であったことも一因だったと思います。

小林 状況はよく理解できます。昨今の原発の活断層問題なども同種の問題に陥るのではないかと懸念しているところです。

島薗 BSE の場合にはマスコミや市民が過剰反応した、というお考えだと理解しています。低線量被ばくでも同じような議論になっていると感じます。例えば唐木英明先生は BSE にも低線量被ばくにも、どちらの議論にも関わっておられます。両者の異同等、吉川委員の見解はいかがでしょうか。

吉川 確かに、似た面はいろいろあると思います。「プリオンを何個までなら食べても大丈夫ですか?」と言われてもわかりません。そもそも厳密な意味でプリオンが感染原因かということ自体、明確にできていません。現在の科学で答えられるものが少ない場合、科学者の意見も分かれてきます。また、暴露されても影響が観察可能になるまでの時間的長さが極めて長いことも問題です(もっとも、観察できた時には修復不可能というリスクがあります)。こうした不確実性をリスク評価にどう反映させるのかは非常に悩ましいところです。

また、BSE の場合には徹底的に有効な対策をとれば防げるシナリオがあります。公衆衛生的、疫学的には日本が爆発的流行に巻き込まれることはないと考えられました。他方、プリオン病は発症すると、致死的で、神経症状が進行し非常に悲劇的な結末になる、そういう認識も持っていたと思います。そこで、専門家が確率論的に評価する観点(ポピュレーション:群)と、消費者が、「もし自分が巻き込まれたら……(個)」という感覚とは大きな差が出るのだと思います。小林委員が先ほど講演されたように、背後にある価値観なども含めてリスク評価にどう反映させていくかは、重要ですが極めて難しい問題だと思います。そういう意味で、低線量被ばくの問題と BSE の問題には類似性があると思います。

一般参加者・B 氏 プリオンの病原性についてドミノ仮説を紹介されましたが、こういう病気の本態と肉骨粉による「共食い」の関連について先生の見解を伺いたいと思います。また、先ほど、全頭検査をめぐる対立について「頭脳明晰な科学者でオピニオンリーダー、しかし自説を一度唱えると曲げない」というご紹介がありましたが、私にはそういう態度は「頭脳明晰な科学者」の取るべき態度とは思えません。科学的成果の不確実性に対する責任が欠落していると思います。科学者としての良心、倫理的な責任というものが欠落しているのではないでしょうか。

吉川 最初の質問については、プリオンのドミノ理論と肉骨粉原因説は矛盾しません。そういう理解はあると思います。流行の原因としては、肉骨粉(牛にとっては蛋白源の共食い)ということで、少なくとも疫学的には正しいと思います。プリオンの

ドミノ理論は、試験管では再現性が得られつつあります。次に、2番目の質問について述べます。最初はどちらの科学者もそうではなかったと思います。見解がだんだんずれていきました。テレビの討論番組に出たりして、互いに譲らなくなってしまいました。非難合戦のような様相になってしまいました。後にわかったデータから冷静に見れば、両方の側面がありました。科学というのは、だいたいはそういうもので、検証が進んでくればそういうズレに気づくものです。検証で明らかになった誤りを受け入れられるかどうかは、科学者の姿勢として問われるのかもしれないと思います。

一般参加者・C氏 先ほど、諮問の妥当性についての議論がありました。諮問の妥当性についてリスク評価側からリスク管理側に対してフィードバックをする、例えば協議を持ちかけるというのは独立性の観点で適切ではない、という議論が当時は主流であったように記憶しているのですが、現時点での吉川先生の意見はいかがでしょうか。

吉川 当初は来た諮問にはすべて答えなければならない、ということだったのですが、米国産の牛肉評価の頃から専門調査会で諮問の背景を検討する、という意識が明確に出てきました。思うに、諮問の妥当性を検討するのは専門調査会ではなく親委員会（食品安全委員会本体）の役割だったのだろうと思います。制度設計者はわれわれが実際に運用した状況よりももう少し複雑な系を想定していて、ヘテロ集団である食品安全委員会本体がそうした役割を果たすと期待していたのではないかと今は考えています。食品安全委員会の役割として、科学的評価に基づいて諮問に答申することも必要ですが、自ら評価し消費者の安全保護のための勧告をするということも非常に重要と思いますし、そのような機能を持つ組織体にしなければならないのではないかと思います。

【講演3】 広渡清吾「科学者コミュニティーと科学者の責任」

「科学者コミュニティーと科学者の責任」と題してお話しします。3.11の後、半年間、学術会議の副会長、会長を務め、学術会議が大震災・原発事故に対して何をすべきか、何ができるかということについて考えざるを得ない立場にありました。昨年、その6カ月間の経験について小さな本を出したところです（『学者にできることは何か——日本学術会議のとりくみを通して』岩波書店、2012年）。この経験を踏まえて、特に学術会議の役割論、科学者の責任論についてお話ししたいと思います。私自身の専門はドイツ法・法社会学であ

り、専門の話ではありません。私は、日本学術会議の会員として11年間活動しましたので、その中から考えたことをお話しするものです。

まず、3.11以前から、学術会議については、それが「科学者コミュニティーを可視化する制度」だとの認識を私たち、学術会議のメンバーは、共有していました。3.11後の対応は、当然、このことを踏まえたものでした。「科学者コミュニティー」という場合、それが実体的に存在するわけではありません。例えば、年に1回、日本中の全ての科学者、総務省統計局のデー

タによれば約84万人ですが、これらの科学者が一堂に集まって会議をするなどということはできません。日本学術会議は、日本学術会議法によって日本の科学者を代表する機関だとされており、それを踏まえて、代表される社会のなかの科学者を「層」として位置づけ、科学者全体の社会のなかの役割を自覚化するために「科学者コミュニティー」という概念を使います。日本学術会議が科学者コミュニティーを可視化する制度である、というのはこのような意味です。

科学者の社会的役割という観点から「科学者」を捉えると、ここでは、2つの科学者像を語ることができます。1つは「真理追求型科学者」像であり、これは私たちにとって古典的な科学者のイメージです。ひたすら真理を追求することこそ科学者の社会的使命だとする科学者像です。もう1つは「受託者的科学者」像であり、これは、科学者をもって真理の探究・それによって獲得された知を社会的に役立てることを社会から信託され、社会の制度的保証のもとで科学の営みを行なう者と位置づけます。これはより新しい科学者のイメージといえます。

このような2つの科学者像は、科学の営みに2つの側面があることと相関しています。科学の営みの2つの側面とは、「科学のための科学」、そして「社会のための科学」です。「科学のための科学」とは、真理を追求することそれ自体が科学の使命であり、そのことが人類社会への貢献だと考えることを意味します。「社会のための科学」は、真理を追求し、それによって獲得した知を社会のために役立てること、科

学が社会に何を貢献できるかを絶えず反省しながら科学を進めることを意味します。この2つの科学の営みは、真理を探究するという科学の本来的あり方に基づきながら、ニュアンスを異にしており、現代の科学の営みは、この2つの側面を不可分の形で持っていると考えることができます。

日本学術会議は、日本の科学者の代表機関として、日本の科学者にこのような「科学者」や「科学」の2つの側面を自覚して活動することを促すとともに、この2つの側面を踏まえて、科学者コミュニティーを代表して、科学の立場から社会や政府に対する助言・提言を行なう、ということを課題にしています。

それでは、日本学術会議は、3.11以降、大震災と原発事故に対してこの「課題」を具体的にどのように果たしてきたのか、が問題です。言うまでもなく、さまざまな「提言」を3.11以降の半年の間に行ないました。その半年間の活動を総括した文書が、2011年9月22日幹事会声明「東日本大震災からの復興と日本学術会議の責務」というものです。幹事会は、総会に次ぐ学術会議の審議決定機関であり、日常的な運営に責任を持つ中心機関です。この文書がどのように総括しているかをご紹介しましょう。

まず、政府との関係です。震災・原発事故後、政府から学術会議に対して具体的な諮問はありませんでした。首相は自らが信頼する科学者を個人的に官邸に招き入れて顧問とするなど、科学者のアドバイスを求めましたが、科学的なアドバイスをする制度として予定されている学術会議には、求めがありませんでした。学術会議は、独立

に活動する国の機関として位置づけられ、税金で運営されています。学術会議は、もちろん、政府の具体的な諮問を待つことなく、政府に対して多くの提言を行ないましたが、しかし、それらを政府の方針に具体的に活かしていくことについて必ずしも的確なフォローができませんでした。幹事会声明は、この状況を総括して、政府に対する助言・提言活動は、国民に対する責務を十分に果たしたものとは言えない、としています。

幹事会声明はこの反省に立って、あらためて学術会議と政府との関係のあり方、政府に対する科学的な助言・提言のあり方について、3つの論点を提起しています。第1に、学術会議の側は「多くの専門的知に基礎づけられる俯瞰的、中立的な検討を通じて統合的な知を形成し、それに基づいて助言・提言を行うこと」、第2に政府の側については「政府は科学者コミュニティーの自立的活動を保障し、情報を開示し、助言・提言を政策的判断の基礎として考慮すること」、そして第3に、科学的助言・提言は「政策決定が依拠しうる根拠の1つを提示するものにとどまる」というものです。

このうち第1の課題は、いうまでもなく学術会議自身が対応すべき事柄であり、第2は政府が対応すべき事柄です。そして、第3のことについては、政府、科学者そして、助言・提言の利害関係者である国民の共通理解が形成されなければならないとしています。このように、政府に対する科学的助言・提言が適時に適切に行われ、政府の施策に反映するためには、日頃から両者の間の信頼関係を醸成する必要が

ある、というのがこの点での声明の締めくくりになっています。

続いて市民との関係です。学術会議は助言・提言活動に加えて、科学リテラシーの提供・普及を活動の重要な柱にしています。つまり、科学によって獲得された知識を市民に広く共有してもらう活動です。ところで、今日のシンポジウムの講演でも明らかなように、「科学者が科学的知識を提供することだけではその役割が果たせない」という問題や状況が現代社会には多くあります。3.11 以降の、特に低線量放射線の被曝問題は、まさにこの例でした。そのような状況は、科学者に対して、「市民の感じる問題、抱える不安、解決への展望を知る要求」にどのように対応すべきかを問うことになります。科学者は、科学ではここまでしかわかっていません、これ以上は何も言えませんということで済ましてよいのか、あるいは済ますべきなのか。

幹事会声明ではこうした状況に対して、どうすべきかを提案しています。第1に、「科学者ができるかぎりの科学的知識を提供すること」、これは当然ですが、それでは足りない状況下では第2に、「市民と問題を共有し」(科学者に共感能力が必要)、第3に「そのコミュニケーションの中で解決を共に模索する」(科学者に対話能力と解決の構想力が必要)ことを科学者に求めています。学術会議が3.11 以降、このような活動に十分取り組めなかったことを総括して、声明は、今後ともそのような「創意的な取り組み」を追求しなければならないと訴えています。

ここからは、以上の学術会議の総括にそった個人的な意見ですが、学術会議は、

今後は市民社会との連携を一層強めることが重要だと思います。つまり、市民社会の諸組織や学協会との連携・交流を深めて科学に何が求められているか、その課題をどのように解決するかを共同で探る活動を進めるということです。その場合には、エビデンスベースの厳格な科学を基本に置くことは言うまでもないこととして、それに止まらず、さきに述べたように、科学者の側が「共感、対話、構想」の能力を発揮すべきだと思います。一言で言えば、科学者の想像力（イマジネーションの力）が加えて求められているのではないかということです。ただし、これは言うは易く行なうは難しであって、具体的にどのようなプロセスやシステムが必要になるか、大変難しい問題であると認識しています。

このことを考えるときの重要なポイントの１つは、先ほど話が出たレギュラトリーサイエンスの問題にも関連しますが、学術の総合性や統合の必要性です。エビデンスベースのそれぞれの専門分野だけでは、見通しがつかない、解決がつかない問題、しかしそれでも社会として解決しなければならない問題、温暖化問題、エネルギー問題、広く人間の安全保障の問題などはそうでしょう。このような問題に対しては、諸科学の連携、協働、統合が追求されなければならないと思います。社会のなかの問題に対して、自然科学と人文社会科学が協働するときには、価値や社会制度等を対象とする人文社会科学に舵取り役が期待されるでしょう。学術会議は、すべての分野の科学者から構成されており、まさに諸科学の統合を科学者コミュニティーにアピールする役割をもちます。学術会議がすべての科学を総称して「学術」と呼んでいる趣旨は、このようにして活かされなければならないと考えています。

政府に対する科学的助言・提言のあり方に関して、ここで、Scientific Integrity（科学の健全性）の議論を取り上げておきます。これは最近国際的に議論されている概念です。JST（科学技術振興機構）研究開発戦略センターが震災直後の 2011 年 5 月に出した報告書に私は、注目しました。それによると、ブッシュ前大統領の下で、政府と科学者の関係が必ずしも適切でなかったという事情を背景にして、オバマ米大統領が、「政府の政策決定における科学の健全性（Scientific Integrity）を回復する」ことを指示し、これをきっかけにして、「科学の健全性」という問題が国際的な広がりをもって議論され始めたということです。オバマ氏が指摘した「科学の健全性」とは、政府が科学者のアドバイスを用いるときに、そのアドバイスを用いて政治的な決定を行なったことについて国民の信頼を確保できる政府と科学の関係のあり方を示すものということができます。

オバマ氏の指示の基本になる考え方は、①国家目標の達成に科学および科学的手続きが不可欠である、②国家の政策に関わる科学および科学的手続きは、国民に信頼されることが必要である、③そのために政府が用いる科学的、技術的情報の公開、情報の準備、探索、使用の透明性確保が重要であるとされています。言い換えれば、この指示は、政府が施策の決定・実行に際して科学的助言・提言を必須のものとすること、それゆえ、政府の科学的助言・提言の利用が国民の信頼を得るように行なわれな

ければならないこと、その要件を「科学の健全性」として示すこと、を内容としています。この「科学の健全性」の議論は、科学的助言・提言を準備する科学者の側、上述の話とのつながりで言えば、日本学術会議が科学者コミュニティーを代表して、政府に対して科学的助言・提言をする場合の要件、ポイントを示すものでもあると位置づけることができます。今後、日本学術会議として科学の健全性に関する国際的議論に注目する必要があります。

　ところで、ちょっとここで、私の個人的な思いつきを述べさせていただきます。integrity という英単語には2つの意味があります。1つは「誠実さ」という性質を示します。もう1つ、「1つのまとまったもの」という意味があります。米国の著名な法哲学者が「law as integrity」という考え方を主張していますが、その意味は、法とは1つのまとまりとして首尾一貫したものでなければならない、というものです。

　したがって、Scientific Integrity といった場合、「科学的営みが誠実に強い倫理感をもって行なわれるべきこと」という、誰もがすぐに理解できる意味に加えて、「科学が政府に対して、また、市民に対して『1つのまとまった声』で語るべきこと、首尾一貫したやりかたで行動すること」という意味を取り出すことも可能ではないかと思います。

　「1つのまとまった声」として科学的助言・提言が行なわれる、というこの論点は、学術会議が科学者コミュニティーを代表して科学的助言・提言を行なう役割を果たすについて、じつは極めて重要な論点で

す。この点は、前述した幹事会声明では明確にとりあげられていませんでした。では、科学的助言・提言としての「1つのまとまった声」は、どのような手続きで、どのような問題を自覚しながら形成されるべきなのか。これが困難な問題をはらむことは、すぐにわかります。個人としての科学者は、自分の科学的営みを誠実に行ない、自分の科学的見解を持ちます。これらの科学者が学術会議を舞台に「1つのまとまった声」を作り出す責務を負うわけです。

　科学者個人の科学的見解と「1つのまとまった声」は、科学者が科学的助言・提言の作成の責務を履行するに際して、どのような関係に立つと考えるか。2つのものは常に調和的な関係にあるわけではないでしょう。そのときには、その両立性を確保するための考え方や手続きが必要となると思われます。一方で科学者個人が真理を追求する科学者として社会に対して負う責任、他方で科学者が全体として、つまり科学者コミュニティーの代表として学術会議が科学的助言・提言を行なうことについての社会に対する責任、この2つの責任を統一して考えなければいけません。

　そこで、最後に、科学者コミュニティーとしての社会的責任と個人としての科学者の社会的責任という2つのものの関係を考えてみます。

　現代における科学者の社会的責任について、私たちの分科会のメンバーでもある藤垣裕子氏は「責任の三分類」を次のように示しています。すなわち、(a) 科学者共同体内部を律する責任（Responsible Conduct Research）、(b) 知的生産物に対する責任（Responsible Products）、そして (c)

市民からの問いへの呼応責任（Response-ability to Public Inquiries）というものです。これらの責任は、まずは、それぞれ科学者個人が負うべき責任です。剽窃や盗作、データのねつ造などをしないこと、自己の科学的研究の結果について責任を負うこと、市民に対して自己の科学研究について必要ならばきちんと説明することと、これらのことは、科学者個人にとって当然の責任です。他方で、科学者個人がこのような責任をきちんと果たすことについて、科学者コミュニティーが集団として、言い換えれば学術会議がその代表機関として、あるいはまた大学や学会が社会に対して責任を負っていると言わなければならないでしょう。２つの社会的責任は、一体として、最後には個々の科学者の責任に帰着するのだと思われます。

このことについては、学術会議が2006年10月に社会に向けて発信した「科学者の行動規範」を参照することが有意義です。「科学者の行動規範」は、3.11後の学術会議の取組みを踏まえて2013年1月に改訂され、内容が強化されました。ただし、以下に参照する部分は、「行動規範」の前文ですが、最初から同じです。そこでは、次のように述べられています。「……知的活動を担う科学者は、学問の自由の下に、自らの専門的な判断による真理を探究するという権利を享受するとともに、専門家として社会の負託に応える重大な責務を有する。……したがって科学がその健全な発達・発展によって、より豊かな人間社会の実現に寄与するためには、(a) 科学者が社会に対する説明責任を果たし、(b) 科学と社会の健全な関係の構築と維持に自覚的に参画すると同時に、(c) その行動を自ら厳正に律するための倫理規範を確立する必要がある。……」

(a)、(b)、(c) は、私が便宜のため付したものです。このうち、(a)、(c) は、科学者個人の社会に対する直接的関係を指示していますが、(b) は「市民への応答責任」の１つとして、科学者個人が「科学と社会の健全な関係の構築と維持」のための活動、つまり、「科学者コミュニティー」の課題達成のための活動に参加することを要求しています。

このように、「科学者の行動規範」は、科学者個人が、個人である科学者として上記のような社会的責任を負うとともに、科学者コミュニティーのメンバーとして、科学と社会の健全な関係の構築と維持の活動に参加し、科学者コミュニティーの果たすべき社会的責任を担う、というあり方を示しています。そしてまた、これらの責任は、冒頭にお話しした２つの科学者像、２つの科学の考え方によって基礎づけられているということができます。「行動規範」の前文が述べているように、科学者は、自由における知の探究の「権利の享受」に対応して、専門家として「社会の負託に応える重大な責務」を負っているのです。

さて、もう１つ最後に、「１つのまとまった声」の問題について再度触れておきたいと思います。実際に科学的助言・提言が政府や社会に対して行なわれる場合、「いくつもの声」が渡されるとしたら、受け取る側は戸惑ってしまうでしょう。しかし、「１つのまとまった声」を作り上げることは、議会で多数決によって１つの決定を作り出すことと違って、いろいろなこ

とを考慮しなければなりません。

　科学者コミュニティーの代表機関として学術会議が、統合的な知を形成し、社会に対して「1つのまとまった声」を提示しようとする場合、前述したように、一人ひとりの科学者の個人的知見と科学者コミュニティーとしてまとめ上げた集団的見解の差異・対立が生じることがあり得るでしょう。あるいは、多数意見と少数意見の対立という現れ方もあり得ると思います。

　ここで、「1つのまとまった声」は、少数を排除した「統一見解」や「一義的な政策提言」であることと決して同じではないと考えるべきです。むしろ、「1つのまとまった声」は、課題と状況に応じて形態上のバリエーションを持つべきでしょう。一定の課題の解決のために、それぞれ科学的なデータと説明を付した複数の選択肢を同列に提示し、政府と社会の判断に科学的根拠を与える、という科学的助言のあり方がありえます。このように、科学者コミュニティーの側は、「1つのまとまった声」を発出することについて、自覚的に方法論化し、そのあり方のバリエーションおよびそのことに関する政府や社会の側との共通理解を形成することに努めなければなりません。

　学術会議の科学的助言・提言の位置づけについては、これまで学術会議の中でも議論をしてきました。有力な考え方は、これを「中立的助言」として位置づけ、「中立」には「unique、neutral」という英語を充てていました。「中立」の含意は、「一方に編しない」こと、言い換えれば「総合的なもの」であることだと理解されていたと思います。では、一方に編しない、総合

的であること、を助言・提言の作成過程において実現していく、これをプロセスとして捉えると、「organized」と呼ぶことも可能です。「1つのまとまった声」という表現は、これを意識しています。そしてまた、すでにふれたように、学術会議から政府、社会への助言・提言は、政府や社会に対して科学的に「唯一の選択肢」を提供するものと考える必要はない。もちろん、それが可能で適切で必然的であればそうするとしても、多くの場合には、科学者コミュニティーとして科学研究に基づく自覚的に調整された情報とオプションを提示することによって政府・社会の適切な決定を助けるというのが科学的助言・提言のあり方ではないかと考えます。

　英国のロイヤル・アカデミーなどでは、Open Science（開かれた科学）構想を提唱しています。これは、解決すべき問題についてそれに関する科学的データを全面的に市民に公開し、専門家も交えて、市民社会のなかで科学的な討議に付するという科学のあり方を意味するものです。ロイヤル・アカデミーは、こうしたあり方をアカデミーとして積極的に推進するとしています。ここに見られるのは、情報技術の発達という条件の下で、科学者コミュニティーと市民社会の関係を一歩進める構想のように思われます。

　日本学術会議は、そのような議論にまだまだ踏み込んでいませんが、3.11が学術会議に問いかけたものについてのこれまでの総括・理解を踏まえて、科学者コミュニティーのあり方、そして社会のための科学のあり方をさらに深く議論し、作り上げていくことを求められています。

【質疑応答】

藤垣 以前の会合で私が提案した科学者の社会的責任の3分類についてご紹介いただきました。その時に、この3類型は積層構造で理解できるとの指摘を広渡委員から受けました。その中心にあるのが、科学者が自らを律する責任、そして知的生産物を世に出す際の責任、最も外側に社会に対する呼応責任という整理です。これに関連して、別のシンポジウムにおいて島薗委員長から、低線量被ばくの問題を考えると、原子力発電所は科学のプロダクトであるので一見すると2つ目の責任が当てはまるように見えるが、どこまでをもって安全と考えるかという市民からの問いかけに対する呼応責任とも考えられる。したがって、積層構造というよりも、事柄のアスペクトの多面性、見方の複数性と捉える方がよい、との示唆を受けたのですが、広渡委員のお考えをお聞かせ願います。

それから、広渡委員の関連著作の中に、unique voice をまとめる上で、「エネルギー問題について6つのオプションを出す」という事例の紹介がありました。そうすると、選択肢を社会に示すことそのものも、科学者コミュニティーからの「声」のひとつのバリエーションなのではないでしょうか。お考えをお聞かせ願います。

広渡 藤垣委員の「現代における科学者の社会的責任論」は、大変よくまとめられていると思います。私はこれについて、以前には積層構造として捉えるという議論をしましたが、今回の報告を準備する中で、あらためてご指摘のようにアスペクトの多面性として理解する方が適当ではないかと考

えました。今回の報告では、科学技術に基づくシステムについて社会が何かを決めていくときに、決定的な役割を果たす科学のあり方、という文脈で考えると、科学者個人の責任もさることながら、科学者集団、科学者コミュニティーの責任を明確化し、両者の関係も考えなければならない、という論点を出しました。科学者の社会的責任の類型は、藤垣委員の3類型論に科学者個人の責任と科学者コミュニティーの責任、その一体的把握という論点をクロスさせるという考え方です。

「1つの声」のあり方には、多様な形態があり得て、何が適切かは課題や状況によって異なると考えています。その1つのあり方は、日本学術会議が2011年の6月と9月に日本の将来のエネルギー政策をどう考えるかについての提言を行ない、その基礎づけとなる調査報告を発出した例です。この提言は、端的に将来原子力発電をどうするのか、という問題に応えようとするものです。提言は、6つの選択肢を示し、それぞれについて選択の現実的可能性と同時にリスクをデータで示しました。6つの選択肢は、「6つはいくらなんでも多すぎる」という批評もありましたが、「即時原発全廃」から、「一定の準備期間をおいて原発廃止」、そして「原発を基幹電源として一層推進」まで、つまり、現在市民が取り得る選択肢を提示し、これを科学的データによって基礎づけたわけです。提言は、6つの選択肢が現在の科学技術の水準に照らすと、どれも選択可能であること、それぞれの選択肢のメリット・デメリット

につきその時点で入手可能なできるだけの定量的なデータを添えて示しました。

言い換えれば、日本学術会議としての「1つのまとまった声」は、どの選択肢にも誘導しないが、選択基準を示し、日本社会の市民に判断材料を提示します、ということになります。3.11、福島原発事故を受けて、日本学術会議として何か言わなければならない、という判断から、この提言を出しました。データは、研究や調査が進めば変わります。原発をめぐる世界の科学技術も変化します。それに対応しながら、日本学術会議からのこの「1つにまとまった声」をアップデートしていく、そういう前提で出した提言がこれでした。

鬼頭 特に市民との関係について指摘されたことについて質問したいと思います。科学者が明確な科学的知識を示すだけでは不十分だ、市民の感じる問題、抱える不安、解決への展望等を示す必要があると指摘しておられます。これは、「専門性」というものを市民にどう伝え、どうやりとりするか、という意味で非常に重要だと思われます。例えば低線量被ばくの事例では、この専門性の矩を越えて、非常にパターナリスティックな対応をするという役割を、日本学術会議のかなり高い立場の人物がしてしまったという事例がありました。ご講演で紹介された経緯にはこうしたことに対する反省があったと理解しています。そうしたパターナリスティックな対応に陥らずに、専門性に応じた、バランスの良い対応を市民に対して行なうことが求められると考えますが、いかがでしょうか。

広渡 ご指摘の通りだと考えています。学術会議での今後の議論にぜひ期待したいと

いうことしか言えませんが、私が友人から受けた1つの批判を紹介します。それは、「なぜ日本学術会議は調査団を被災地に派遣しないのか。本部にいて何がわかるのか」というものでした。ただ、これはどちらに偏ってもいけないと考えていました。現地偏重でも、本部にこもっていてもいけない。できる限り広い分野の専門家が関与して、知を作り出すことで、バランスを取ることが重要だと思います。社会が直面している問題について、学術会議が何か発言するときには、一人ひとりの専門分野を越えて、学術的総合的見地に立つことが求められます。この総合性に、市民社会とのインターフェースが含まれなければなりません。

もちろん、科学的助言・提言を作るのですから、科学者が各自の専門家としての学術的知見に立脚することが前提であるとして、これを超えて、個別の専門では解決できない問題に総合的に科学者がコミットすることの意味と方法を考えることが必要です。報告で「人文社会科学が舵取りをする」役割と言いましたが、これは、もっと言えば、専門的視点の相対化を「媒介」する、ということかもしれません。日本学術会議では、原子力委員会からの審議依頼を受けて、2012年9月に高レベル放射性廃棄物の処理問題についての提言を答申し、公表しました。これを読んで、私がかねてから考えていたイメージの通りに、人文・社会科学と理学・工学、生命科学の連携が取れた、貴重な総合的提言であると感心しました。この委員会の委員長は社会学の専門家であり、舟橋委員が幹事を務められました。諸科学が個々の専門的知見に依拠し

つつも、それを越えて共通の社会的課題に総合的な学術としてどう取り組めるか。そのプロセスにおいて市民社会との連携をどのようにインテグレートするか。実際にモデルになりうるような提言が現れているわけなので、具体的な場で取り組むに際して、まずは以上の方法的コンセプトを明確にすることが重要ではないかと思います。

舩橋 1つの声（unique voice）について2つ意見を提起したいと思います。まず、1つの声を作り出すことがなぜ困難なのかという問題です。その要因の分析が必要だと思います。科学者コミュニティーの内部要因と、科学者と政府の関係という要因の2つの異なる要因の双方が、1つの声を作り出すことを妨げてきたのではないでしょうか。1つの声を作るためには、複数の異なる学説や理論的見地を持った専門家が一堂に会することが大前提になります。しかし、残念ながら、日本の科学者は理系も文系も一堂に会して徹底的に議論することを嫌う、避けたがる傾向があって、異なる説を持つ科学者が分立して相互に非難している状況になってきたのではないかと思うのです。これがまず科学者コミュニティーの内部の要因です。科学者と政府の関係においても、異質な意見を持った者たちが一堂に会する場を設けることを行政が好まなかったのだと思います。これまでの行政のやり方は、一本釣り的に、都合のいい意見、知見を出してくれそうな人のみを集めて場を設定してしまう。そして、そこから排除されたひとは、「それはおかしい」と言って、また別の場を設けてしまう。このように、異質な場を好まない状況を行政が加速していると言えるのではないでしょうか。

もう1点は、先ほど紹介された、エネルギー問題に関する6つの選択肢の話に関わります。これは大変よい取り組みだったと評価していますが、ポイントは科学によって答えが出る問題について1つの声を出すことと、倫理的判断、価値判断を含む、科学のみによって答えが出せない問題について1つの声を出すことを区別しなければならないという点です。先ほど紹介された高レベル放射性廃棄物についての答申でも、私たちはなるべく科学によって答えが出る問題に限定しようと試みました。この場合には文字通りの意味で「1つの声」を出すことは相対的には容易だと思います。他方、科学によって答えられない問題においては、「エネルギーについての6つの選択肢」の例のように、複数の選択肢とそれらの根拠、メリットとデメリットを示すというのが適切でしょう。このように分類して考えることが有効なのではないでしょうか。

広渡 ご指摘のように「1つの声」を作る場合に「科学によってのみ答えが出る問題」と「倫理判断・価値判断を含む問題」を分けて考えるということは、論点としてとても重要だと思います。ただし、両者の区別の境界線はそれほど明確でなく、また、工学技術的判断にコスト計算が当初から組み入れられてしまうなどの問題もあわせて考える必要があるでしょう。これに関連して、各専門分野がさまざまな提言を出す際には、その分野のレゾンデートルを賭けて発信するという点には留意が必要だという論点です。各専門分野は、当該分野が未来永劫に発展し続けることを個別の「利害」ではなく、「真理」のためであると当

然に考えています。しかし、学術会議が発信する場合には、専門分野の個別性を越えて、社会から見て「良くバランスが取れている、自制が効いている、参考になる」と思われるものを出さなければならない。それが、学術の総合性の意義です。また、学術会議の役割として、異なる諸学説があり、それらが意見を交わした結果として、合意に至らなくても、議論の前進を示す、という形で社会に発信できるとすれば、それも「1つの声」として位置づけうるかもしれません。

　日本学術会議が日本の科学者の代表機関である、と標榜する以上、ある特定の学説の支持者のみが席を占めているという事態は不適切であるといわなければなりませ

ん。会員数、連携会員数が限られているとは言え、選考過程において、できるだけ、多数の異なる意見を持つ科学者が集まるようにすることが何よりも重要でしょう。その上でさらに、なるべく多様な意見を集めながら審議をするように努めるべきです。政府の審議会においては、政府の意見に近い人を集める方が政府としては簡単でやりやすいでしょうが、学術会議は審議会ではありません。市民性を含みこんだ学術的総合性を作り出すことによって、学術会議は審議会とは異なる見解を示すことができるでしょう。どちらが適切なアドバイスであると受け取るかは、政府、あるいは社会の選択によることになります。

【講演4】　城山英明「原子力安全規制ガバナンスの課題」

　私は、行政学を専門にしており、原子力安全規制を研究対象とするとともに、テクノロジーアセスメントのような制度にも関心を寄せてきました。また、政府事故調の作業にも関与してきました。そのような観点から、今日のテーマに寄せて、考えてきたことを紹介したいと思います。

　2つに分けて話をしたいと思います。1つは学術における分野横断的なコミュニケーションにおける問題です。よく、「科学と社会」「科学と市民」の間でのリスクコミュニケーションが問題にされます。しかし、実は異なる分野の専門家間のリスクコミュニケーションがうまくいかなかった、そこも極めて重要だ、ということをお話ししたいと思います。

　もう1つは、規制における官民連携の問題です。原子力に限らず、日本の規制は

官民の連携によって進められてきたという実情があります。「国会事故調」は、「規制の虜」という表現で、民間側が政府の規制を取り込んできた、という見方を示していますが、私はやや異なる見解を持っています。もちろん、「規制の虜」説を完全に否定はできませんが、実態としては、国の能力が空洞化していたことこそが問題なのではないかということをお話ししたいと思います。

　まず第1点目について、津波に対する対応が遅れたという問題をめぐって考えたいと思います。津波についての議論の深まりに対して対応が「遅れた」ということは事実であろうと思います。では、なぜ遅れたのか。例えば、土木学会が評価技術を改定したのが2002年です。ここではラフに言って想定が約2倍に引き上げられまし

た。ただし、このときの前提は文献等で確認できる既往最大津波をもとにする、というものです。当然、文献等が残されていなければどうなのか、という問題が残ります。文献がなくても堆積物調査で確認することはできますが、堆積物を全て調べ上げることも不可能だろうと思われます。したがって、サイエンスとしてはわからない部分は残るため、規制としては保守的に考える必要があるのですが、この点は十分対応がとられませんでした。とは言え、パラメーターを幅を持って検討変更した結果、評価結果が2倍程度高くなっており、何もしてこなかった、というわけではありません。

ちなみに、津波研究はこの時期にちょうど急速に高度化していました。総理府（のちに文科省）に設置された「地震調査研究推進本部」では、従来地震が起きていないプレート境界領域では既往最大以上の地震が起こる可能性があると指摘し始めました。津波の堆積学的な研究でも貞観津波の例のように、従来知られていなかった大津波の痕跡が見つかり出しました。ちなみに、この堆積学的な研究は経産省の産業技術総合研究所（産総研）が実施していました。もともとは鉱山関係の研究所だったので、そうした研究グループがあったわけです。しかし、同じ経産省下でありながら、原子力行政とはつながっていなかったのです。インド洋大津波の時に、IAEAの国際会議に出席するにあたって、初めて経産省内の原子力担当部署を表敬した、というエピソードを聞いたことがあります。このように、同じ時期に異なる知識が急激に現れたものの、これは原子力安全の世界に伝達

されず、相互につながらなかったという現象が観察されています。

津波研究者は、ある時期から予測の不確実性の大きさを強調し、構造物で守れると考えずに、逃げるしかない、ということを訴え始めました。しかし、原発のような「施設」は避難できません。ところが、こういった不確実性についての津波研究者の感覚は、原子力関係者には伝わらなかったわけです。なぜ伝わらなかったのかについては、コミュニティーの違いによる認識フレームの違いに注目する必要があると思います。そこに利害、権力の作用がなかったわけではもちろんありませんが、それだけで説明できる現象とも思われません。

原子力は複合技術であり、このようなさまざまな異なる分野の知を接続しないといけない。したがって、知の接続能力がなければこういう技術を持ってはいけない、という考え方もありえると思います。複雑システムの運営能力という根本的な問題に行き当たるわけです。

ただ、これについても何の努力もなされてこなかったわけではありません。「輸入規制の国産化」はその例です。従来の原子力の技術基準においては、寸法の基準が極めてハンパな数値だったりするわけですが、これは、インチに基づく米国基準（ASME：全米機械技術者協会の基準等）をそのまま翻訳して用いていたためです。輸入技術であったためにこのようなことが起こっていたわけです。

このことについての問題意識は関係者の間でも持たれており、1995年の阪神・淡路大震災を契機にまず耐震対応から日本独自の基準の策定が行なわれてきました。時

234

間はかかりましたが、2000年代に対応が進められました。今回福島事故で活躍した「免震重要棟」はこうした整備の中で追加されたものであり、これがなければもっとひどいことになっていた可能性があるというのは指摘が出ている通りです。

ただ、このプロセスが時間を要したことにも、分野間コミュニケーションの難しさが関わっています。工学系と理学系の専門家が延々と議論する状況になり、行政が引っ張って何とかまとめたという経緯がありました。まとめてしまったことには批判もあったが、それによって一定の改善につながったのも事実です。苦労して何とかできた部分と、積み残しになった部分の両方が残りました。津波対応は後者であったと言えます。

欧州では、Natech（Natural Disaster and Technological Disaster）ということが議論されています。自然災害に起因して有害化学物質が農地に流出し、住宅地に流出し……というプロセスの中で大きな被害が出た。リスクの相互連関を見落としていた、という議論が出て、2000年代にNatech研究が進んだわけです。欧州の研究者は、福島事故はNatechの極限的事例形態だ、と語っているようです。

私自身がこうした安全規制のテーマに携わりだしたのは、JCO臨界事故の後に立ち上がった「社会技術」という研究プログラムで安全分野の比較研究をする、というのが契機でした。ただ、その時は分野間の比較をする、という発想はありましたが、分野間の相互作用を見る、という発想はありませんでした。

ただ、今から思い出すと、異なる分野の専門家が他の分野の専門家について、「なんでこんなことがわからないのだ」といった指摘をしていた光景があったことを思い出します。例えば、美浜原発で配管破断事故があったが、これは化学プロセスの専門家には既知の要素が原因であったようです。このように、分野が違うと、近い話でもコミュニケーションができていないという状況が少なくとも日本では随所にあったのだと思います。

ただ、これに対する対応はなかなか難しいと思います。教科書的には、リスクは相互連関するのだから俯瞰的に考えなさい、ということになるのでしょうが、仕組みとして整備するのは容易ではありません。先ほど、2002年に「地震研究推進本部」が既往最大以上の地震の可能性に言及した事例を紹介しましたが、このときにその話を止めたのは原子力関係の主体ではなく、政府の中央防災会議でした。つまり、中央防災会議が優先順位づけをした際に、この話の優先度を落としたわけです。「俯瞰的」であることの実践的な難しさが表れているエピソードだといえます。

原子力分野でも、2010年に原子力安全・保安院が複合災害対応を問題提起したが、各省や地方自治体が「急に言われても困る」と反対し、お蔵入りになったという経緯があります。

次に、第2の論点、民間事業者への依存の問題に移ります。今回の事故では、シビアアクシデント対策を事業者に依存、つまり自主的な取り組みと位置づけていた点が問題にされました。その際に、シビアアクシデント対策の対象とする事象を内部事象に限り、外部事象を除外していた点も自

主保安の限界であったと批判されてきました。

ここでもまた認識フレームの違いが関わってきます。工学系の発想では、確率を計算して、確率の高いところから対応していく、という基本的な考え方があり、それで内的事象から対応したわけです。この考え方によると、確率の計算が難しい地震や、確率がそもそも計算できそうにもない津波などというのは、後回しになっていきます。これは工学的発想としては極めて真っ当なものだったかもしれません。

しかし、危機管理という観点からすれば、さまざまな異なる発想があり得るわけです。例えば、安全保障シナリオを考えれば、対テロ、北朝鮮問題など、どの例を取っても確率はわからないが、対応を検討しておくことは必須、というものがたくさんあることに気づきます。

こうした異なる発想が交わらなかったのが日本の問題だと言えます。非常用発電機の配置は津波対策としてだけではなく、例えばテロ対策としても多様化が望ましい、という話はあり得るわけで、複数の観点からシナリオを考えておくことは重要なヘッジになります。

ここに事業者の利害が重なってくるわけです。事業者は、ゼロリスク的な説明を地元に対して行なっているので、設計を越える事象への対応の議論を提起することは難しい、というような話になるわけです。これらがなぜ今になって、対応が限定されたというのが真相ではないかと思います。

ただ、自主的な取り組みに依存してきたことが、何もしてこなかったことを意味するわけではありません。先ほど紹介した2002年の土木学会の津波基準の改定は、電力会社による出資により行なわれたものです。あるいは、津波についての新知見についても、電力会社は関心を持って研究者のところにヒアリングに出かけるなどしています。

むしろ、問題なのは、規制当局がそうした動きをしてこなかったという点であると思います。相対的に言えばセンシティビティを持っていたのは電力会社であり、しかし、電力会社はインセンティブを十分に持たない。他方、規制当局は、インセンティブはあるはずだがセンシティビティが低かったわけです。

こうした状況を背景に、今回、行なわれてきた規制改革では「独立性の強化」がこうした問題への対応と目されてきたわけです。もちろん、従来の規制機関の信頼性が問題であった以上、当然の対応ではあるのですが、実際にどう機能するのかが依然として問題として残ります。

しかし、形式的な独立性を確保しても、実質的に独立であるためには、十分な能力を備える必要があります。日本では旧原子力安全・保安院と原子力安全基盤機構を併せても規制人員は700名程度であって、アメリカのNRC（原子力規制委員会）の3000～4000人と比べて、炉の基数の差を考えても少ないという指摘がありますが、関連団体などを併せると、数の差はそれほどでもないように思えます。問題はむしろ、「縦割り分断型」であることだと思います。

核不拡散の担当部署と原子力安全の部署の間、炉の安全規制の部署と放射線防護の部署の間、というように、部署間の接点が

極めて乏しく、お互いに守備範囲外の専門知・情報が極めて乏しいと言えます。

この問題はそうした部署が省庁にまたがっていたことにも起因するので、今回の規制庁設置にあたって「統合的能力」を意識した再編が行なわれたことは悪いことではないのですが、「規制能力の強化」が実際に機能するためにはまだ難しさがあります。

そもそも、JCO臨界事故の後、「原子力安全・保安院」が設置されたことも、「規制能力の強化」を狙ったものでありました。原発の新設がなくなり、余剰となった技術者を規制側に受け入れることはできましたが、これについても、部分に関する技術的専門家が増えただけで、俯瞰的に規制できる人材は限られていたという課題が残りました。専門的公務員制度が本当にできるのか、という問題が残っていると言えます。同様の性質を持つ官庁としては、金融庁、特許庁、海上保安庁などがありますが、本当に専門性を備えた職員を育成、確保できるのかは極めて重要な問題です。

もう少し相対化した見方をすると、独立した知識基盤をどう確保するのか、という論点でもあります。例えば米国では、原子力発電所以外に海軍というのが原子炉（原子力空母、原子力潜水艦）のユーザーとして存在し、そこで人材も育成しています。もちろん日本にはそうした主体はありません。

吉岡斉氏の指摘のように、日本の場合には旧科学技術庁系と旧通商産業省系の2つの流れがあり、両者のバランスの中で、例えば、前者の日本原子力研究所（原研）が事業者との関係はよくない、その代わり

バランス・オブ・パワーの1つの要素になっていた、ということもあります。しかし、実用志向の研究が好まれる昨今にあって、原研のような組織の役割は縮小傾向にあります。もちろん、現在の規制委員会委員のうちの2人が原研出身であることに鑑みると、一定の役割を果たしうるのかもしれませんが、今後長期的にリスクマネージャーの育成機能を果たせるとも思われません。

最後に、食品安全委員会の比較という観点からお話をしたいと思います。原子力規制委員会の文書を見ると、「独立性」に加えて「中立性」とよく書いてあります。しかし、「中立」というのはそもそも、何かと何かの間の「中立」です。食品安全委員会の場合は、リスクアセスメント（評価）とリスクマネジメント（管理）の分離が明確にされ、委員会はアセスメントを科学的に「中立」にやる、というのはあり得るかもしれません。

ところが、原子力の場合はアセスメントとマネジメントをセットでやるということになっている。そこに「中立」はあり得るのだろうか。この両者をセットでやるということは、ある種の社会的意思決定を行なうということです。規制委員会は「科学に基づいてやるのだ」と主張するかもしれないが、科学のみに基づいても決められないことが問題になっているわけです。規制委員会はいったいどのように社会的意思決定を行なうのだろうか。ちょっと見通せません。

有識者委員会のようなものを作るにしても、どうやって人選をするのかという問題が残ります。しかも、選ばれた委員が個人

としてメディアに発言したりする。本来は会議体としての意思が示されるべきであるはずにもかかわらず、です。

ただ、いろいろな工夫がなされているのも確かです。「検討チーム体制」といって、審議会のように権威をもって判断してもらうのではなく、専門家と事務局員が対等に議論する仕組みを整えようとしています。

また、これまで取り組みが不十分であったことが明白な地震や津波に焦点を当てているのも、よいことです。しかし、地震や津波に関する社会的意思決定が科学的・専門的議論だけで決まるものではないことにはもう一度注意を喚起したいと思います。

最後に一般的なことに話を広げたいと思います。いろいろと議論のあった科学的助言と政策的助言の問題です。

科学的なエビデンスを俯瞰的に整理する話と、社会にとっての価値判断として望ましい方向性を決める話は基本的に分けるべきであると思います。例えば、総合科学技術会議においては、「調査審議」という言い方で、戦略形成、政策的助言を行なうが、その前提として、考えるべき多次元的な考慮事項を可視化する機能も持っています。よく、「科学技術政策の司令塔」といった言い方で、政策的助言の機能が強調されますが、アセスメントの機能も持っていることを忘れてはならないと思います。

翻って原子力規制委員会の場合は、良くも悪くもアセスメントの機能とマネジメントの機能を分けないわけです。食品安全委員会の場合は、苦労しながらも両者を分けてきた。原子力の場合は規制委員会への独立性の付与によって科学的助言の重要性を高めた、という評価はあり得るかもしれないが、上記の切り分けの問題は未解決です。

具体的には、規制委員会本体と有識者検討チームの関係、規制委員会委員がリスクの評価者と管理者を兼ねることをどう考えるか、など、検討すべき点は多いと言えます。

他方、社会的にはもっと多様なアセスメントの仕組みが必要なのだろうと思います。「テクノロジーアセスメント」は技術についてのさまざまな社会的論点を可視化するものだし、「レギュラトリーインパクトアセスメント」は、しばしば経済的影響ばかりが強調されるが、実際にはさまざまな社会的インパクトを可視化するものになり得ると思います。

チャーチルの言葉に、「科学者はトップ（top）に置くな、タップ（tap：蛇口）に置け」、というものがあります。専門家が全て決められると思うな、ほしいときに叩けば出て来るのがよい、というものです。これに対してバナールという人が言ったことが、そうは言っても、意思決定者はいつ科学者の意見を聞くべきかを知らないではないか、というものでした。したがって、科学者の役割として、意思決定者にこれを聞け、というのはおかしいが、これを聞いた方がよい、ということは、科学者は言うべきなのではないか、ということになりそうです。この意味では、「双方向性」を社会の仕組みとしてどう入れるか、そのための「つなぐ人材」をどう育てるかも課題になると思われます。

こうしたアセスメントのやり方について、海外の事例を見ると、例えば同じアメリカでも、NAS（全米科学アカデミー）と

OTA（議会技術評価局）では作り方がだいぶ違います。NAS では委員会を作って、委員の先生が自ら報告書を起草します。これに対して、OTA では事務局がドラフトを作成し、ステークホルダーのチェックを弊がありますが、そういう人材を確保する

受けます。あまり高名な先生が起草すると、実情として、誰も修正要求を出せないという問題があるからです。OTA のやり方なら、関係者が率直にインプットできる。「誰でも叩ける事務局員」というと語ことも大事なのではないでしょうか。

【質疑応答】

島薗　放射線影響の問題に関心を持っている。原子力安全規制については迅速に対応が取られてきたというお話でしたが、放射線健康影響の科学技術ガバナンスについては適確な対応が取られてきたと思われるでしょうか。

城山　少なくとも制度としての対応はまだ取られていません。規制委員会に放射線安全の部分も統合することになっていますが、これも来る 4 月からです。原子炉と放射線影響をセットにできたことは、放射線影響がある種の環境規制でもあることに鑑みると前進ではあろうと思います。原子炉そのものの安全と、そこから出る影響が一貫して規制されるという趣旨はよいと思いますが、ガバナンスのメカニズムの変化という意味ではまだ不十分ではないかと思います。

島薗　先ほどの話は政府事故調での議論と関わりが深いと推察します。そこでは、放射線の健康影響に関わる科学者と政策決定の関わりといったことは討議されなかったのでしょうか。

城山　「情報提供の仕方」という観点では議論がありましたが、そもそも放射線影響のガバナンスがどうか、というところまでは踏み込めていなかったと思います。

杉田　諸外国では規制が独立性を確保する

にあたって軍の存在が関係するという指摘がありました。日本の場合にはその面が難しいという示唆でしたが、その難しさはどの程度のものでしょうか。原子力利用自体を持続困難と判断する根拠になり得るほど深刻なものともなり得るように感じますが。

城山　そのような判断もあり得ると思います。今日お話ししたのは定常状態での規制人材の確保の観点からのコメントでしたが、いざ事故が発生した場合の危機管理的な状況で、誰がそれを担えるか、という議論が軍事的な対応という話と関わる可能性はよりあります。民生用だけで原子力利用は成り立ちうるのか、という議論は提起し得ます。

杉田　1 つの考え方として、その部分は外国による規制という考え方はないのでしょうか。原子力の軍事利用（核兵器）は国際管理がされています。

城山　ある程度あり得るし、実際にここ数年、そういう議論が出ています。例えば中東のように、お金はあるが人材はない、という国が原子力利用を進めたいという場合、資金があるから、規制も米 NRC の退職者などにアウトソーシングするという考えが示されています。そうすると、規制も国際的にチェックしていかなければならな

いのではないか、という話があります。従来は核不拡散だけでしたが、もう少し踏み込んだ仕組みが必要だという議論はなされてきており、今後も議論されていくだろうと思います。

藤垣 シビアアクシデント対策について、工学的な確率的思考の発想とシナリオ的思考の興味深い対比がありました。90年代に科学技術政策の比較調査をした際に、欧州の政策担当者にヒアリングをすると、彼らはすぐ「シナリオ」に言及しながら話をしていました。市民参加の文脈でも「シナリオ」の考え方は活用されていたと思います。先ほどの広渡委員の講演にありました「選択肢」もある種のシナリオだと思いますが、日本では「シナリオ」の考え方が定着していないのはなぜでしょうか。日本人の特性なのでしょうか。あるいは、科学技術政策の歴史の中で形成されてきたのでしょうか。

城山 シナリオとは、複数の未来を考えるということです。これには、選択肢を複数考えるという意味と、自分たちが直面する環境についてあり得る複数の未来を想定するという意味の両方があります。未来が希望的観測通りになるとは限りません。その際に、驚かないようにするという意味があります。原子力の分野では、需要予測を考えて単線的な未来を想定してきました。インフラ分野にもこういう考え方が多いです。こういう場合には、若干の想定の幅はありますが、全然根本的に違う未来は考えません。技術政策に特に強く出ているかもしれないし、これは日本の戦後においては方向性がはっきりしていたという背景もあるのだろうと思います。ただ、ある種の文

化的なこともあり得ると思います。希望的観測の未来を考えて、その通りにならなくても「見なかったことにする」ということはしばしば見られます。前の戦争の時にもそういうことはあったのでしょうか。複数の未来を見るというセキュリティ的な思考は、いつでも役に立つわけではないでしょうが、必要な思考だと思います。

小林 ご指摘の通りだと思います。戦後は目標がはっきりしていて、キャッチアップすればよい、そのための効率を上げればよいと考えてきました。それは先進国ではなかったということです。先進国とは自分で考える国のことです。これからそういうことを考えるのなら、複数のチーム、複数のシナリオを考えるのは当然だと思います。

科学的助言と政策的助言の峻別ということを言われましたが、この場合の「科学的助言」とはどういうものなのか、補足して説明してほしいと思います。また、テクノロジーアセスメントのようなものは、どちらのカテゴリに該当するのか、ご教示ください。

城山 今の説明では、テクノロジーアセスメントは科学的助言に入れています。ある特定の技術は社会にとってはある1つの選択肢であって、その際にどのようなプラスとマイナスがあるかを整理するのがテクノロジーアセスメントの本来の意味だろうと思います。ただし、実際にはテクノロジーアセスメントが特定のテクノロジーシステムの採用を正当化するような方向で、つまり政策的助言的な使われ方をしていたのは事実だろうとも思います。

本来的に技術の影響は極めて多次元的で、さまざまな価値や利益、リスクに関

わってきます。そのことを示すのがテクノロジーアセスメントの第一義的な意義です。したがって、その意味で科学的助言と言えると思います。対象は社会的影響まで含むが、重みづけはしない、という切り分けです。ただし、重みづけはしなくても、何を取り上げるか、というスコーピングの部分で価値判断をしているではないか、という批判はあり得ることは認識しています。

一般参加者・D氏 民間事業者の自主保安に依存した規制という問題提起に関して質問いたします。分野横断的、総合的な規制能力を身につけた規制者集団をどうやって構想できるかが大変重要だと認識しました。現状の公務員制度、天下りの慣習の中での業界と規制の癒着を根本的に断ち切らなければ、城山先生の提案されるような規制者集団は実現しないのではないでしょうか。

城山 専門的能力の確保ということを考えると、人材の流動性は必要です。規制と安全研究の間とか、異なる分野の安全規制の間とか、キャリアを積む中で動き回らなければ総合的な能力は育成されず、視野が狭くなる恐れがあります。天下り批判は能力ベースの人選をするべきだという意味では正当ですが、こうした意味での人材流動性確保と両立する必要があります。

後藤 どんな制度ができても、誰かが最終決定を行なうことになります。また、政策には優先順位づけもあり、さまざまな現実の制約条件の中で意思決定が行なわれます。最終的な決定、あるいは、そうした優先順位づけをコントロールする決定、それらの妥当性は今日ご紹介いただいたような

ガバナンスの仕組みが担保してくれるのでしょうか。それとも決定する人物の能力などに依存するのでしょうか。

城山 制度だけではすべては決まらないのはもちろんです。ただ、例えば行政裁量というのは全て悪いのか、と言われればそうではないと思います。価値に関する社会的意思決定を最終的に行なうべき主体は議会や内閣かもしれないが、そこが全てを抱え込んでしまっては大変です。現実的な処理能力の問題もあるし、さまざまなステークホルダーからのプレッシャーという問題もあります。そういう面では、むしろ社会が行政にデリゲート（委任）した方がよい場合もあり得ます。これは行政裁量のよい面です。司法も同様で、民主制の中で裁判官は貴族制的な、自律的判断のできる、ある種の特権的立場を与えられていると言えます。ただ、司法に現場の多様な価値を考慮する枠組みや、それを支える十分な情報ネットワークがあるかといえば、そうとは言えない場面もあります。どのような決定方法にも一長一短があります。メタな社会的判断によらざるを得ないと思います。

広渡 原子力規制委員会ができた後、原発再稼働の制度的な仕組みはどうなっているでしょうか。今、規制委員会がやっているのは活断層の調査で、活断層の直上の原発は認められないとされています。ところで、浜岡原発を除く全ての原発は現在、法制度上は「定期検査中」ということで停止していると認識していますが、いずれにしても、規制委員会が新基準に基づいて審査を行ない、不備があれば改善を指示する。事業者はこれにしたがい「これで安全に稼働できます」というところへ持って行くで

しょう。政府は今「規制委員会の判断に従う」と言っていますが、新基準に従って安全だと規制委員会が判断したときに、制度上、政府には「安全だけれども動かしてはいけない／安全だから動かして言い」という判断をする権限があるのでしょうか、それとも、規制委員会が安全を認定すれば、後は事業者の判断による、ということになるのでしょうか。

城山　新規制基準が実施されていない現状では、「法的には本来であれば動かせるが、事業者の判断として動かしていない」というストーリーになっているのではないでしょうか。再稼働の場合も、規制委員会がOKと言えば、政府にはその上で法的に注文をつける権限はないはずだと思います。しかし、「では事業者さん、それでやるのですか？」と下駄を預けるかたち、つまり、「民間の自主性に委ねる」という日本的なパターンを踏襲しているのではないでしょうか。実態的には、地方自治体が事実上の拒否権を持ってきたと言えると思いますが、これも法的な根拠はなく、「協定」

に基づいているものです。フォーマルな法的制度の外の枠でこれまでもやってきたし、今回もそれが続いていると認識しています。

広渡　新安全基準に技術的・経済的に従えずに、事業者が廃炉に追い込まれた場合、事業者は政府に対して損害賠償請求ができることになるでしょうか。

城山　そこは法的にはあり得ることかと思います。これまでも、バックフィットルールを作って、新しい基準に従え、ということをやってきています。住宅なら既存不適格はOKだし、車でも移行期間がおかれていますが、原子力においては、バックフィットは最新科学知見に照らした新基準ができたら即ダメだという話になっています。ここで、財産権との関係が問題になります。ドイツでは、バックフィットの制度と補償の制度がセットで導入されているといいます。ただ、この件を調査した研究者によると、仕組みはあるが、実際にこの制度を使っているかと言えば、使ったことはないのだと言います。この辺りの問題は日本でも今後、議論されることになるだろうと思われます。

【コメント1】　杉田　敦

　私は政治学を専門にしています。「科学者は何を学ぶのか」という問題設定は、3.11後、よく見られますが、往々にして、自然科学者を批判、攻撃するというものが多いように見えます。しかし、われわれ社会科学者にも反省すべき点は多かった。先ほど講演された城山教授のように3.11以前からこの問題を研究してきた研究者は少数で、自身も含めて極めて不見識であったことを反省せざるを得ません。

　今日の議論の中で、政治学が十分に検討

してきたと必ずしも思われない問題のうち、2つを提起したい。第一に、かつて主権国家という枠組みと結びついて展開してきた政治概念の前提が崩れているにもかかわらず、そうした変化に十分対応できていないということがあります。例えば経済問題を考えても、かつてと比べれば主権国家の政治が経済を左右することが難しくなっていることには異論がないと思います。環境問題、特に原子力災害も国境を越える問題なわけです。多くの国で辺境に原発が設

置されており、したがって、いざ事故が起これば近隣諸国に影響が及ぶにもかかわらず、主権国家がもっぱら決められる問題だとされ、近隣諸国は発言権を持ちません。このままでいいのかといった議論があり得るはずです。このような大きなリスクを抱えるものについて、個別の主権国家が自由に作ったり、維持したりすることができるのか、ということは、政治学的には大きな問題であるはずなのですが、十分に意識されてきませんでした。

　日本の場合、先ほどもふれられた通り、立地自治体が事実上の拒否権を持ってきたという経緯があります。そして利益誘導により、その特定の自治体に言うことをきかせてきました。その結果、主権国家の中で、一部の地域にリスクが集中するという一種のゆがみが作り出されてきたのです。今回、福島を中心に、東日本の広い地域が放射性物質で汚染されました。こうした厳しい状況をふまえて、これまで事実上の拒否権を持ってきた立地地域が極めて厳しい判断を迫られています。止めるなら止めるで、従来の経済構造・財政構造が持たないし、他方で止めなければ、大地震や津波をはじめ、人為的なミスも含めてリスクに直面することになるからです。利益政治というのは、従来、政治学が得意にしてきた分野ではありますが、いわゆる「公共事業」ばかり注目してきていて、原発に特別な注意を払ってこなかったことが反省されます。

　もう1つは、どのように規制をすることが適切なのかという、統治のあり方についての問題です。これは政治学を含む社会科学が扱うべき問題でしたが、一部の学者の努力にとどまり、全体として十分取り組んでこなかったのではないでしょうか。

　今日の議論で、原発のようなものについて、誰が最終判断をすべきか、5つぐらいの主体が想定されてきたと思います。1つ目は業者自身にゆだね、万一の場合はとことん賠償をさせるという考え方です。2つ目は科学者で、重要なことは専門知識を持つ科学者に委ねるというものです。3つ目は官僚で、行政なら合理的な裁量・判断ができるだろうという考えです。4つ目は裁判官で、行政から独立した司法ならきちんと判断できるというものです。ただ、司法判断は実際には科学者や官僚の意見によってかなり左右されるでしょうが。そして5つ目が政治家です。野田前首相の「最後は私の責任において再稼働する」という言葉に象徴されるように、政治主導というモデルが強調されてきました。これらに対して、私があえてつけ加えるとすれば、市民社会ないし国民という第6のアクターに期待する議論もありえます。

　これらの主体の中で、誰がどの点について、どのように決定すべきか。諸主体間の分担、切り分けをどうするのか。そういう切り分けを決めるのは誰かなど、難しい政治的問題がたくさんあり、これらについては今後考えていかなければなりません。先ほどからとりわけ問題になっているのは、科学者と官僚・政治家（つまり広い意味での政治）の間でどう切り分けるのかという論点です。これについて、従来は政治が科学に丸投げし、責任を科学に転嫁するというのが一般的でした。そうした中で科学は、本来は最終的な責任を取れないにもかかわらず決定を迫られてきました。もう少

し意地悪く見れば、科学と政治が相互に責任を曖昧にし、誰が決めているのかわからないような状況にすることによって、悪く言えば国民を幻惑する、良く言えば上手に収める、といったメカニズムがあったのかもしれません。

こういったメカニズムの存在を正面から明らかにし、科学内部のコミュニケーションの不具合を修正すると同時に、科学ができることがどこまでで、どこから政治に委ねるかを議論すべきというのが今日の議論であったと思います。今日、ガバナンスのあり方について、決め手がなくなっています。昔なら官僚にゆだねていましたが、それではだめだということで、第三者委員会なども作られました。しかし、それも限界があるので政治が主導する、という話になっています。しかし、私に言わせれば、それでうまく行くという保障はないのです。

責任の取り方という点で見ても、官僚は責任が取れない、科学者も責任を取れないということが強調されてきましたが、それなら政治家は責任を取れるのか。「私の責任において」と表明した野田前首相はもう辞任しています。非常に長期に影響が及ぶようなリスクについて、今ほど短期間で代表者が変わるようなシステムで、決定に正統性があるのか、政府にはそこまで授権されているのかという点には疑問が残ります。つまり、今日の民主政治にどこまで正統性があるのかわかりにくいのです。

この種の問題についても、これからぜひ議論していただければと思うが、どこが最終的な決定主体かということについては現在オープンであるということを認め、1つの考え方として、先ほど6つめに挙げた「国民的議論」ということをもう少し真剣に受け止めていくべきだと考えます。

この場合の「国民」は必ずしも現在の、その時の有権者ということではなく、世代を超えて長期にわたって存在している存在に関する観念です。特に、極めて大きなリスクに関する問題については、その時々の有権者が独占的に自分たちの都合を優先させるという正当性は十分ないのではないかという、広い意味での倫理的な判断があります。現在の功利的な計算だけで判断してはいけないという視点を含めて議論していく必要があるのです。

例えば、選挙結果というのはもちろん1つの政治的回路ではありますが、それによって全てが代表されるわけではありません。いろいろな発言やデモによる民意の反映も大切です。不安定な政治状況において、政治的発言には何が求められるのか、早急に考察を深める必要があります。

【コメント2】 鬼頭秀一

昨年の12月8日に日本学術会議のシンポジウムがあった際に、原子力関係者として北村正晴氏が問題提起をされました。これをどう捉えるかという視点があった方がよいと思っています。特に、外部からは一連のシンポジウムであるとの見方もあると思いますので、そういう観点からコメントしたいと思います。

2つの視点からコメントしたいと思っています。1つは、この場で「科学」「科学

者」と言ったときに、それは何か、誰かという問題です。学術会議では社会科学も人文学も含むわけですが、狭い意味での「科学」についても、理学・サイエンスとエンジニアリングの違いは確実に存在します。

原子力、低線量被ばくの問題のような、不確実性の高い問題への対応をめぐって、サイエンスと技術学の対応は大きく異なっています。今日も何人かの方から指摘がありましたが、このことをきちんと考えたいと思います。

それから、この種の科学と社会の問題については、コミュニケーションのあり方の問題に集約され、これをどう解決するかの社会制度設計に議論が行きます。しかし、原子力の問題を非常に大きく捉えるならば、福島原発事故は日本の特殊事情なのか、普遍的なことなのかという問題があります。

特殊事情によるのならば、日本の「原子力ムラ」の意思決定やコミュニケーションの問題によって引き起こされた事故、ということになり、原子力それ自体の問題ではないことになります。他方、原子力技術に関わる普遍的な問題だということになれば、見方が全く違ってきます。

日本社会でうまく行っていないさまざまなことがこの原子力の問題に集約されている面があり、往々にしてそうした面についての批判が出ます。技術に本質的な問題というよりは、経済合理性と利権による歪曲といった面が注目されがちになります。

しかし、原子力に関わっている人びとが皆そうだということでもありません。北村氏はある意味で真面目な原子力研究者が、真面目にこの問題を捉え、反省ももちろん

しつつも、後知恵的なバイアスをどう考えるかという問いを提起しています。

北村氏自身は科学技術社会論の研究者などと協働し、トランス・サイエンスと言ったことも知っていました。ただ、理念としてはわかるけれども、じゃあ実践として自分がどう捉えるか、となると非常に大きな壁にぶつかる、ということを吐露しています。

小林委員が報告の中で、「もっと学んでおくべきだった」と指摘されましたが、北村氏のこの問題提起に対して、われわれ人文社会科学の人間がどう答えられるのかという点が重要です。

次に、津波について、これをどう予見するかということについて、先ほど城山教授から工学と理学の発想の違いというお話がありました。工学というのは、不確実性を前提にした上で人工物をいかにつくるかという発想でずっとやってきた、したがって、もっと工学の方ががんばる出番だ、というのが城山教授や小林委員の話の趣旨だったと思います。

他方、地震がどういう確率で起こるか、そのハザードがどのぐらいかというのはサイエンスの領域です。自身の同僚に耐震構造設計の専門の教授がおり、彼の学生の博士論文の副査をした経験などがありますが、地震のハザードの問題を構造設計に持って行くときには、サイエンスとエンジニアリングの発想の違いを調停するのは極めて難しい問題だということに気づきました。両方を理解した上で議論できる人物は極めて少数で、だからこそ若手がそういう研究に取り組んでいるのです。

城山教授も強調されていましたが、この

大きな断絶を考えると、コミュニケーションと簡単に言いますが、実際には極めて難しい問題だということに気づかされます。

そうすると、制度設計の議論をする際にも、単に「コミュニケーション」と言っても不十分で、発想が違う人をどうつないでいくかという問いの立て方が必要です。

一つには、両方がわかっている専門家をいかに養成するか、というアプローチがあるでしょう。

班目前原子力安全委員長の「割り切り」ということが各所で話題になり、批判的な人びとからは非常に問題視されていることではありますが、言い方を変えれば彼は正直に工学系の発想をそのまま表明したものだとも言えます。割り切りをしなければなりませんが、そのやり方を間違えました、というわけです。

では、反省すれば、もう間違えずにできるか、と言われれば、そうではありません。後知恵のバイアスを持って眺めれば、どう間違いだったかいくらでも指摘できますが、その時点で間違いのない判断をすることは容易ではありません。これも、北村氏の問題提起と深く関わっています。

このように不確実性の判断が異なる中で、コミュニケーション、その制度設計、そして「科学者の責任論」を考えなければならないと思います。

その上でいくつかコメントします。小林委員のおっしゃる「合理的な失敗」には賛成ですが、それが実現したとしても、例えば今の福島の現状に納得できるかというとそうではないでしょう。つまり、「合理的な失敗」を受け入れ可能な事例とそうではない事例があるわけです。

この判断は私たちがどういう社会をつくるかということとも関わるし、倫理的な問題と関わってきます。この点を私たちは考える必要があります。

敷衍すれば、そもそも原子力技術は、例えばさまざまな困難を乗り越えて制度設計を行ない、コミュニケーションを実現しても、私たちは起こった結果にどういう責任を持てるか。ここをどう評価するかということ抜きに制度やコミュニケーションを語っても不十分だと考えます。

低線量被ばくについても、科学的知見として正しいという専門性が述べることと、古典的な医師―患者関係に見られるような極めてパターナリスティックな対応をしてしまったこととを切り分けて考える必要があります。後者は多くの人びとが望むものと合致せず、信頼を獲得し得ませんでした。

しかも、この古典的な医師―患者関係は、個人のレベルだけではなく、基礎自治体とか都道府県というレベルにおいてのパターナリスティックな対応になってしまったということをどう考えるかという観点も必要です。

【総合討議】

小林 工学と理学の違いという議論が何回も出てきましたが、両者の区別をすべきとの意見には賛成です。「理系／文系」とい

う解像度の粗い議論は、こういう問題について論じる際には相応しくないように思います。班目前原子力安全委員長がかつて

「工学は理系ではない、社会のために良いものを生み出すための総合科学だ」と発言したのを記憶していますが、私自身は理学の出身なので、工学の専門家と議論する時にものの考え方が違うということをしばしば感じてきました。

特に注目されるのは、「工学的判断（エンジニアリングジャッジメント）」です。工学の人びとは定義をきちんとしてから議論するように訓練されているにもかかわらず、「工学的判断」の定義が明快に与えられているのは見たことがありません。おそらく本質的に定義はできない種類のものなのでしょう。ある工学者は、科学的正当性と経済的なコストのようなものをバランスさせる感覚だ、と説明してくれました。これを聞いた瞬間に「ああ、理学とは全く違うな」と感じたものです。理学は経済的なことは全く考えない。原理的な議論を好み、ひたすら理屈を追い求める。先ほど、工学的な確率論の扱いと安全保障シナリオの発想の違いに言及されましたが、それと同種の違いを感じました。したがって、工学と理学は区別して議論すべきなのでしょう。

それから、杉田委員から提示された、政治主導への疑問についてコメントさせてください。長期的な影響、リスクに対して政治家が責任を取り切れるのか、という問題提起はもっともですが、これは原発のような科学技術の問題にとどまらない話です。国債はどうでしょうか。長期的に国民がひどい目に遭うかもしれないが、誰が責任を取るのか、不明なままなのです。代表制民主主義とは異なる民主的な政治を真剣に構想すべきではないかという提案には共感し

ますが、その上で、原発をどう扱うかは民主主義国家・社会としての日本についての最大の問題だと思います。原発の導入は民主化された戦後の日本において決定されています。少なくとも形式的にはそうなのです。しかし、どうしても私たちには原発を選んだという実感がありません。今後も民主主義国家の中で原発を使うというのなら、少なくとも「選び直し」を行なう必要があると思います。

「合理的な失敗」に関して、それは「どういう社会を望むのか」という問いとセットではないか、という指摘については、その通りだと思います。例えば、アーミッシュの人びとは 19 世紀半ばぐらいの技術水準のものまでしか利用しないという生活を今も営んでいます。これは現代的な私たちから見れば「不便」であり、病気や怪我など救急的な対応が必要な場面に弱点を持つ社会でしょう。しかし、彼らはそのリスクを意識的に選び取っているようにも思えます。死亡リスクによってリスクを一元的に評価し、それを低減することにひたすら取り組む社会とは異なる価値観を選んでいる社会です。したがって、「合理的な失敗」を追求することは、単純にリスクを低減することとイコールではないということに注意を喚起しておきたいと思います。

吉川（泰） 理学部出身ではないですが、小林委員が言う理学のカルチャーの中で育ってきました。「受け入れ可能な合理的失敗」と「実際に失敗したら受け入れられない失敗」という違いはやはり存在するように思います。「不確実性」という言葉でまとめて論じがちですが、例えば原発とBSE のリスクは性質が異なります。BSE が

いくら不思議な感染症だとしても、実験を重ねて徐々に追い詰め、コントロールしていくことができました。しかし、放射能・放射線はコントロールできるのか疑問に思います。最終結果がコントロール不能ということであれば、技術論では解決できないし、「合理的失敗」では終わらないのではないかと思います。

城山 どういうアクターがこういう問題についての決定をすべきなのかというのは、確かに一義的に定まらないと思います。ある国際政治学者と話していた際に、「科学技術をめぐる政治はどう普通の政治と違うのか」という趣旨の質問を受けました。その際に答えたのは、「国際政治のような世界だ」というもので、つまり、隣にいるが、何を考えているか実はよくわからないアクターがいる、という世界です。隣の専門家が何を考えているのかわからない。こうしたカオティックな世界における意思決定であることを認識することがまず必要だと思います。

また、科学技術に関する意思決定は「意図せざる結果」として理解することが適当であることもしばしばです。これは、「前もってアセスメントすべきで、そのための制度設計を考えよう」という先ほどの自身の主張と矛盾するかもしれませんが、過去のさまざまな技術の導入事例を見ると、そうしたアセスメントをきちんとしたら導入されなかったかもしれない、という技術はたくさんあります。携帯電話を社会が導入する際に、事前にきちんとアセスメントを行ない、影響を把握した上で議論をしたら、あらゆる既得権者が反対し、携帯電話は導入されなかったかもしれません。実際

にはそのプロセスを「すり抜け」たからこそ、技術が普及したのです。こうしたメカニズムをどう扱うべきでしょうか。

最後に、コミュニケーションで完結する話ではない、との鬼頭委員の指摘はもっともですが、コミュニケーションの議論をしないと価値判断、倫理的判断の局面にすら到達しないという現状があることも認識すべきです。コミュニケーション問題ではなく価値判断の問題なのだ、ということではなく、両方とも問題だと認識すべきではないでしょうか。また、人間の処理能力を超えるかもしれない問題とどう向き合うか、という点も重要です。民生用に限った原子力利用、というのは規範的には構想できますが、現実には難しい面があるというのは先ほど議論があった通りです。こうした問題を議論するためにも、コミュニケーションが尽くされるべきであると考えます。

広渡 ここで学際的な協力による「学術としての立場」という論点を提起したいと思います。日本学術会議はさまざまな分野の科学者が集まり、今日扱っているような社会的課題に対して諸科学の力を糾合しなければならないということを最も強く発信している団体です。レギュラトリーサイエンスについても、安全学とか、持続可能な社会のための科学というコンセプトを提唱しています。学術会議は、まさに学術的総合性を産み出す1つの場です。

学術会議の議論の例として、BSEの問題が出たあとに、学術会議が設置した「安全と安心を考える委員会」の委員長をした私の経験をお話しします。その委員会で私が「最近、牛肉を食べないようにしている」と口をすべらせたところ、親しい委員

から「あなたはそれでも科学者ですか」と半分冗談めかして批判を受けました。つまり、リスク論的に問題を考えるのが科学者たる立場であるとその人は考えていたわけです。リスク論とは何か、の議論がそのようにして重要な論点となりました。私が口をすべらせた論点は、普通の市民の論点であり、また、かつて60年代の公害問題の際に法学の領域ででてきた「受忍限度論」とリスク論が相似的であるという私の判断がありました。

受忍限度論は、公害被害者に一定の範囲まで、産業の発展と調和する形で、被害を受忍すべし、という議論と捉えていたからです。このような形で、議論は深まることができたように思います。報告で述べたような「専門の視点の相対化」が議論を通じて行なわれ、論点がより深められるという経験をしました。そのような議論を重ねながら、学術会議の提言は仕上げられ、社会に向けて発信をしているわけです。学術会議は、政策的な提言も多くありますが、また、学問論に関わる、科学者コミュニティーに向けての提言も多くあります。これらは、学術の総合力をいかに生かして、社会のための科学を作り出していくか、という取り組みの一環でもあります。もちろん、努力に見合う成果が出ているかどうかは、絶えず検証が必要です。ただ、学術会議は予算不足が極めて深刻だという問題をかかえています。その中で、なんとかがんばっているというのが現状だと思います。

原発の問題に関しては、日本との対比でドイツのことを少し述べさせてください。ドイツは2011年6月に脱原発法を制定し、2022年末までに原発から完全に降り

ることを決定しました。福島原発事故から3カ月で、すべての原発を廃止することを決めたわけです。3.11は金曜日でしたが、週明けの月曜日からメルケル首相は根回しを始めて、脱原発を方向づけました。その背景には、2週間後に2つの州議会選挙が予定されており、メルケル首相は政治判断として、選挙に負けないように、国民が原発事故に震え上がっているという状況に対応したのだとも言われます。もちろん、目先の選挙に対する対応だけではなく、中長期的な国民の安全と中長期的なエネルギー政策を見据えてのことだと思いますが、首相が選挙に負けないよう、脱原発に舵を切ったという論評自体、政府は国民の顔を見ていました。国民が何を怖がっているか、正確に見ていたことを意味するわけなので、これは立派なことだというべきでしょう。

では、日本はどうでしょうか。日本の多数の国民も怖がっていることは言うまでもありません。朝日新聞の記者が指摘していましたが、先の総選挙で脱原発票は3000万票、自民党の得票は1600万票で、自民党票を上回っていますが、選挙で勝利し、政権を握ったのは、自民党でした。これは、選挙制度の問題に関わります。ドイツは完全に比例代表制ですが、日本は小選挙区を中心にした併用制で、国民の政策選択の分布が偏った形でしか議席に反映しません。学術会議は、すでにお話ししましたように、原発について6つの選択肢を社会に示して、国民が選択をする判断を助ける提案をしたわけですが、このような国民の政策選択と政治的決定の関係の前提となる社会の制度的諸条件を検討するのもまた、

学術の役割ではないでしょうか。

　ドイツが脱原発決定をみるときに、もう1点指摘したいのは、メルケル政権が原発問題、エネルギー供給の政策を検討する委員会を設置するについて、その委員会に「倫理委員会」という名称を付けたことです。委員会の正式名称は「倫理委員会より安全なエネルギー供給」とされました。その理由は、原発問題が経済的な、技術的な問題ではなく、未来社会のあり方の選択に関わる価値的な問題であるからだと、委員会の報告が明示しています。倫理委員会の議論では、原発をリスク論で考えるべきかどうかという議論が最初に行なわれていますが、最終的に委員会として、これをとらない、未来の世代に対する倫理の問題として論じる、ということで合意されています。こういう議論の仕方は、おそらく原子力工学からは出てこないでしょう。しかし、学術会議におけるこれまでの議論を振り返ると、原子力工学の専門家を中心にしつつも、より総合的な「原子力学」へと展開しなければならない、との提言が2000年代のはじめに出されています。そういう芽が育っていればどうなったかはわかりませんが、こういう部分も含めて日本学術会議の果たすべき役割、社会的責任を考えていくことが大切ではないかと考えています。

後藤　時間の制約が大きくなってきたので、会場から出された質問・意見についてはこの場で全てに回答できないかもしれませんが、今後の委員会の審議にはぜひ反映していきますのでご諒解いただきたいと思います。福島県で市民として、支援者として、研究者として活動しておられる山川委員に次に発言をお願いします。

山川　福島大学では、2011年7月に「うつくしまふくしま未来支援センター」を立ち上げました。福島の現状をどう科学的に捉えるのか、ということももちろんありますが、調査研究にとどまらず、復旧・復興に貢献したいということで、研究センターではなく支援センターと銘打ったものです。日頃は眼前の問題に取り組んでいるので、今日は大きな問題を喚起していただき、感謝しています。

　日本における人文社会科学の重要性、科学者集団と地域の関わりなどについて、先日文部科学省のある研究官が来訪し、詳細に聞き取りをしていきました。その同じタイミングでコミュニティ政策学会のシンポジウムが開かれており、同研究官は「福島大学は市町村の、あるいは復興の役に立っているか」と登壇者だった市町村の担当課長らに質問していました。幸い、担当課長らからは「役に立っている」との回答があり、支援センターの活動は一定の貢献ができているようでよかったと思っています。

　BSEの問題に関しては、食のリスクに関して、「リスクの回避」という観点でつながると思います。「食べる選択肢」「食べない選択肢」が県民にはあります。ただ、今回の問題は「住むのか、住まないのか」というより根本的な問題がある点が異なります。浜通りの人は中通りに引っ越してきて、線量が下がったことに安堵します。しかし、中通りの人は、浜通りより相対的には線量が低くても、心配して、新潟などに避難します。しかも、この避難の動きは今でも続いています。所得や子どもの教育などの問題で戻ってくる人もいますが、例え

ば福島市民でも3分の1の人びとが、機会があれば市外に避難したい、という意向を示しています。これについて、地域経済を専門とする私の受け止めとしては、これは、もちろん原発事故の影響はあるけれども、地域の経済構造、社会構造が抱えていた問題が一挙に表出したという理解をしています。したがって、除染が済めば皆返ってくる、というような問題ではなく、地域の生活インフラの再建、教育問題の解決が必要だと考えています。

こうした状況を踏まえた上で、センターを運営していくにあたっては、このセンターが市民にとって信頼に足りうるものであるか、ということを強く意識しました。そこで、やや異なる意見を持つ放射線の専門家2名をアドバイザーとして受け入れました。1名だけだと一方的な議論になるのではないか、という市民の懸念に応えたものです。常に複数の見解を持つように心がけました。

また、当センターには、さまざまな大学、研究機関から視察や研究の申し出を受けています。また、当センターも15名の専任研究者を雇用しています。そうした際には、単に研究のフィールドとして調査の材料として地域を捉えないでほしい、支援フィールドと考えてほしい、ということを徹底しています。これがなければ市民の理解は得られません。また、研究成果の公表にあたっても、いきなり国内外の学会で報告する前に、必ず、調査対象地域で説明会を開催するように依頼しています。これがないと混乱を生じます。

センターそのものは中通りの福島市にあります。どのように浜通りの被災地と関わ

るのかという見地から、2つの取り組みをしています。1つは南相馬市と川内村へのサテライトの設置です。川内村には現在3名の常駐者を配置しています。市町村民と一緒に調査をし、再建を一緒に考えるというスタンスが、信頼の獲得には必須であろうという考えによるものです。もう1つは、それ以外の市町村にもセンターの専任のスタッフを2名ずつ配置していることです。これらも、あくまで支援のフィールドとして取り組むようにということでお願いしています。

小林　分科会の委員からの質問には機会を改めて答え、会場からの質問に答えたいと思います。最初の質問は、「今日の小林委員の話は今回の福島事故の問題とは関係ないのではないか、電力業界の利害とか国策の絶対化と言った非科学的・没科学的要因によるものであって、分析の視点が間違っている」というものです。この主張は理解できますが、あえて反論するならば、原子力業界の人びとは電力業界の利害のためとか、国策のためということで自分たちの活動を正当化するような言説は発信していない、という点をどう考えるかだと思います。彼らはあくまでもある種の科学的な根拠、正当性に依拠した言説を提示してきたのです。これに対しては、その背後の利害に基づく意図の暴露と批判という言説ではなく、科学や技術の意味に関する別の観点に立った言説で対抗することで従来の言説の組み替えを試みてはいかがか、というのが私の意見です。つまり、利害にとらわれず、本来の「科学的精神」で取り組んでいれば、福島のような災厄は起こらないという議論の仕方は、やや単純に過ぎると思う

のです。

次は、媒介の専門家についての質問を複数受けていますが、これについて、まだ十分に「こうすればこういう人が出てきます」という回答はできません。「単なる物知りを作ってどうするんだ」という揶揄がすぐに出されることも想定していますが、そういう批判には「では、ちゃんとした物知りを1回作ってみてはどうか。それはすごく大変なことですよ」と申し上げたい。伝統的な専門家はどうしても専門分野に引きこもろうとするのですが、そこを少し出て「踏み出す専門家」となり、媒介の専門家とつながっていけばよいと思っています。ただ、「踏み出す専門家」が「踏み荒らす専門家」になってしまうこともある。このあたりの品質保証の仕組みは、従来のピアレビューの仕組みとは違うものを構想する必要があり、この点も課題だと思っています。

それから、討論型世論調査について、具体的にどこが不十分であったのか、という質問が来ています。これは、時間不足のために、本来踏むべき手順、例えば関与する専門家のリクルートや活用の仕方等の実際的な面で不十分な点があったということです。この問題についてはある雑誌に論考を寄せているので、参照いただきたい。

吉川（泰） 2つ質問をいただいております。1つは、原子力規制委員会が食品安全委員会と異なり、リスク評価と管理の両面を担うとすると、科学者が全責任を負うことになると思いますが、経験者として示唆を述べよというものです。これについては今日すでにいろいろな議論がありましたが、審議のプロセスにおいて、もう少し周辺の専門家、別の分野の専門家とオープンに議論を進められる方策が必要だと考えます。また、原子力規制委員会が本当にリスク管理の責任まで負うとするなら、それなりの組織構成と行政を指導するのに実行可能な権限を持たせる必要があると思います。

もう1つは、「10年前に知っていれば……」という私の発言について、「では、10年前に知っていれば何とかなったのか」という指摘です。少しは何とかなったように思います。しかし、これについては、過去についてどうこう言うよりも、これからの食品委員会が前進するにはどうするか、という文脈で、今日議論されたさまざまな提言を反映していくことが大事だと考えます。

城山 時間の都合から、3つだけお答えしたいと思います。1つは、民間事業者の安全性についての自覚の欠如という問題についてです。先ほどの講演では、規制能力の空洞化の問題と科学者の役割の問題を強調しましたが、事業者の役割が大きいことはもちろんです。例えば、事業者間のピアレビューのようなものがどう機能するか、というのも社会にとっては重要になります。この点では、相互に小さな「王国」のようなものを作ってしまって失敗の経験を共有しなかった事例が見られます。例えば、電力会社間で相互に、「あれは違う炉型の原発だからわが社には関係ない」というような受け止め方が見られました。こういう部分を変革できるかは重要な分かれ目になります。

それから、津波評価の再検討の話で、電力会社が資金を提供したと言いますが、本来は規制当局が担うべきものではないか、

研究資金の分配機能を持つべきではない
か、との指摘がありました。これはおっ
しゃるように大事なことで、米国の NRC
はそうした仕組みを持っています。

　３つ目は、原発事故にしろ、BSE にし
ろ、セキュリティの観点が必要ではないか
という指摘です。これはその通りだと思い
ますが、狭い意味でのセキュリティ（安全
保障）の話と、より広い意味でのリスクの
話を横断的に考えることが重要です。さま
ざまなリスクが国境や分野を越えて相互連
関しています。どのようなリスクがどこに
あるかを俯瞰する作業から得るものは大き
いと思います。

広渡　多くの質問をいただきましたが、大
きな１つは科学者コミュニティーに対す
る疑問です。科学者はそんなにしっかりし
ていない、いろいろ言っているができるわ
けがない、というものです。それでもがん
ばります、ということしかお答えできませ
んが、日本学術会議の役割について、１点
申し上げたいと思います。

　政府の総合科学技術会議は科学技術政策
を審議決定するところで、政治機関であ
り、政府に直接に助言をする組織です。こ
れに対して、学術会議は政府とは独立に仕
事をするという点が決定的に異なります。
学術会議は税金を財源にしている国の機関
ですが、政府の指示から独立に活動するこ
とを法によって保障されているという点が
重要です。その上で、学術会議の役割を意
味のあるものにするには、学術の権威だけ
では政府とは渡り合えません。学術に対す
る市民の信頼、世論の支持が重要な条件で
しょう。科学者の社会的責任についての厳
しいご批判はもっともですが、学術会議が

先頭に立ってそれを全うする努力をしてい
るということをぜひ、ご理解いただきたい
と思います。

　国際的に見ると、各国にアカデミーがあ
り、国際的な学術団体も多くあります。そ
の中で中心的な役割を果たしている団体が
ICSU（International Council for Science）
ですが、元学術会議会長の吉川弘之先生
は ICSU の会長も務められました。科学者
コミュニティーという考え方、つまり、科
学者が集団として科学と社会の関係を自覚
し、社会に対する責任を履行するという考
えは、世界的なものであり、日本学術会議
の活動もそれをバックにしています。その
中で、日本学術会議は、各国のアカデミー
の多くが自然科学と人文社会科学と別々に
組織されているのと異なり、すべての分野
の科学者によって構成されています。先ほ
どから述べている学術の総合性を追求する
有利な条件を日本は持っているので、この
メリットをぜひ生かすべきだと考えていま
す。

　若手の研究者の方から、「統合型科学、
諸科学を媒介するような専門家になりたい
が、学術会議は何か提案を持っているの
か」という質問が来ています。これについ
ては、安全学とか、持続可能な社会を作る
ための統合科学とかの構想を打ち出し、こ
れを受け止める大学の研究教育組織を立ち
上げることを展望していますが、その実現
のためのフォローが十分ではないというの
が現実です。このような若手の研究者の要
望を受け止めて、今後も継続的に取り組む
べきだと思います。

　米国の全米科学アカデミーに見合う活動
ができているのか、という質問が来ていま

す。これには残念ながら「できていない」と答えなければなりません。予算において大きく見劣りしており、マンパワーもありません。少しずつでもパワーアップしようという組織改革に努力しているのが現状です。また、全国の若手研究者の声を吸い上げるために、学術会議の組織として「若手アカデミー」を作り、35歳以下の研究者の参画を促すことを検討しています。学術会議はメリットベースで会員や連携会員を選考するので、どうしても年齢層が上の研究者が中心になります。しかし、それでは「日本の科学者コミュニティー」の全体を反映することができず、また、未来に向けてのダイナミズムに欠けるところが出てくると考えて、「若手アカデミー」の議論は始まりました。ぜひ若手研究者のみなさんに関心を持っていただけるようにお願いいたします。

後藤 時間が足りなくなってしまいましたが、この学術会議のあり方について、春日副会長からコメントをお願いしたいと思います。

春日文子（日本学術会議第22期副会長・国立医薬品食品衛生研究所安全情報部長）

今回のシンポジウムでは、大変多角的・俯瞰的に、しかも論理的に問題を整理していただき、感謝しています。本日は多くの市民の方々のご参加に加え、複数の日本学術会議会員・連携会員が参加していますが、感銘を受けているとの声がすでに出されています。現在の学術会議第22期は第21期の最後に出された幹事会声明を非常に重く受け止めて活動を開始しています。立ち止まって考えると責任の重さに押しつぶされてしまいそうになることもあります

が、とにかく取り組まねばということで、市民との対話、政府との対話ともに少しずつ進めています。例えば、第22期発足直後に東日本大震災復興支援委員会を、大西会長を委員長として立ち上げました。この委員会では津波被災地・原発被災地の現地調査を行ないました。学術会議の委員会自身が自ら現地で学術調査を行なうのは、学術会議の歴史上も、ほとんどなかったことです。もちろん、限られた時間の中で限られた人びとにしか接することができませんでしたが、例えば、自治体ごとに市民の心配の内容が異なる、といったことを確認することができました。半年ほどの審議を経て、訪問した自治体に直接検討結果をお届けに伺い、当時の野田総理や各大臣にも直接説明を行ないました。

私自身もレギュラトリーサイエンスの研究者です。厚生労働省の職員として、医薬品、食品、化学物質の政策に関わる科学的根拠を提供する仕事をしています。毎日、責任の重い仕事です。かつてサリドマイド薬害がありましたが、アメリカだけは被害がありませんでした。当時、FDA（米食品医薬品局）の若い職員が問題に気づき、これを支持する上院議員もいて、米国だけは被害を出すことを防ぎました。ただ、この判断が正しかったことは、不幸にも他国の被害が実際に出てはじめて、証明されました。もしも、どの国でも同じ規制をしていたら、製薬会社から強い批判を浴びただけで終わってしまったかもしれません。このように、社会との媒介の科学は非常に難しい、微妙な問題を抱えていることを痛感します。こうした経験ももとにしながら、学術会議での活動も力を尽くしていきたいと

思っています。

島薗 本日の議論はこれまでの審議を深める意味で大変意義深かったと思います。学術会議自体の自己省察の機会ともなりました。審議を継続し、提言や論文集にまとめ

ていきたいと思います。本日のような場も改めて設けたいものです。今後とも審議に関与していただくようお願いいたします。われわれも情報提供に努めます。各位のご協力に深く感謝申し上げます。

【閉会挨拶】　後藤弘子

長時間のご参加に感謝いたします。私自身は法律の専門家ですが、専門家とは何か、ということをいろいろと考えさせられました。のりしろがあり、イマジネーションがあり、共感を持ち、異質のボイスに向き合い、コミュニケーションを行ない、センシティビティが必要で、かつ専門的な知識も持たないといけない、という議論でした。どこまでできるのか、という議論も大きな問題として当然ありうるでしょうが、われわれ自身も研究者、専門家であるだけ

ではなく、世界の一員として、市民として、生活者としても存在しています。われわれができることは何か。私ができることは何か、私は何をすべきか。「I」で始まるメッセージが重要です。各位にもぜひ、「I」で始まるメッセージでこの問題について考えていただきたいと思います。委員会には情報発信の義務があります。今後ともご支援をいただいて、ご一緒に考えて行ければと思っています。各位のご参加に重ねて感謝申し上げます。

解説 | 私たちは科学＝学術に
何を期待するべきなのか

寿楽浩太

科学者にとっての問いから社会にとっての問いへ

　休憩を挟んで5時間に及んだ公開シンポジウム「科学者はフクシマから何を学ぶのか？──科学と社会の関係の見直し」では、主催者である日本学術会議第1部福島原発災害後の科学と社会のあり方を問う分科会（第22期）の複数の委員を含む4件の講演と2件のコメント、そして総合討議が行われた。

　いずれの論者もそれぞれの研究蓄積や政策への関与などの経験をもとに、極めて鋭い切り口で福島原発事故によってその様々な問題点が浮き彫りとなった「科学と社会の関係」とその「見直し」について論を展開した。各論者が力点を置いたポイントは相互に深く関わりつつも、それぞれの個性を見せ、そしてその総量は膨大なものとなった。このため、提示される論点があまりにも多岐にわたり、見通しがなかなか得られづらいうらみもある。そこで、これらのすべてについての講演録を筆耕し、また自身もこのテーマに極めて関わりが深い科学技術社会学を専門とする筆者としては、不十分ながらもこのシンポジウムでなされた議論の解説し、見通しを少しでもよいものとすることを試みて、その問いかけを読者の皆さんと共有する一助としたい。

　さて、唐突で恐縮だが、解説の冒頭からやや結論めいたことを先取りすると、このシンポジウムでの様々な議論の「次」に来るべき問いは、「科学技術に関する公共的な意思決定に当たって、社会が科学＝学術、あるいは科学者＝研究者にどのような役割を求め、どのような責任が果たされることを期待し、どのようにその力を活かそうとしているのか」ということではないか、ということであるように思われる。

　このシンポジウム、もっと言えばシンポジウムを企画した日本学術会議の

当該分科会は、「科学と社会の関係」の問題、課題を日本の「アカデミー」自身が論じるものであったわけだから、その問いかけは常に、「科学＝学術は何をなすべきか」「科学者＝研究者はどう振る舞うべきか」という自己言及的な（自らを意識して省察の対象に含めるという態度に立った）フレーミングに基づいており、論者の議論も常にその枠に準拠してなされた。したがって、読者の皆さんからは、筆者の提案はそうした自己言及性を台無しにしてしまうものであるようにも見えるかもしれない。筆者が問い文の主語を「社会が」に（傍点まで添えて）置き換えてしまったからである。

　しかし、このことには理由がある。言うまでもなく、学術にとって自己言及的であることは誠実で真摯な、本来的に準拠すべき態度ではあるが（そもそも、学術とは不断の自己相対化の契機を含み込んだ営みである）、とはいえ、ただ内向的な自己省察を学者同士の閉じたサークルで繰り返すだけでは、厳しく言えばそれは単なる自己満足で終わってしまうおそれもある。しかも、「科学」や「科学者」はそれ以外の分野や人びとが持ち合わせない専門的な知見を有しているために、知識を有していることそのものに由来する本来的な権力性を有している。したがって、「科学と社会の関係はどうあるべきか」という問いかけに「科学」の側だけで答えてしまっては、それはお手盛りの結論を正当な（そして同時に正統な）ものとして「社会」の側に押しつけることにもなりかねない。今回のシンポジウムの含意を、「科学」の側が両者の関係や自らの役割、責任を論じたもの、とだけ受け止めてしまっては、まさにそうした轍を踏むことにもなりかねない。そもそも、当該分科会がその長い議論の積み重ねの最後に広く市民の参加を得たシンポジウムを開催した狙いも、まさにこの点にあると理解するべきであろう。

　そこで、以下では、各論者が提起した問いのいくつかを、学術の側の目線に基づく問い、つまり「科学＝学術は何をなすべきか」「科学者＝研究者はどう振る舞うべきか」というものから、社会の側の目線のそれ、すなわち、「社会は科学＝学術、あるいは科学者＝研究者にどのような役割を求めているのか」「その際にどのような責任が果たされることを期待しているのか」「そしてどのようにその力を活かそうとしているのか」といった問いに変換する作業を試みたい。

科学はリスクに関する公共的な問いにどこまで答えられるのか

　まず、分科会の小林委員と吉川（泰弘）委員の講演は、科学技術―リスク―

社会という連関そのものを研究対象としてきた研究者と、そうした連関の「現場」である実際のリスク評価・管理の渦中に身を置いた研究者それぞれの分析が示された点で、非常に好対照をなすものであった。両者がそれぞれの視角から提示した問いは、敢えて単純化して言えば、「科学的な努力をしてもどうしても無視できない不確実性が残る。それでも（特に、リスクに関わる）公共的な意思決定をしなければならない場合に、科学（者）に求められる役割は何か、彼らはどう振る舞うべきなのか」ということである。

　両論者はともに、科学のみでは答えが一意に定まらない問題（「トランス・サイエンス」的問題）が存在し、それこそが科学技術のリスクに関する公共的な意思決定で最も重要な問題となるにもかかわらず、これまでの制度設計は科学知が唯一最適解を与えてくれるという前提でなされてきたこと、この齟齬の存在が、機微に関わる問題に際して重大な不都合を生じ、私たちの社会にも（そして結局は科学（者）にとっても）極めて不幸な不利益をもたらしてきたことを描き出した。「福島原発災害」以前にもそうした問題は様々な分野で生じていたのであり、「福島原発災害」はその極限事例として解釈される。そして、この問題に対する解決策として、両者はともに、公共的な意思決定における科学（者）の役割の再定義を要請しているのである。

　ここで注意せねばならないのは、この再定義は科学（者）自身のみではなし得ないということである。科学（者）が公共的な意思決定においてどのような資格を有し、どのような権限と責任を割り当てられるのか、という問いは根本的に政治的な正統性に関わるすぐれて価値負荷的な問いであり、その結論は当該の社会の総意としてしか示され得ない。

　もちろん、そうした権限や責任の分担を考えるかについてどのような原則がおかれるべきなのか、それを踏まえた具体的な制度設計としてはどのようなものがありうるのか、そしてそれらに関する複数の提案それぞれの利害得失はどうなのか、また当該社会の他の制度、規範、文化等との整合はどうなのか、云々、といった二次的な問いは、まさに学術によって整理され、体系的な知として示されうる。法学、政治学、哲学、倫理学、歴史学、社会学等々、そうした知に関係する人文社会科学の諸分野の名を挙げることも難しくはないだろう。

　しかし、結局のところ、「ではどうするのがよいのか」という最終的な判断は学術に委ねられるべきものではないだろう。あくまでも、それぞれの社会が採用する政治原理に基づいて議論され、決定され、正統性を付与されなければ

ならない。両委員はその問いに答えることを狙ったのではなく、公共的な意思決定における科学（者）の役割の再定義のためにそうした手続きを改めて踏もう、と社会に対して率直に呼びかけたのである。

科学（者）の役割の再定義とアカデミーに期待されるもの

とはいえ、社会の側からすると、「そうは言っても……。では、科学は何をしてくれるのか」ということを問わざるを得ない。科学知に基づくだけでは科学技術のリスクに関する公共的な意思決定を行えないにしても、では、どのようなことならばできるのか、依然として科学にできることはないのか。あるいは、科学（者）が自身の役割規定を改めるというのならば、今度はどのような原則に立脚して社会に対して知を提供し、貢献してくれるのか。こうした問いについて答えてもらわなければ、社会が科学（者）にどのような役割や責任を期待するのか、といった社会の側からの議論はそもそも始められない。

広渡委員は、こうした問いへの回答となりうる、科学（者）の側が拠るべき規範についての議論を展開した。科学知はどのような形で社会に示されるべきなのか、それはどのような手続きを通してなされるべきなのか。科学者はその際、どのような責任を負い、どのような役割を果たすことになるのか。日本学術会議、すなわちアカデミーの役割とはどうあるべきなのか、こうした問題が議論された。

伝統的に科学（者）は、個人の自律性を尊び、自由闊達な研究活動と討議によって真理に接近するための科学知を生産し続けることを重んじ、そのことがひいては、社会への重要な貢献となるとされてきた。広渡委員はそうした原則の重要性を改めて確認するが（「真理追求型科学者」像）、同時に、あらかじめその知を社会に対して役立てることを社会から負託された科学（者）という見方（「受託者的科学者」像）が重要性を増していることを指摘する。そうした場合の重要な役割のひとつがまさに、小林委員や吉川委員が論じた科学技術のリスクに関する公共的な意思決定における公的な助言や提案なのである。

こうした場合には、科学が多様性を持ち、知の流動性が高いことは必ずしも良いことばかりではない。知が整理され、検証され、統合されて、見通しのよい形で社会に示されなければ、政策決定者も、一般の人びともただただ戸惑うばかりとなってしまう。重大なリスクに関する喫緊の課題が生じた際にはなおさら、適確にまとめられたかたちで、しかも誰しもにとって腑に落ちる仕方で

第4部　シンポジウム「科学者はフクシマから何を学ぶのか？──科学と社会の関係の見直し」　*259*

知が提示されることが必要となる。

　ここで、日本学術会議、すなわちアカデミーの役割が重要となる。科学（者）を束ね、その声を政治、行政、そして広く社会に届けることを使命とする以上、科学に基づく科学者の「1つのまとまった声」をいかにとりまとめ、適時適切に示すかが何よりも重要となるというわけだ。もちろん、小林委員や吉川委員が論じた内容を踏まえると、「声」が「1つ」に「まとまっ」ていることは、「唯一の選択肢」が示されることを意味するわけではない（そうはなりえない）。しかし、だからといって、ただただ多数の科学者が各自の持論を個別に表明するだけでは、科学（者）は社会からの負託に応えたことにはならないのであって、「科学者コミュニティーとして科学研究に基づく自覚的に調整された情報とオプションを提示することによって政府・社会の適切な決定を助ける」ことにこそ努めるべきだ、というわけである。

　科学（者）の側がそのような段取りを踏み、知を「十分に揉んで」から問題についての見立てや対処の選択肢を社会に問いかけてくれれば、確かにそれは有益で建設的なことであるように思われる。社会から科学（者）への要望の核心となりうる論点も、まさにそうした「何をすべきか、何ができるのか、成算はどうなのかを根拠とともに整理して示すこと」にあるのかもしれない、とも思えてくる。

残された問い：制度設計、コミュニケーション、そして……

　しかし、なおもいくつかの問題が残される。

　まず問題になるのが科学（者）内部、そして科学（者）と社会の様々なアクターの間のコミュニケーションの問題であり、また、それを適切・有効に作動させるための具体的な制度設計の問題である。

　分科会外部からの講演者として登壇した城山教授は、福島原発災害以前の原子力規制ガバナンスの事例を取り上げ、実際に必要な知の統合と反映をこのコミュニケーションの不具合が深刻に阻害し、それが福島原発災害における津波対策の手薄さのような致命的な公益毀損に帰結する様子を鮮やかに描き出した。

　原子力安全を担保するためにそれぞれの責任を果たすはずであった規制当局、技術支援機関、電力事業者は、コミュニケーション不全により必要な知が実際には適切に流通していなかったにもかかわらず、安易に相互依存を深め、本来求められていたはずの水準の安全確保に失敗したという。この問題は福島

原発災害後に行われた、「独立性の強化」を主眼に置いた規制改革を経ても十分には解決していないといい、規制ガバナンスのために必要な様々な知を積極的にインプットするためには、様々な「アセスメント」(評価)の仕組みを意識して制度に組み込み、意思決定の前提となる知が十分に参看されるようにするべきだと問題提起した。

　また、この問題を今後、議論する際には、小林委員やシンポジウム全体のコメンテーターを務めた鬼頭委員が指摘した、「理学と工学の違い」という点を意識する必要があるだろう。「工学こそ、今まさに出番なのだと思いますが、工学が自然科学化しているように見えることこそが問題」という小林委員の指摘や、「サイエンスとエンジニアリングの発想の違いを調停するのは極めて難しい問題」という鬼頭委員の指摘を踏まえると、知の実質的な統合を実現するコミュニケーションは思った以上に難しいことが伺える。しかも、理学と工学のミッションの違い、科学者の役割意識の違いはガバナンスにおける権限や責任の適切な分配はどうあるべきか、という議論とも表裏をなす。これは吉川委員や城山教授が指摘した、リスク評価(アセスメント)とリスク管理(マネジメント)の役割分担という論点とも直接的に関わる問題だ。

　以上の議論を振り返ってみれば、このシンポジウムで問われたことは、もうひとりのコメンテーターであった杉田委員が指摘したように、まさに政治のあり方、統治のあり方そのものが科学の発展、技術の展開、社会の変化を経て根本から問い直されているという根源的な問題であったことに思いが至る。今後の社会的議論においてはそのような骨太で幅広い視座のもとで、「社会は科学＝学術、あるいは科学者＝研究者にどのような役割を求めているのか」「その際にどのような責任が果たされることを期待しているのか」「そしてどのようにその力を活かそうとしているのか」といった問いに改めて答えを与えていかなければならない。「福島原発災害」あるいはより広く捉えられる「3.11」の発生からすでに5年余が経過するが、こうした問いへの答えが明瞭な輪郭を結んできたとはまだまだ言いがたい。私たちはそれらに答えを出す作業に改めて地道に取り組む必要がありそうだ。

第4部　シンポジウム「科学者はフクシマから何を学ぶのか？──科学と社会の関係の見直し」　*261*

資料

提言 科学と社会のよりよい関係に向けて
——福島原発災害後の信頼喪失を踏まえて——

平成 26 年（2014 年）9 月 11 日
日本学術会議

第一部　福島原発災害後の科学と社会のあり方を問う分科会

　この提言は、日本学術会議第一部福島原発災害後の科学と社会のあり方を問う分科会の審議結果を取りまとめ公表するものである。

日本学術会議第一部福島原発災害後の科学と社会のあり方を問う分科会

　委員長　島薗　進（第一部会員）上智大学神学部特任教授

　副委員長　後藤弘子（第一部会員）千葉大学法学部教授

　幹事　鬼頭秀一（連携会員）星槎大学教授

　幹事　杉田　敦（第一部会員）法政大学法学部教授

　川本明人（第一部会員）広島修道大学商学部

　木下尚子（第一部会員）熊本大学文学部教授

　佐藤　学（第一部会員）学習院大学文学部教授

　山川充夫（第一部会員）帝京大学経済学部教授

　吉川泰弘（第二部会員）千葉科学大学副学長

　小林傳司（連携会員）大阪大学コミュニケーションデザイン・センター教授

　才田いずみ（連携会員）東北大学大学院文学研究科教授

　広渡清吾（連携会員）専修大学法学部教授

　藤垣裕子（連携会員）東京大学大学院総合文化研究科教授

　舩橋晴俊（連携会員）法政大学社会学部教授（平成 26 年 8 月まで）

　吉岡　斉（特任連携会員）九州大学大学院比較文化学府教授

　特別委員吉川弘之（栄誉会員）独立行政法人科学技術振興機構研究開発戦略センター長

本件の作成に当たっては、以下の職員が事務を担当した。

事務局　中澤貴生参事官（審議第一担当）

渡邉浩充参事官（審議第一担当）付参事官補佐

嶋津和彦参事官（審議第一担当）付専門職＜平成 26 年 3 月まで＞

原田栄理奈参事官（審議第一担当）付専門職付＜平成 26 年 4 月から＞

■目次

1 はじめに ……265

2 福島原発災害後の科学の信頼失墜 ……266

3 科学が信頼を失ったのはなぜか？ ……268

4 科学が公共的役割を自覚したものであるために ……271

5 科学者集団と政府との関わりのあり方 ……273

6 日本学術会議の役割 ……277

7 科学と社会のよりよい関係に向けての具体的な方策 ……279

　(1) 政府に対する「科学的助言」のあり方とその限界 ……279

　(2) 社会の中の科学の自覚から求められる具体的な方策ー提言 ……281

〈参考文献〉 ……285

〈参考資料1〉審議経過 ……287

〈参考資料2〉公開シンポジウム ……288

要　旨

1 作成の背景

　東京電力福島第一原子力発電所の事故が起こり、事故が起こったこととその後の対応をめぐり科学や科学者に対する信頼は大きく低下した。本分科会は、なぜ、このような事態が生じたのか、信頼を回復していくにはどのような方策が必要なのかについて明らかにすることを目指した。そして、科学と社会の関わりのあり方の改善に向け、1）科学者集団、すなわち私たち自身、2）日本学術会議、3）政府と社会に対して、適切な方策をとることを求めようとするものである。

2 現状及び問題点

　福島原発災害による科学者の信頼失墜は、事故を防ぐことができなかったこと、「安全である」と過度に強調してきたこと（「安全神話」を担ったこと）、事故後に適切な対応や情報提供ができなかったこと等、広い範囲に及んでいる。公衆が知りたいはずの重要な情報が公開されなかったり、隠されたりしていると疑われ、それは行政担当者とともに科学者の関与によるものと想定されることが少なくなかった。政府や事業者と科学者との関係のあり方が適切であるかどうかも問われることとなった。

　こうした事態の背後には、科学と社会の関わりのあり方が大きく変化してきたという事実がある。昨今では、「トランス・サイエンス」という用語が広く用いられており、それは、科学によって提起されるが科学によっては答えることができない領域を指す。このことからも分かるように、科学

資料　提言　科学と社会のよりよい関係に向けて　263

は「客観的真理」を提供し、社会の側がそれに基づいて何らかの政治的な対応、意思決定を行うという「科学」と「社会」の分業的な関係がつねに成り立つわけではなく、両者の間の線引きが困難な問題が増加していると考えられる。

従来、科学技術に関わる事柄の公共的合意形成や意思決定については、科学者による政府への「科学的助言」という枠組みで捉えられ、プロフェッショナルな科学者集団は内部で議論して精査した結果を、社会に対して統一見解として発信することが重要だという考え方が優勢だった。しかし、トランス・サイエンスの問題群に対しては、この考え方は必ずしも適合しない。科学的不確実性が高く、トランス・サイエンス的状況にある主題に対しては、専門的な研究者集団がその領域で閉じた議論で統一見解を出すだけでは、不適切な事態になりうることに留意すべきである。

では、こうした問題領域において、科学者集団と社会はどのような関わりを目指すべきだろうか。科学者集団があらためて自覚を高めるべきこと、日本学術会議が取り組むべきこと、そして科学技術について政府や社会が取り組むべきことについて以下の提言を行う。

3　提言

本提言は、まず科学者集団、すなわち私たち自身に反省と自戒を踏まえ新たな姿勢で社会に相対すべきことを求めるものである（下記①、②）。続いて、それを踏まえて日本学術会議が取り組むべきことを提示する（下記③、④、⑤）。そして、最後に、政府と社会に向けて科学と社会の関わりの

あり方の改善に向けた方策をとることを求めるものである（下記⑥、⑦、⑧）。

①科学者集団は、科学の成果についての社会的なコミュニケーションを促進すべきである。科学は社会の中で生きる人間の行為としてあり、社会関係や人間の生き方の総体に大きな影響を及ぼすからである。

②科学者集団は追求している学術的成果がどのような政治的経済的利害関係に関わっているのかについて、つねに反省的に振り返るべきである。また、他の分野や異なる立場の科学者や市民からの批判的検討を歓迎し、開かれた討議の場を積極的に設けるべきである。

③科学と社会とのコミュニケーションを深める上で、日本学術会議の役割は大きい。政府・行政に対する関与とともに、市民社会との関わりに力を入れるべきである。政府への科学的助言にも市民とのコミュニケーションが反映するような仕組みを形作るべきである。

④その際に日本学術会議は、多様な分野と多様な立場の専門家が関わり、また有識者や市民等が加わる開かれた討議の場を積極的に設けるべきである。これまでの課題別委員会方式をより多くの分野に適用することも一つの方策である。

⑤日本学術会議は、科学と社会との関わりのあり方をめぐる世界各国の制度や討議の状況について、つねに情報把握・情報交換に努めるとともに、第二次世界大戦後、現在に至るまでの日本の科学者集団の対応がどのようなものであったか歴史的に検討し、今後の対応に資するよう持続的に取り組む体制を構築すべきである。

⑥日本学術会議は、文系と理系の分断を

超えた科学技術についての「新たな社会的リテラシー」の検討を行い、政府はその検討を踏まえ、大学教育とりわけ学部後期及び大学院においてそれを実施していくべきである。

⑦政府は、上記の②及び④を促進する施策を進めるべきである。

⑧政府の上記の施策は予算措置に裏付けられるべきであり、日本学術会議がこの問題について自律的な調査研究機能を持続的に強化していける態勢を支えるべきである。

1 はじめに

福島第一原子力発電所の事故による災害により、科学と社会の関わりのあり方について多くの問いが投げかけられ、科学・学術の信頼が大きく揺らぐことになった。たとえば、原子力発電の安全性をめぐって、科学者が安全側に偏った情報を提供し続けたために、安全性に対する配慮が疎かになったのではないかとの疑いがかけられた。世論調査でも科学者の信頼度が急落した。「原子力ムラ」とか「御用学者」という言葉が頻用されるようになりもした。そこには何ほどかの誤解や誇張が混じっているとしても、原発をめぐる科学の信頼喪失という事態は否定しえないところであろう。

この提言は、こうした事態を受けて、科学と社会のよりよい関係のあり方に向かって進み、科学が社会から信頼されていくために、どのような取り組みが必要かという課題に答えようとするものである。「科学」というと狭く基礎的・応用的自然科学だけを思い浮かべがちなので、日本学術会議では人文学まで含めた学問全体を指す際、「学術」あるいは「科学」と述べることにしている。だが、ここでは煩雑にならないように、「科学」という語で統一することにする。「科学の信頼喪失」という時には、この広い意味での「科学」が念頭におかれている。

日本学術会議は3つの「部」から成り立っている。第一部が主として人文・社会科学分野、第二部が主として生命科学分野、第三部が主として理学・工学分野の科学者によって構成されている。この日本学術会議第一部が、第22期（2011年10月から2014年9月）に取り組む課題として上記の問題を取り上げ、「福島原発災害後の科学と社会のあり方を問う分科会」を設けた。分科会には人文学・社会科学のメンバーが多く、この分野からの考察が重きをなしているが、文系・理系を問わず科学の全体に及ぶ問題を問おうとする姿勢をもつものであることは言うまでもない。

この分科会は2012年3月2日に第1回の会合を開き、以後、11回に及ぶ会議を重ねてきた（参考資料1）。また、2013年1月12日には公開シンポジウム「科学者はフクシマから何を学ぶのか——科学と社会の関係の見直し」（於日本学術会議講堂）を主催した。さらに同年7月13日には福島大学うつくしまふくしま未来支援センター・日本学術会議第一部の共催で公開シンポジウム「3.11後の科学と社会——福島から考える」（於福島銀行講堂）を行ってきた（参考資料2）。こうした討議に基づき、本提言は「科学と社会のよりよい関わりのあり方」を求めて何がなされるべきかを示そうとする。

福島原発災害後、5つの事故調査委員

資料 提言 科学と社会のよりよい関係に向けて　*265*

会（政府事故調、国会事故調、民間事故調、東電事故調、日本原子力学会事故調）が設けられ、それぞれに報告書がまとめられている[*1]。そこでは、なぜこのような原発事故が起こってしまったのか、事故後の対応は適切だったか等について、多くの問題が論じられている。だが、「科学と社会の関わりのあり方」にどのような問題があったかという論点については、それらの事故調報告書ではあまり論じられていない。

もとよりこの問題は、広い分野にわたり複雑な内実をもつ専門的科学に関わるものであったり、評価が難しい科学的な討議に関わるものだったりするため、扱うのが容易ではない。長い時間的経過を視野に入れなくてはいけないという点でも、安易な取り組みを拒むところがある[*2]。福島原発災害の要因を探るという点から見ると、「科学と社会のあり方」を問うとは、構造的・歴史的要因を明らかにしようとするもので、腰をすえた取り組みが必要で時間もかかる。だが、この問題をいつまでも避けているわけにもいかない[*3]。

そこで、本提言は、現段階ですでに明らかになっていることに基づき、科学と社会の関わりのあり方の改善に向け、1）科学者集団、すなわち私たち自身、2）日本学術会議、3）政府と社会に対して、適切な方策をとることを求めようとするものである。

この提言は、手っ取り早く結論に至ろうとするのではなく、むしろ、今後長く続くであろう取り組みの課題の大枠を示そうとするものである。日本学術会議において、また諸分野の学界や市民も交えた公共的討議において、持続的な取り組みが進むことを願っている。この提言は、これから、日本学術会議において、また科学技術政策の策定において、また関連する社会の諸分野においてなされるべきそうした多くの取り組みの礎石の一つとなることを目指している。

2 福島原発災害後の科学の信頼失墜

『平成24年度科学技術白書』は、東日本大震災と福島原発災害後の国民の科学技術観についてこう述べている[*4]。「国民は科学技術に対し、非常に厳しい目で見ている。正に、科学技術（「科学及び技術」をいう。以下同じ）のありようが問われている」（「はじめに」）。そして、「科学技術に対する意識の変化」という項では、世論調査の結果を引き、「震災前は12〜15％の国民が「科学者の話は信頼できる」としていたのに対して、震災後は約6％と半分以下にまで低下した」という。また、震災前は「科学技術の研究開発の方向性は、内容をよく知っている専門家が決めるのがよい」との意見について、「そう思う」と回答した者が59.1％であったのに対して、震災後は19.5％へと、3分の1程度にまで激減したとも述べている。このような変化は、科学的な知識を活用することによって地震と津波の被害を防ぐことができなかったということにもよるだろうが、科学者が絶対「安全」だと述べていたにもかかわらず、原発災害を防ぐことができなかったという理由がとくに大きい。『科学技術白書』によれば、「東日本大震災で役立たなかったと思う科学技術」は何かという問

いに対して、第1位となったのが、「原子力発電所から大量の放射性物質が放出される深刻な事故の発生を未然に防ぐこと」であった。

『国会事故調報告書』（2012年9月）は「認識しながら対策を怠った津波リスク」（1.2）や「国際水準を無視したシビアアクシデント対策」（1.3）について述べている。事業者（東電）や規制当局（原子力安全・保安院、原子力安全委員会）の問題であるとともに、関連分野の科学者が十分な役割を果たしえなかった怠慢や無視によるものであることは明らかだろう。科学者は「規制当局」に働きかけて安全対策を求めることもできたはずだが、事業者に取り込まれた規制当局に対して、批判的な立場に立つことができなかったと捉えられている。

民間事故調報告書（『福島原発事故独立検証委員会調査・検証報告書』2012年3月）の第9章「「安全神話」の社会的背景」によれば、「原子力ムラ」内部においては「原子力の是非を問いかけることがタブー視され、安全性を強調することで今後も原子力発電を継続することを目指していた」のであり、そこでは学術界が重要な役割を果たしたとしている。「閉鎖的・保守的な原発の推進を志向する」「原子力ムラ」が「強固な原子力維持の体制」を作り、そこに科学者も取り込まれていったと捉えられている。「安全神話」の形成と強化に科学者は大いに「貢献した」という評価である。

原発事故が起こった後の科学者の対応も、信頼喪失をいっそう強めるものだったと評価されている。福島原発において何が起こっており、住民はどのように対処すればよいのかについての情報提示がきわめて不適切だった。原子炉がメルトダウンしているのか、事故を起こした原発の危険増大を今後どこまで抑えられるのか、放射性物質がどのように飛散したのか、また飛散・流出しているのか、環境や食品の放射能汚染はどこまで進んでいるのか、放射性物質による健康影響はどのようなものなのか、それにどう対処したらよいのか——福島県を中心に東北・関東・中部地方に住む多数の住民にとってきわめて切実なこれらの問題に対して、科学者の提示する情報は信頼に値しないことが多かったと受け止められている。

影響が多岐かつ長期にわたったために混乱が著しいという点では、低線量放射線被曝の健康影響の問題が重要である。『国会事故調報告書』（4.4）が述べるように、「「自分の家族がどれほどの放射線を浴びたのか、それがどれだけ健康に影響するのか」という切実な疑問に、政府・福島県は十分に応えていない」（401ページ）という事態が続いた。「本事故における放射線のリスクの伝え方」という項によれば、「特に母親は子どもに与える飲食物の汚染度や環境から受ける放射線量、それが健康に及ぼす影響について正確な知識を求めた。しかし、文科省による環境放射線のモニタリングが住民に知らされなかったこと、学校の再開に向けて年間20mSvを打ち出し、福島県の母親を中心に世の反発を浴びたことに象徴されるように、住民が納得するようなものではなかった」（407ページ）という。

政府や福島県が政策決定や対策遂行や情

資料　提言　科学と社会のよりよい関係に向けて　*267*

報発信に際して依拠した科学者たちは、低線量放射線の人体への影響は小さく、健康影響はほとんど出ないので不安をもたない方がよいと強調してきている。たとえば、「低線量被ばくリスク管理に関するワーキンググループ報告書」（内閣官房、2011年12月）では、「現在の避難指示の基準である年間20ミリシーベルトの被ばくによる健康リスクは、他の発がん要因によるリスクと比べても十分に低い水準である」と述べている。しかし、これについては科学者の間にも多様な見方がある。にもかかわらず、異なる立場の科学者の間での討議が行われる機会はほとんどなかった。多様な考え方の一つでしかないという情報は住民に伝えられることはなく、行政側も考慮すべき多様な考え方があると見なし、それらを取り上げることはほとんどなかった。

2012年7月に公表された『国会事故調報告書』は、「政府は「自分たちの地域がどれほどの放射線量で、それがどれだけ健康に影響するのか」という切実な住民の質問にいまだに答えていない」（407ページ）と述べている。この問題がなかなか解きほぐされず、被災者のとまどいが長期にわたって続いたことが示唆されている。政府に協力しつつ住民の問いかけに応じる科学者の応答が十分でなかったことをよく示すものだろう。これにとどまらず、原発災害への対策として期待される広範な分野にわたって、住民は多様な科学的見解がどのような相互関係にあるのか知るすべをもたず、住民それぞれの選択が異なることによって対立・分断が生じることにもなった。こうして原発事故による科学者への信頼喪失は、その後、信頼回復へ向かうどこ

ろか、時とともにさらに深刻さを増していったと見ることもできる。

2011年6月から実施されている福島県県民健康管理調査では、被災者の健康に深く関わる内容について、検討委員会を通じて重要な情報が公表される形がとられた。ところが、この検討委員会に参加する科学者たちは、公開で行われる会議の前に秘密裏に「準備会」「打ち合わせ」の名目で集まり、検討委員会で話し合う内容について前もって調整を行っていた。そのことは1年半後に報道され、県職員は処分されたものの（2012年11月）、科学者の責任は問われておらず、第三者による調査もなされていない[*5]。その後、この検討委員会は解散し、2013年4月より新たな検討委員会が始められることになったが、これは旧検討委員会とその構成員である科学者が社会的な信頼を喪失したことを受けての措置と見るべきだろう。

このように福島原発災害による科学者の信頼失墜は、事故を防ぐことができなかったこと、「安全である」と過度に強調してきたこと（「安全神話」を担ったこと）、事故後に適切な対応や情報提供ができなかったこと等、広い範囲に及んでいる。これは原子力や放射線健康影響の関連分野だけの事柄なのだろうか、それとも広く科学の諸分野に関わることなのだろうか。いずれにせよ、現代日本で科学研究に取り組む諸分野の科学者たちが真摯に問い直すべき課題がここにあることは確かである。

3　科学が信頼を失ったのはなぜか？

では、科学者たちは実際何を行い、何を

行わなかったのだろうか。「安全神話」の維持、強化に貢献してきた原子力工学や放射線健康影響を専門とする科学者は、危険は小さい、被害の可能性は低いとの立場にそった発言や情報提示を行ってきたために、批判が向けられてきている。公衆が知りたいはずの重要な情報が公開されなかったり、隠されたりしていると疑われ、それは行政担当者とともに科学者の関与によるものと想定される場合が少なくなかった。

放射性物質を帯びた気流が地域に及ぶことを予測する情報が適切に伝えられなかったこと、甲状腺内部被曝を避けるための安定ヨウ素剤の配布・服用指示が行われなかったこと、初期被曝測定資料がきわめて貧弱であること、汚染水処理対策がひどく遅れたことについても科学者に責任があるとの見方を否定するのは困難である[*6]。これらの経緯は、安全のための措置を注意深く準備し、万全の対策をとるという立場からは容認できないものであろう。

事故直後の重要な時期に安定ヨウ素剤の配布と服用指示がわずかしかなされなかったことは科学者への信頼喪失の大きな原因となった。安定ヨウ素剤の配布と服用指示については、原子力安全委員会は服用を指示したというが、原子力災害現地対策本部には伝わらなかったとも、現地対策本部は指示を出したが生かされなかったともいう[*7]。また、放射線医学総合研究所や福島県立医大の若手の科学者はそうすべく指示を出していたのだが、より上位の決定に関わる科学者や行政担当者の側の判断でそれがなされなかったという[*8]。また、甲状腺の初期被曝線量の調査は「日本では甲状腺内ヨウ素の直接測定は

1000人分強しか行われなかったが、チェルノブイリでは実にその数百倍になる35万人分もの測定が行われている」[*9]と報告されている。しかもこの1000人分強の検査も精度の高いものにすることが妨げられたという[*10]。

こうした経緯に鑑みて、放射線被曝のリスクが高いという情報が出てくるのを妨げようとする力が働いたのではないかとの印象をぬぐうことは難しい。当然ながら行政担当者や行政機関の長に責任があったとはいえ、科学者が正確な被曝線量情報をできるだけ豊富に得、公表しようとしていたとすれば、このような事態は生じなかったのではないか。リスク評価に際しては、過大評価することが大きなデメリットをもたらすので、そうならないような「リスク・コミュニケーション」が必要だと主張してきた。たとえば、放射線医学総合研究所が大きな役割を果たして編まれた『放射線および環境化学物質による発がん—本当に微量でも危険なのか?』(2005年)という書物の「はじめに」には、「直線しきい値なし(LNT)仮説」[*11]について次のような記載がある。

「このような立場に立つかぎり、それらの作用原の人体への影響に関して、「安全量」は存在しないことになる。そして、そのことが一般の人々に放射線や環境化学物質はどんなに微量であっても危険であるという過剰の不安を抱かせる原因にもなっており、そのような不安が過剰になると、それ自体がストレスになって新たな健康障害を作り出す原因にもなりかねない」[*12]。

LNT仮説によれば、低線量放射線被曝でも広く了解されているところでは100mSv

以下の線量に比例して健康に影響がある。つまり、一定線量以下では健康影響がないとする「しきい値」を科学的に示すことはできないとするものだ。国際的にそう合意されているのだが、「はじめに」のこの記載は、同仮説を覆そうという研究目標を表明しているわけである。また、電気事業連合会や電力中央研究所は長期にわたって、低線量放射線被曝では健康に悪影響がないということを示そうとする研究に力を入れてきた[*13]。福島原発災害後の放射線医学総合研究所のホームページでは、100mSv以下では「がんの過剰発生は見られない」とする説明図が掲示されていた。しかしこの説明図は、約1年後に説明なしで改められていた[*14]。このように放射線被曝の健康影響を過小評価する姿勢は、事故前からこの分野の多くの科学者たちが述べてきたことと合致している。

原子力発電施設の安全性や被曝リスクの問題に関わって、政府と科学者との関係のあり方が適切であるかどうかも問われることとなった。原子力開発や放射線健康影響に関わる分野の政府の審議会等においては、異なる立場の科学者や分野が異なる科学者（社会科学者や人文学者も含めて）がメンバーとなり、審議に加わるというような態勢が積極的にとられてはいなかった[*15]。また、審議の内容が公開され、開かれた討議と公論の形成に資するようなものにならず、投げかけられた問いに対して十分な応答がなされてこなかった[*16]。議事録が欠如していたり、委ねられた審議をほとんどせずに意思表明を行うというような例も見られたのである[*17]。

また、異なる科学的見解があるにもかかわらず、対立する意見の一方が排除されているのではないかと疑われもした。たとえば、一方の立場の科学者の能力や業績が正当に評価されず、同じ場で討議をすることができない状態が続いた。放射線の健康影響の分野ではその事態が目立ち事故後も継続しているが、日本学術会議ではその事態を克服するという意図を含めて、2011年の10月に東日本大震災復興支援委員会の下に放射能対策分科会を設け、分野や立場を横断した討議の場を設ける試みを行っている[*18]。相互に異なる科学的知見や解釈をもつ科学者の間で討議が行われることが求められるのは、科学において当然のことだが、上記放射能対策分科会の試みを別とすれば、それが行われない状態が続いている。科学者が「原子力ムラ」という閉ざされた集団の重要な構成要素と捉えられてきた背後には、こうした事態があった[*19]。

科学は異なる知見が争い合うことによって発展してきたのであり、異なる知見の公表と自由な討議は大いに歓迎されるべきである。科学者が統一的な知見を提示できない場合、多様な知見を踏まえて公共的な討議を行い、どのような知見をどの程度政策に反映するかは政治的な判断に委ねられることが多い。だが、討議の際に一方の立場が排除されるような事態があれば、それは当然に、多様な立場に開かれた自由な討議とはいえない。公共的な開かれた討議の結果として科学的成果が提示され、公衆が理解し判断するための素材が十分に得られる必要があるだろう。しかし、2011年3月以降の状況はそのようになっていない。

むしろそのような討議を行うことを否定

するような見解も政府周辺から示されている[*20]。こうした開かれた討議の欠如は科学の信頼喪失の大きな要因となったが、それは今も続いていると言わざるをえない。

4 科学が公共的役割を自覚したものであるために

科学者の社会的信頼性を問うときには、社会の中で科学がおかれた地位が変化していることに目を向ける必要がある。実際、科学と社会との関係は近年大きく変化してきた。原子力工学者のアルヴィン・ワインバーグは早くも1972年に、「科学に問うことはできるが、科学だけでは答えることができない問題群」について、「トランス・サイエンス」という語を用いて問題提起した。「トランス・サイエンス」は2011年3月11日以後の日本で明白になってきた新たな状況を、よく指し示している[*21]。ワインバーグによれば、科学は「客観的真理」を提供し、社会の側がそれに基づいて何らかの政治的な対応、意思決定を行うという「科学」と「社会」の分業的な関係はつねに成り立つわけではない。むしろ両者の間の線引きが困難な問題が増加している、と指摘したのである。科学は倫理的、法的、社会的な問題をはらんでおり、両者にまたがるような問題には何らかの公共的討議に基づく意思決定が必要で、科学者等の専門家だけでは決められない。このことが近年、広く認識されてきた。科学が社会の中で公共的な役割をどのように果たすのかは、科学がすでにおかれている社会的文脈の中でしか捉えられなくなってきたのである。

こうした問題は、3.11以前においてもさまざまな形で議論されてきており、科学・学術の一部の領域（たとえば、科学技術社会論や科学社会学）では共通認識となっていた。しかし、3.11とその後の状況は、この問題をきわめて現実的な、かつ緊急に対処すべき問題として浮上させた。科学者の信頼回復という大きな課題の中で、「トランス・サイエンス」の問題があらためてスポットを浴びることとなったのである。

原子力発電や放射線の安全性に関わる多くの領域は、まさにトランス・サイエンス的領域である。科学的見解に基づく判断にはまぎれの余地が少ないタイプの問題群が多数存在するが、原子力発電や放射線の安全性はそれらとは異なる性質をもっていた。科学的に不確実性が高い領域であり、科学者の中でも研究分野によって、また、その社会的立場の違い等によって、「科学的事実」の認定や表現について、あるいはその認定や表現をどのように社会に発信していくべきかに関して、見解が分かれてもいた。

しかし、本提言の2，3で述べてきたように、日本においては、原子力問題、とくに福島原発事故以後における状況をめぐって、異なった知見がある問題であるにもかかわらず、科学者が科学者自身の科学的・社会的信念に基づき、「科学的で客観的な事実」であるかのような表現で自らの見解を表明することが行われてきた。不確実性があり、科学者の間で判断が分かれる事柄について、ある立場からの判断を科学的に正当化された判断であるかのようにして表

資料　提言　科学と社会のよりよい関係に向けて　*271*

明するという事態が生じたわけであり、そうした事態こそが科学者自身の信頼を失墜させてしまったのである。科学者は科学や科学者の公共的役割と責任という点から、このことに対して真摯に反省し、是正の道を示すことが求められている。

従来、科学技術に関わる事柄の公共的合意形成や意思決定については、科学者による政府への「科学的助言」という枠組みで捉えられ、プロフェッショナルな科学者集団は内部で議論して精査した結果を、社会に対して統一見解（「ユニークボイス」とか「ユニファイドボイス」「ニュートラルボイス」等の語が用いられる）として発信することが重要だという考え方が優勢だった。しかし、トランス・サイエンス的問題群に対しては、この考え方は適合しない。にもかかわらず、この考え方を無批判に前提とした科学者の一連の見解の表明と、それによって明瞭となった「統一見解」という考え方の「崩壊」が社会の信頼を失う大きな要因となった。

3.11 以後の科学と社会の関係のあり方をあらためて展望するとき、科学的不確実性が高く、トランス・サイエンス的状況にある主題に対しては、専門的な研究者集団がその領域内で閉じた議論により統一見解を出すだけでは、不適切な事態になりうることに留意すべきであろう。たとえ統一見解を発信するとしても、関連する諸学術分野の広い領域を交えた議論が必要であると同時に、どのような科学的な事実を社会的に発信していくべきか、あるいは不確実性が高く、妥当性が及ぶ範囲が限定された科学的知見を社会的、政治的にどのように判断するのかといった問題の討議も必要であ

る。また、どのような社会的な対応をとるべきなのか、統一見解（ユニークボイス）を発信するより、さまざまな立場からの多様な考え方を発信することこそ重要である場合もある。

そして、そのことを踏まえて、トランス・サイエンス的事態に対して、科学者が科学者として適切な対応ができるような社会的制度、システムはどのようなものであるかを考察し示していく、という大きな課題が課せられている。

この問題は、トランス・サイエンス的状況の中で、技術知や工学知というものをどのように捉え直すのかということでもある。技術知や工学知は、そもそも、科学的に不確実な状況であっても、その中で有形無形を問わず人工物を設計するという意味で、不確実性を前提とした知のあり方であった。特定の技術に関わる専門家集団は、不確実性という限界を前提として社会に関わることを通常のことと考えていた。技術の社会に対する影響への評価も含めた専門知に依拠しつつ、その専門知を社会に開き、関与者と相互的な交渉をしながら責任を担おうとしていたのである。

しかし、科学技術の規模が急速に拡大した第二次世界大戦期以後、時が経つにつれて科学と技術が融合的に発達し、また、技術の社会的影響が広範囲で甚大なものになってきた。医学を含めた生命科学の場合、科学と技術の結合は緊密であり、不確実性を前提として人々と、また社会と関わらざるをえない領域が多い。科学と技術が不可分である分野の発展は著しく、それだけ科学の社会に対する影響も桁違いに大きくなってきている。こうした事態を反映し

て、社会に向けて開かれ社会と交渉しつつ役割を果たそうとしてきた技術知に関わる専門知も、新たに公共的観点からの捉え直しが必要になってきている。

5　科学者集団と政府との関わりのあり方

今日では、科学の主たるスポンサーは企業と政府である。一般に企業は利潤を目的としており、政府が科学に期待する諸目的の中でも経済的繁栄は重視されている。企業や政府から研究費等を受け取った科学者集団が、企業や政府の目的にとって有利な、あるいは有用な研究成果を出そうとする傾向をもつことは容易に想像できる。政府や企業が資金力を背景に、科学の世界に支配的な影響を及ぼす可能性は否定できない。このことにはたとえば有限な研究費の効率的充当というようなメリットがあるとしても、短期的な経済的利益に直結する研究が優先されて、自由な創造に基づく基礎的研究が薄くなるといった弊害をもたらしうる。そうした弊害をどのように除去するかも大きな課題となる。

本提言では経済界を初めとする社会の諸領域との関係を個別に取り上げることはしない。ここで考察するのは、まず科学者集団と政府との関わりのあり方を、より適切なものにする方向性である。政府の支出の大半は税収入に基づくものであり、それを政治過程によって民主的に統制する見込みが、企業統制の場合と比べて立ちやすいからである。ただし、実際には単に科学者と政府との関係を考えるだけでは不十分であり、一般市民をも巻き込んだ討議の過程が

必要となることを示したい。これは政府と科学との関係を、「科学的助言」（後述）という枠組みを離れて考える必要があるとの判断に基づいている。

科学者集団と政府との関わりとしては、まず、1）政府が政策上の課題解決を諮問し、科学者集団がそれに応えるという関係がある。他方、2）科学技術の研究開発事業を科学者集団が政府に提案し両者が連携して押し進めるという関係もあり、それは巨額が投じられる科学技術プロジェクトにおいて典型的である。原子力関連研究の推進においてはこの連携関係が濃厚に見られた。1）、2）の両者はしばしば切り離せない関係にあり、科学者集団が政府の当面の意図から独立した自律的な知識や判断を提供することが必ずしも期待できない状況が生じる。

たとえば事故時に巨大な被害が生じるような施設の工学的な安全性をめぐっては、当該科学分野が、どこまで安全対策をすればどれだけの安全性が得られるか、専門的に分析することは可能である。しかし、そうした分析にあたって工学研究者は、その施設の設置に関わる経済性や、それが生み出す生産物やエネルギー等の社会的な意義、事故の社会的影響等をどこまで考慮すべきであろうか。従来は、工学研究者がそうした側面まで含めて総合的に分析し提案することが、工学の職分の一部と考えられる傾向があった。そうした、いわば総合的な見地からの検討によって、社会的な利得が増大した面も確かにある。しかし、今回の原発苛酷事故の事例を踏まえると、必ずしもそうしたやり方がうまく機能したとはいえないことも多くあり、工学者の側から

資料　提言　科学と社会のよりよい関係に向けて　*273*

も積極的に反省し問題を解明していこうとする動きも出ている[*22]。また、工学のあり方自体に対して、一定の反省をし、根本的に捉え直す必要も出てきている。

大きなリスクを伴う施設等の経済的・社会的な位置づけについては、工学に加えて、経済学、社会学、政治学等、他の分野の知見を踏まえつつ、公共政策的意思決定の場で総合的に決定されるべきである。工学研究者が政策的な「実現可能性」や社会的な「妥当性」までも専一的に考慮することは、その専門性に余るといわざるをえないからである。また、明示されない形で、いわば暗黙のうちにそれらの事情が考慮されてしまうと、政策判断がどのような情報とどのような推論に基づいて、誰の責任においてなされたのかがあいまいになりかねない。

従来、この点で工学研究者に過大な負荷がかかっていたと考えられる。工学研究者が自らの専門性に余る検討を、問題を単純化しつつ担ってきたという面もあろうが、それ以上に政府等の責任が重い。工学系の科学者集団が「実現可能性」や「妥当性」等までも配慮することを、政府が暗黙のうちに要求した可能性があるからである。政策実現のために「都合のいい」結論を出すことを期待したのではないか。それが行き過ぎれば、根拠不十分なままに特定の政策分野の推進が科学の名の下に正当化されることになる。それは科学者集団と政府との間の関係として適切とはいえまい。

科学者集団と政府の間に見られる不適切な関係を是正し、より公正な関係を強めるためには何が必要か。世界各国では科学技術が関わる問題や施策について、政府に有益な専門的情報や知見、判断を提供する「科学的助言」の制度が模索されてきている。

多くの国に共通して存在するのは、(a) 科学技術政策を審議する国家行政会議（日本においては総合科学技術会議）、(b) 国家アカデミー（日本においては日本学術会議）、(c) 広範な政策分野にわたる政府の諮問機関（日本においては各省庁の審議会）の3つの種類の助言組織である[*23]。これに対して、近年、「科学顧問」の制度化に期待がかけられる動きもある。これはイギリスで1964年以来行われている「政府主席科学顧問」（Chief Scientific Advisors:CSAs）の制度がモデルとなっている。

しかし、これらのどのシステムを用いても解決できない問題もある。政府系の諮問機関では、事務局を担当する行政組織が、自らが利害に関連するにもかかわらず、人選の権限を事実上独占している場合が多い。これに対しては、日本学術会議等の学術団体が当該分野の専門家のリストを提出する等、一定の役割を果たすことも考えられる。ただ、学問分野の中に、パラダイムをめぐる厳しい対立が存在しているような場合には、人選が党派性を帯びる危険性があることも考慮しなければならない。

そこで、政府と科学者との間の関係だけではなく、当該の科学技術の研究開発利用の影響を受ける広い範囲の関与者（ステークホルダー）の意見を考慮に入れるべきである。それもパブリック・コメントを求めるだけでは不十分である。従来、行政の要請を受けて科学者がリスク評価を行い、それを踏まえて行政が対策を決め、そうしたリスク評価や対策について、科学者がリスクをこうむる者に説明する、という一方向

的なリスク・コミュニケーションのモデルがあったが、これでは不十分である[*24]。科学者が一方的に教えるのではなく、リスクの科学技術的評価を行う者、それを発注する行政、リスクをこうむる関与者の間の相互的コミュニケーションの場として、リスク・コミュニケーションを捉え直すことが必要となっている。

こうした状況を踏まえて、「科学技術のシビリアン・コントロール」の必要が唱えられている[*25]。科学の中でもとくに科学技術のイノベーションに関わる科学領域の重要性が増してきている。そうした領域では、「責任あるイノベーション」（Responsible Innovation:RI）のための体制を作っていくべきだという考えが注目されている[*26]。1970年代から始まったテクノロジー・アセスメントという営みも、つまるところ、科学技術を社会の中でどのように活用するかという問いへの回答の試みであった。当然のことであるが、この問いへの回答は科学技術の研究者だけで決められるものではない。今求められているのは、科学技術開発がもたらす影響の評価に早い段階から取り組み、その際、広い範囲の関与者の間のコミュニケーションを積極的に行うというものである。「広い範囲の関与者」とは、研究開発や将来の成果利用に関わる研究者、行政、産業界、技術のインパクトを受けると予想される潜在的なステークホルダー、一般市民、NGO、技術の社会的影響に詳しい人文・社会科学系の研究者等が含まれる。

科学が不確実性に関わらざるをえず、また科学そのものが利害関係や価値判断をも踏み込まざるをえない領域が多いことを考慮すると、手間がかかるとはいえ、幅広い合意形成の手続きが必要となる。この考え方を具体化していくためには、さまざまな取り組みが必要だが、すでに行われている改革として、専門家による審議と一般市民による熟議とを有機的に結合する試みがあげられる。

たとえば、専門家による審議が一定程度進んだ段階で、議論の経緯を、無作為抽出された市民による討論へと投げかけ、今度は討論の結果を専門家による審議へとフィードバックする。科学技術をめぐる市民参加型のテクノロジー・アセスメント手法として知られる「コンセンサス会議」[*27]は、1990年代以降数回行われ、市民が専門的な内容を含む問題を議論することは可能であり、また専門家と市民との討議も両者にとって有益であることが明らかになっている。2012年夏に政府主催で行われた今後のエネルギー政策のあり方をめぐる「討論型世論調査」[*28]は、世論調査の新たな手法だが、原子力発電の将来という問題を市民が議論したという点で重要な取り組みであり、市民参加による熟議を行うための土台としての意義をもちうるものである。

こうした試みが成功したかどうかの評価は簡単ではないが、専門家による議論が市民の民主的な監視にさらされ、関連する政府系機関や業界団体、さらには学問分野の特殊利益のみが追求されることを防止するための試みとして、また、政府による一方的な政策の推進を吟味し、より幅広い合意形成を目指すための試みとして、さらに検討されていくべきものだろう。

「科学技術のシビリアン・コントロール」

という考え方が社会に定着し、有効な営みとなるためには、市民のみならず、科学者の意識の改革が必要である。平成25年1月17日付で発出された科学技術・学術審議会の「東日本大震災を踏まえた今後の科学技術・学術政策の在り方について（建議）」[* 29]において、【研究者等の「社会（的）リテラシー」の向上】という項目が掲げられ、以下のように述べられている。

「東日本大震災により低下した研究者や技術者への国民の信頼を回復するとともに、科学技術に対する国民の期待に応えていくため、国民との相互理解を基に政策を形成していくことが必要である。しかし、現状では、国民や社会と、研究者、技術者、政策立案担当者など科学技術・学術に従事する者（以下「研究者等」という）との対話が不足しているため、研究者等が、社会の要請を十分に認識しているとは言い難い。

研究者等は、学術の深化と科学技術の進展に努めるにとどまらず、社会との対話など多様な手段により、自ら積極的に社会から学ぶことで、『社会リテラシー』を向上させ、社会の要請を十分に認識するとともに、自らの研究と社会との関わりの重要性について認識する必要がある。その際、学協会などの研究者コミュニティと連携して取り組むことが必要である。国は、研究者等の『社会リテラシー』向上のための支援方策を検討すべきである」

ここに述べられている「社会リテラシー」は科学技術のシビリアン・コントロールを実現するための前提条件であり、その涵養は大学教育の重要な使命である。すでに学術会議も「大学教育の分野別質保証の在り方について」（回答）[* 30]において、21世紀の教養教育は「現代社会における市民性の涵養」を目的とすべきであることを指摘し、いわゆる文系と理系の分断を超えて、文系と理系の学生が科学技術についての「新たな社会的リテラシー」を共有することの必要性を強調している。

現代社会における科学技術はその影響が人々の社会生活に広く深く及び、あまりにも重要・重大であり、3.11の福島原発事故が明らかにしたように、科学技術の専門家だけにそのあり方を委ねるわけにはいかない。したがって、「科学技術を社会の公共的目的のために活用するにはどうすればいいのか、将来の科学技術の在り方はどうあるべきか等について考える能力を備えた市民の育成」は喫緊の課題である。ここに言う、科学技術についての「新たな社会的リテラシー」とは、単なる科学的知識のことではなく、むしろ「科学技術の社会における役割、科学技術の専門家の社会的責任、倫理的課題、科学技術と政治・経済とのかかわり等についての、人文・社会科学的な視点からのアプローチを含む教育」のことなのであり、上述の「社会リテラシー」と重なる。日本の大学教育に決定的に欠落していたのは、このような観点からの取り組みであり、大学の社会的責任は重い。

近年多くの大学及び大学院教育において、教養教育の見直しと再評価が始まっているが、依然として、教養教育は初学者の見聞を広げるという視点から入学当初の時期に配置されることが多い。しかし今問題になっているのは、一定の専門性を身につけた人間の「社会リテラシー」を涵養するための教育（＝「21世紀の教養教育」）で

ある。大学は、学部後期や大学院における
このような教養教育を充実させることを、
教育の使命と考えるべきである。

6 日本学術会議の役割

日本学術会議は、科学と政府、科学と社
会との関わりにおいて、重要な役割を果た
すべき科学者集団として法的に位置づけら
れている[*31]。このような科学者の団体
として、日本学術会議は原子力発電が日本
に導入される当初から、どのような条件の
下であれば、科学者が「原子力の平和利
用」に適切な関わり方ができるかという問
題を掲げ、あるべき条件を整える道を探っ
てきた。しかし、政府はこうした試みに耳
を傾けることはなく、この問題に対する日
本学術会議の検討が熟す以前に原子力発電
を導入する決定がなされた[*32]。この時
から、「原子力の平和利用」において日本
学術会議の科学者たちがどのように社会的
責任を果たすのかが、大きな課題であり続
けている。

だが、これは「原子力の平和利用」に限
定された問題ではない。これまで見てきた
ように、科学と政治、科学と経済、科学と
市民社会は相互に密接な関わりをもってい
るが、それらの関係を適切なものとするた
めに、日本学術会議が大きな役割を担うべ
きであることが繰り返し確認されている[*
33]。また、より適切な関係に近づけていく
ためにつねに努力がなされなくてはならな
いことを、日本学術会議はいつも意識して
きた。日本学術会議元会長の吉川弘之氏の
『科学者の新しい役割』という著作は、そ
のことを示すよい例だろう[*34]。しかし、

それが実際の日本学術会議の活動に具体化
されてきたかどうかは別問題である。

2011年3月11日の東日本大震災に
伴って生じた福島第一原子力発電所の事故
を踏まえ、政府や電力会社・原子炉メー
カーやそこに関わる科学者・専門家に対し
て、日本学術会議は時宜にかなった問いか
けをしてきただろうか。原発に関わりの深
い科学者・専門家が、1）原発の安全性を
高めるために必要な措置をとり、2）原発
の安全性について適切な情報を提示し、3）
原発事故が起こった後に住民の安全と福祉
を守る上で、適切な対応をとりえたかどう
か、多くの人々が強い関心を抱いている。
日本学術会議はこうした諸問題について、
同会議自身の関与を含めて、これまでのあ
り方についての歴史的な吟味を行う必要が
ある。そしてそれを踏まえて、長期的な将
来展望をも視野に入れた具体的方策を示す
ことが必要である。

ここでは、福島原発災害に関わる3つの
論題の「3）原発事故が起こった後に住
民の安全と福祉を守る上で、適切な対応を
とりえたかどうか」に限定して検討すべき
問題の所在を例示したい。

日本学術会議は、福島第一原発事故直後
の3月18日に緊急集会を開き、「この未
曾有の事態に科学者集団として何ができる
か、何をすべきか」の検討を開始した。そ
こでの討議は8項目にまとめられている
が、その第2には「緊急時の緊急課題に
対して、従来にない柔軟な体制をとること
が必要であること」、第3には「原発事故
について、総理官邸、原子力安全委員会、
原子力安全・保安院、東京電力、原子炉
メーカー、原子力研究開発機構、大学・研

究所、医療保険団体・機関などの総力をあげる体制を構築して対応すること」、第5には「科学者コミュニティーの全体が具体的な議論と行動を起こすべきこと、学術会議がその結節点となること」とある。

しかし、このまとめにそった活動が日本学術会議で行われてきたかどうかをあらためて問い直す必要がある。福島原発事故後、2011年9月までの日本学術会議の活動を総括した当時の会長の広渡清吾は、これを踏まえつつ日本学術会議の2つの役割、「政府に対してどのように学術の立場から助言・提言を行うべきか」と「科学者は、困難な中にある市民に対してどのように助言・提言をおこなうのか」を十分に果たしてきたのか、という問題意識[*35]の下にその間の活動を振り返っているが、日本学術会議はこの問いへの具体的な答えをいまだに示してはいない。

放射線の健康影響をめぐる問題への対処はそのよい例である。上述のように、3.11以後、とくに放射能をめぐっては、科学者が行政と一体となって一方的に情報を伝えてきたこと、また、科学者の意見が割れたままで混乱が続いたことで、科学者は信頼を失ってきた。日本学術会議は9月22日の幹事会声明「東日本大震災からの復興と日本学術会議の責務」において、政府に対しては、「一つの声（複数の選択肢の提示も含めて）」を提示すること、市民との関係では、市民との「コミュニケーションの中で解決を共に模索する」ことが必要だと述べている。政府に対しては「ユニークボイス」の提示こそが科学者集団の役割であることが強調されているが、放射性物質の被害からの防護問題が、科学者と市民の関係に大きな困難と新しい課題を産みだしたことに対する理解は、いまだ十分になされているとはいえない。

放射線の健康リスクのように、多様な評価があり、多様な立場の科学者によって意見が異なる場合に「ユニークボイス」を求めるのは適切だろうか。科学者の間で多様な判断があるにもかかわらず、この問題について日本学術会議内で、立場や専門領域の異なる学者を交えた討議の場が設けられることはなかった。にもかかわらず「ユニークボイス」を提示しうるという考えが固守されたとすれば、それは大きな問題であった。放射線の健康影響の問題について、事故後の数か月の間に十分な討議がなされなかったこと、それに日本学術会議がほとんど貢献できなかったことは忘れてはならない。

ことは放射線の健康リスクの問題にとどまらない。3.11以後、数多くの福島関連の分科会が開催されている。しかし、それらが取り上げられるべき問題を適切に取り上げ、それに関わるにふさわしい委員によって構成されていたかどうかについては、時をおいてじっくり検討し直してみる必要がある。多くの分科会のそれぞれが個別に問題を検討してきたために、閉ざされた専門家集団の関心が優勢になり、特定分野の限定された見方や関心を色濃く反映している場合がなかったか。専門分野を越えて合同会議を開く等、相互関連の仕組みが十分に機能していたか、吟味しつつ今後の改善を図ることが望ましい。

全体像の提示がなく、多様性が確保されないまま、閉ざされた専門家集団での議論がなされた場合には、その分野の伝統的な

文法や思考方法にからめ取られることで、新たな問題の解決をこれまでの論理で行うことになる。それは、ある意味での思考停止状態を生んでしまう。そこに補助金等の研究資金が絡んだとき、問題はより深刻化する。日本学術会議はこのような状況からの脱却の道筋を示す必要がある。

3.11 以降、とくに科学に求められているのは、前出の日本学術会議幹事会声明「東日本大震災からの復興と日本学術会議の責務」(2011 年 9 月 22 日) が指摘するような「社会のための科学」という視点である。この声明では、「社会と政府への助言・提言活動」と並んで、「市民に対する説明の活動」が重要だが、3.11 以後の半年の活動を通して、後者において「科学者が明確な科学的知識を市民に伝達することだけではその役割が果たせないということ」が明らかになったと述べている。

そして、こう続けている。「現代社会において、科学にとって問われるが答えられない問題の存在は、すでに多く指摘されているところです。社会のための科学 (science for society) のコンセプトは、科学者が証明された知を社会に提供することでよしとするのではなく、社会の中で科学者ができるかぎりの科学的知識を提供しながら、市民と問題を共有し、そのコミュニケーションの中で解決を共に模索するというあり方を要求するものであると考えます」。この叙述の背後には、実際には、当事者不在の科学が相変わらず行われていたのではないかとの反省がある。この反省に立って今必要なことは、科学的な見地から、どのように社会と対話しながら、公共性をもった情報提供や提言を行っていくか

という方法論を構築することである。

そのためには、何よりも諸分野の科学者が集い相互に交流し合う場である日本学術会議が、本来の役割にそって異なる分野の科学者同士の対話をさらに促進していく必要がある。分野により科学者のよってたつ学問的基盤が異なるが、社会の側は必ずしも分野ごとの文脈の知識を前提にしていないので、同じ事象に対して専門家によって異なる評価をうまく理解できない結果を招く。それを避けるために、日本学術会議では、3 つの部から委員を選出する課題別委員会方式を採用している。このような方式が、広範囲のテーマに関して採用されることが、日本学術会議の機能強化につながるだけではなく、社会との関係の強化にもつながる。

科学者同士が十分に対話できることは、科学者と市民とのコミュニケーションの活性化にも寄与するにちがいない。科学的な情報を含む問題について、十分な情報の開示の下で開かれた討議がなされることは、市民が受け入れ、信頼をもつことができる政治的意思決定の基礎となるだろう。日本学術会議はこうした討議やコミュニケーションの促進に寄与することができるはずであり、そのための具体的な方策を明らかにしていく必要がある。

7 科学と社会のよりよい関係に向けての具体的な方策

(1) 政府に対する「科学的助言」のあり方とその限界

具体的な方策を提言する前に、従来のアプローチとの関係について一言記しておき

たい。科学と社会との関係については、従来、「科学的助言」のあり方という側面からの検討がなされてきた。この側面については、科学者がどのような役割を社会において果たすべきかを明確にした①「政策形成における科学と政府の役割及び責任に係る原則の確立に向けて」（（独）科学技術振興機構研究開発センター（JST-CRDS）、2012年3月）や②「科学者の行動規範——改訂版」（日本学術会議、2013年1月）に基本的な論点が示されている。本提言はそこで述べられている主要な論点を踏まえながら、さらに下記のように発展させるものである。

①「政策形成における科学と政府の役割及び責任に係る原則の確立に向けて」には、「政府が科学的知見に基づいて政策形成を行う際には、その健全性を確保することが重要な課題となる。仮に、政府に対して科学的助言を行う科学者（技術者・医師等を含む）の独立性が損なわれたり、科学的知見の政策形成への適用に際して公正性・透明性が損なわれたりすることがあれば、誤った政策決定が導かれるだけでなく、科学に対する社会的信頼が損なわれ、政策形成の正当性が根本から揺らいでしまいかねない。科学的知見に基づく政策形成は、その健全性の確保なくしては成り立ち得ない」とある。

確かに政府との関係を中心においた「科学の役割及び責任」はたいへん重要だが、それに加えて市民社会との関わりに視点をおいた「科学の役割及び責任」の主題化が必要である。

また、②「科学者の行動規範——改訂版」には、「科学と科学研究は社会と共に、そして社会のためにある。したがって、科学の自由と科学者の主体的な判断に基づく研究活動は、社会からの信頼と負託を前提として、初めて社会的認知を得る」と、また「このような知的活動を担う科学者は、学問の自由の下に、特定の権威や組織の利害から独立して自らの専門的な判断により真理を探究するという権利を享受すると共に、専門家として社会の負託に応える重大な責務を有する」と述べられている。特定科学者集団が集団としてある種の政策に利害関係をもって関与し、そうした科学者集団に属する個々の科学者が、科学者個人としての自由と責任を見失ってしまうようなことがあってはならない。

同文書には、さらに「社会との対話」という項があり、「科学者は、社会と科学者コミュニティとのよりよい相互理解のために、市民との対話と交流に積極的に参加する。また、社会のさまざまな課題の解決と福祉の実現を図るために、政策立案・決定者に対して政策形成に有効な科学的助言の提供に努める。その際、科学者の合意に基づく助言を目指し、意見の相違が存在するときはこれを解り易く説明する」とある。

この論点は妥当であるが、「トランス・サイエンス」の領域が強く意識されざるをえない現状においては、科学者の多様な意見がある場合には、少数意見ではあってもそれが重要な意義をもつ場合にはくみあげられるような仕組みを考えるべきである[* 36]。また、一段と積極的に市民社会とのコミュニケーションを図り、社会の中の科学という自覚を強め、その意味での「科学の役割及び責任」に意識的に取り組み、「責任あるイノベーション」に貢献することが

望ましい。

(2) 社会の中の科学の自覚から求められる具体的な方策―提言

社会の中の科学の自覚を確立していくための具体的な方策を、3つの側面からの提言として示す。まず科学者集団、すなわち私たち自身に、反省と自戒を踏まえて新たな姿勢で社会に相対すべきことを求める（下記①、②）。続いて、それを具体化していくために日本学術会議が取り組むべきことがらを提示する（下記③、④、⑤）。そして、最後に、政府と社会に向けて科学と社会の関わりのあり方の改善に向けた方策をとることを求める（下記⑥、⑦、⑧）。

① 科学は社会の中で生きる人間の行為としてあり、社会関係や人間の生き方の総体に大きな影響を及ぼす。科学者集団はそのことをよく自覚し、科学の成果についての社会的なコミュニケーションを促進すべきである。

② 科学者集団は追求している学術的成果がどのような政治的経済的利害関係に関わっているのかについて、つねに自ら反省をふまえて振り返るとともに、進んで他の分野や異なる立場の科学者集団や市民からの批判的検討を歓迎し、開かれた討議の場を設けることに積極的に取り組むべきである。

③ 科学と社会とのコミュニケーションを深める上で、日本学術会議は大きな役割をもつ。政府・行政に対する関与で一定の役割を果たすことも重要だが、それとともに市民社会との関わりに力を入れるべきである。政府への科学的助言にも市民とのコミュニケーションが反映するような仕組み

を形作るべきである。

④ 科学が深く関わる公共的な政策課題について、日本学術会議は政府に対する発信にとどまらず、科学と市民社会との開かれたコミュニケーションを深めるために、多様な分野と多様な立場の専門家が関わり、また有識者や市民等が加わる開かれた討議の場を積極的に設けるべきである。これまでの課題別委員会方式をより多くの分野に適用することも一つの方策である。

⑤ 日本学術会議は科学と社会との関わりのあり方をめぐる諸問題につき、世界各国の制度や討議の状況についてつねに情報把握・情報交換に努めるとともに、第二次世界大戦後、現在に至るまでの日本の科学者集団の対応がどのようなものであったか歴史的に検討し、今後の対応に資するよう持続的に取り組む体制を構築すべきである。

⑥ 日本学術会議は現代社会における市民性の涵養を目的とした 21 世紀の教養教育という観点から、文系と理系の分断を超えた科学技術についての「新たな社会的リテラシー」の検討を行い、政府はその検討を踏まえ、大学教育とりわけ学部後期及び大学院においてそれを実施していくべきである。

⑦ 科学者集団が社会に影響を及ぼすような事柄に関わり公共政策的な事柄への提言を行う際、その基礎となる科学的知見については、閉ざされた専門家集団の内だけで見解をまとめるのではなく、関連する諸学術分野の専門家や有識者・市民等も加わり、開かれた討議が行われる場を形作ることが望ましく、政府もその方向で施策を進めるべきである。

⑧　以上の提言を具体化し、科学者集団が社会とのよりよい関係を形作り発展させていくために、政府は予算措置に裏付けられた施策をとるべきである。とりわけ、日本学術会議がこの問題への持続的な取り組みを行うために、自律的な調査研究機能を強化していける態勢を支えるべきである。

【注】
＊1　東京電力福島原子力発電所における事故調査・検証委員会『政府事故調中間・最終報告書』メディアランド株式会社、2012 年 7 月、東京電力福島原子力発電所事故調査委員会『国会事故調報告書』徳間書店、2012 年 9 月、福島原発事故独立検証委員会『福島原発事故独立検証委員会調査・検証報告書』ディスカヴァー・トゥエンティワン、2012 年 3 月、東京電力株式会社『福島原子力事故調査報告書』2012 年 6 月、（http://www.tepco.co.jp/cc/press/2012/1205628_1834.html）、日本原子力学会『福島第一原子力発電所事故　その全貌と明日に向けた提言：学会事故調最終報告書』丸善出版、2014 年 3 月

＊2　東京電力福島第一原子力発電所の事故を踏まえて、原子力の利用をめぐる科学者と政府、科学者と事業者の関わりについて、世界各国と比較しつつ日本の歴史を振り返るのは容易な作業ではない。たとえば、放射能の健康影響というような限られた範囲の事柄についても、その全過程を捉え返し妥当性を吟味するには多くの時間を要する。たとえば、中川保雄『〈増補〉放射線被曝の歴史』（明石書店、2011 年）はこの領域でのたいへん有益な論考であるが、主にアメリカ合衆国と国際組織の第二次世界大戦後から 1990 年頃までの事態を明らかにしたものであり、日本の状況についての、それに対応するような立ち入った研究はなされていない。

＊3　2011 年 3 月 11 日以後に、日本学術会議から出された提言の中にも、本提言の主題と関係が深い内容を扱ったものがある。以下に列挙する。「社会のための学術としての「知の統合」―その具現に向けて―」（社会のための学術としての「知の統合」推進委員会、2011 年 8 月 19 日）、「放射能対策の新たな一歩を踏み出すために―事実の科学的探索に基づく行動を―」（東日本大震災復興支援委員会放射能対策分科会、2012 年 4 月 9 日）、「東日本大震災に係る学術調査―課題と今後について―」（東日本大震災に係る学術調査検討委員会、2013 年 3 月 28 日）、「原発災害からの回復と復興のために必要な課題と取り組み態勢についての提言」（社会学委員会東日本大震災の被害構造と日本社会の再建の道を探る分科会、2013 年 6 月 27 日）。なお、科学者からの自律的な科学情報発信の在り方検討委員会からも提言が準備されている。

＊4　文部科学省『科学技術白書〈平成 24 年版〉強くたくましい社会の構築に向けて―東日本大震災の教訓を踏まえて』日経印刷、2012 年 6 月

＊5　日野行介『福島原発事故　県民健康管理調査の闇』岩波新書、2013 年 4 月

＊6　2011 年 3 月 18 日、日本気象学会理事長名で会員に次のような文書が送られたが、適切な情報を得られなかった人々にとって理解しにくいものだった。「今回の未曾有の原子力災害に関しては、政府の災害対策本部の指揮・命令のもと、国を挙げてその対策に当たっているところであり、当学会の気象学・大気科学の関係者が不確実性を伴う情報を提供、あるいは不用意に一般に伝わりかねない手段で交換することは、徒に国の防災対策に関する情報等を混乱させることになりかねません。放射線の影響予測については、国の原子力防災対策の中で、文部科学省等が信頼できる予測システムを整備しており、その予測に基づいて適切な防災情報が提供されることになっています。防災対策の基本は、信頼できる単一の情報を提供し、その情報に基づいて行動することです。会員の皆様はこの点を念頭において適切に対応されるようにお願いしたいと思います」。政府側の情報発信が遅れたために被曝が増えてしまった被災者がいることが知られているが、科学者が情報発信を控えるようにとの日本気象学会の指示がなけれ

ば、科学者が政府側の情報発信を促して早めることもありえたであろう。また、汚染水問題については、阿部博之氏（元東北大学総長、元総合科学技術会議議員）がこう述べている。「原発をめぐってはいわゆる「安全神話」があり、さらなる安全策や訓練はその否定につながるからと避けられてきました。科学者がそれを事実上容認あるいは甘受してきた面もあり、責任は非常に大きいと思います。……原発の炉心溶融に続いて汚染水問題を起こしたことで、日本の技術をめぐるシステムの機能不全が露呈されました。真の反省に立って、再構築していかなければなりません」。（『朝日新聞』「耕論止まらない汚染水」2013 年 9 月 27 日）。

* 7　『国会事故調報告書』4.4.2「防護策として機能しなかった安定ヨウ素剤」「【ヨウ素剤配布】備蓄生かされず情報伝達が不十分　市町村は対応に混乱」、【ヨウ素剤配布】国指示前に避難拡大いわき、三春独自決断『福島民報』2012 年 3 月 5 日

* 8　『朝日新聞』「プロメテウスの罠　医師、前線へ」の「21 まさかの広範囲汚染」（2013 年 11 月 8 日）、「22 聞く度に話変わった」（11 月 9 日）

* 9　「資料：チェルノブイリ甲状腺がんの歴史と教訓」『科学』2013 年 12 月号

* 10　「＜甲状腺内部被ばく＞国が安全委の追加検査要請拒否」『毎日新聞』2012 年 2 月 21 日、「特集　神話の果てに——東北から問う原子力」「第 2 部　迷走怠慢／ヨウ素被ばくを看過」『河北新報』2012 年 4 月 21 日

* 11　200mSv あるいは 100mSv 以下の低線量でも健康影響があり、それはその放射線量に比例して小さくなるとする仮説で、ICRP 等の放射線防護に関わる国際的な機関で妥当であるとして合意されている。

* 12　佐渡敏彦・福島昭治・甲斐倫明編『放射線および環境化学物質による発がん——本当に微量でも危険なのか？』医療科学社、2005 年、5 ページ。

* 13　島薗進『つくられた放射線「安全」論』河出書房新社、2013 年、第 2 章。

* 14　『東京新聞』2013 年 7 月 25 日、『朝日新聞』2013 年 9 月 3 日

* 15　原子力安全委員会や放射線審議会がその例である。

* 16　たとえば、放射線健康影響の分野では、原爆の被害の実態をめぐる評価の対立が続いてきたが、両者が争う場所はほぼ裁判の場に限られていた。原爆症認定集団訴訟・記録集刊行委員会編『原爆症認定集団訴訟　たたかいの記録　明らかにされたヒバクの実相　第 2 巻　資料集』日本評論社、2011 年

* 17　前者の例に、2011 年 3 〜 4 月の原子力安全委員会、後者の例に、同年 4 〜 9 月の日本学術会議放射線の健康影響と防護分科会がある。「放射線の健康影響と防護分科会」は日本学術会議が重要な課題に応ずるために、福島第一原発事故の数週間後の 4 月初めに設置されたにもかかわらず、6 月後半まで会合は開かれず、委員長も選出されなかった。そして審議は 3 回行われただけであり、審議に基づく報告はなされなかったが、健康影響は懸念しなくてよいというメッセージを発信する緊急講演会「放射線を正しく恐れる」（2011 年 7 月 1 日）が開催された。（島薗進「閉ざされた科学者集団は道を踏み誤る——放射線健康影響の専門家は原発事故後に何をしたのか」（『日本の科学者』Vol.49,No.3、2014 年 3 月）、調麻佐志「奪われる『リアリティ』——低線量被曝をめぐる科学、『科学』の使われ方」中村征樹編『ポスト 3. 22 の科学と政治』ナカニシヤ出版、2013 年）。

* 18　提言「放射能対策の新たな一歩を踏み出すために——事実の科学的探索に基づく行動を」日本学術会議東日本大震災復興支援委員会放射能対策分科会、2012 年 4 月
http://www.scj.go.jp/ja/info/kohyo/pdf/kohyo-22-t-shien4.pdf

* 19　『福島原発事故独立検証委員会　調査・検証報告書』（前掲）、第 9 章

* 20　長瀧重信氏「放射線の健康影響を巡る「科学者の社会的責任」」（首相官邸ホームページ「原子力災害専門家グループからのコメント」第 14 回、2011 年 8 月 23 日）では、以下のように述べられている。「この分野に関しては、いろいろな内容の研究成果が膨大に存在しています。……各々の科学者による「科学的に正しい」主張が林立するば

資料　提言　科学と社会のよりよい関係に向けて　*283*

かりでは、社会は混乱してしまいます。……もちろん、学問上の議論は、科学の進歩のためにも大いに推奨されるべきです。しかしこのように《社会》に影響が直接に伝わる状況下では、《科学》的な結論が出るまでの議論は、まず責任をもって科学者の間で行うべきです。その上で、社会に対して発せられる科学者からの提言は、一致したものでなければならない」。しかし、実際には事故後、異なる立場の「科学者の間」での討議もほとんど行われなかった（注 16 参照）。

＊21 小林傳司『トランス・サイエンスの時代──科学技術と社会をつなぐ』NTT 出版、2007 年。池内了『科学の限界』（筑摩書房、2012 年）では、「トランス・サイエンスの問題群」を 4 つに分けている。1）複雑系の科学に関わる問題、2）確立・統計現象に関わる問題、3）個々の利益と長期的な共同の利益を考え合わせ、いかに持続可能性を得るかの問題、4）それによって利益があることは予想されるが、始めから本体的に反倫理性が予想される問題、の 4 つである。原子力発電や放射線の健康影響に関わる「トランス・サイエンス」は 4 つのいずれにも関わるが、とくに 3）、4）に関わるものである。

＊22 たとえば、北村正晴「原子力安全理論の再構築とレジリエンスベースの安全学」『日本原子力学会誌』第 54 巻 11 号、2012 年 11 月

＊23 佐藤靖・有本建男「科学的助言をめぐる諸問題へのアプローチ」『科学』84(2)「特集：科学的助言：科学と行政のあいだ」、岩波書店、2014 年 2 月

＊24 たとえば、吉川肇子「危機的状況におけるリスク・コミュニケーション」『医学のあゆみ』239(10)「特集：原発事故の健康リスクとリスク・コミュニケーション」、2011 年12 月

＊25 日本学術会議哲学委員会哲学の展望分科会「哲学分野の展望──共に生きる価値を照らす哲学へ」2010 年 4 月、http://www.scj.go.jp/ja/info/kohyo/pdf/kohyo-21-h-1-2.pdf。また、日本学術会議日本の展望委員会人文・社会科学作業分科会「日本の展望─人文社会科学からの提言」2010 年 4 月、http://www.scj.go.jp/ja/info/kohyo/pdf/kohyo-21-tsoukai-1.pdf。なお、軍事組織における文民統制を意味する用語を用いるよりも、「シビック・コントロール」という用語の方が適切だという意見もある。

＊26 平川秀幸「科学的助言のパラダイム・シフト──責任あるイノベーション、ポスト・ノーマルサイエンス、エコシステム」『科学』84(2)「特集：科学的助言：科学と行政のあいだ」、岩波書店、2014 年 2 月

＊27 小林傳司『誰が科学技術について考えるのか──コンセンサス会議という実験』名古屋大学出版会、2004 年

＊28 討論型世論調査（deliberative poll:DP）とは、通常の世論調査とは異なり、1 回限りの表面的な意見を調べる世論調査だけではなく、討論のための資料や専門家から十分な情報提供を受け、小グループと全体会議でじっくりと討論した後に、再度、調査を行って意見や態度の変化を見るという手法の調査で、1990 年代以降、世界各国で試みられている。日本では将来の原子力発電への依存度をめぐって、2012 年 8 月に行われたものがよく知られている。

＊29 http://www.mext.go.jp/component/b_menu/shingi/toushin/__icsFiles/afieldfile/2013/03/15/1331441_01.pdf

＊30 http://www.scj.go.jp/ja/info/kohyo/pdf/kohyo-21-k100-1.pdf14

＊31 日本学術会議法第 2 条には「わが国の科学者の内外に対する代表機関であり、科学の向上発達を図り、行政、産業及び国民生活に科学を反映浸透させることを目的とする」とある。

＊32 坂田昌一『原子力をめぐる科学者の社会的責任』岩波書店、2011 年、吉岡斉『新版原子力の社会史』朝日新聞出版、2011 年

＊33 たとえば、日本学術会議『日本学術会議憲章』2008 年 4 月 8 日、日本学術会議『日本の展望──学術からの提言 2010』2010 年 4 月 5 日

＊34 吉川弘之『科学者の新しい役割』（岩波書店、2002 年）
＊35 広渡清吾『学者にできることは何か——日本学術会議の取り組みを通じて』岩波書店、2012 年、151,152 ページ
＊36 この点については、日本学術会議第 22 期「科学者からの自律的な科学情報の発信の在り方検討委員会」による「提言」も同様の考え方に基づいている。

■参考文献
[1] 池内了『科学の限界』筑摩書房、2012 年
[2] 井田真人「資料：チェルノブイリ甲状腺がんの歴史と教訓」『科学』2013 年 12 月号
[3] 科学技術・学術審議会「東日本大震災を踏まえた今後の科学技術・学術政策の在り方について（建議）」2013 年 1 月
http://www.mext.go.jp/component/b_menu/shingi/toushin/__icsFiles/afieldfile/2013/03/15/1331441_01.pdf
[4] 北村正晴「原子力安全理論の再構築とレジリエンスベースの安全学」『日本原子力学会誌』第 54 巻 11 号、2012 年 11 月
[5] 原爆症認定集団訴訟・記録集刊行委員会編『原爆症認定集団訴訟 たたかいの記録明らかにされたヒバクの実相 第 2 巻 資料集』日本評論社、2011 年
[6] 小林傳司『誰が科学技術について考えるのか——コンセンサス会議という実験』名古屋大学出版会、2004 年
[7] 同『トランス・サイエンスの時代——科学技術と社会をつなぐ』NTT 出版、2007 年
[8] 坂田昌一『原子力をめぐる科学者の社会的責任』岩波書店、2011 年、吉岡斉『新版原子力の社会史』朝日新聞出版、2011 年
[9] 佐渡敏彦・福島昭治・甲斐倫明編『放射線および環境化学物質による発がん——本当に微量でも危険なのか？』医療科学社、2005 年
[10] 佐藤靖・有本建男「科学的助言をめぐる諸問題へのアプローチ」『科学』84(2)「特集：科学的助言：科学と行政のあいだ」、岩波書店、2014 年 2 月
[11] 島薗進『つくられた放射線「安全」論』河出書房新社、2013 年
[12] 同「閉ざされた科学者集団は道を踏み誤る——放射線健康影響の専門家は原発事故後に何をしたのか」『日本の科学者』Vol.49,No.3、2014 年 3 月
[13] 調麻佐志「奪われる『リアリティ』——線量被曝をめぐる科学、『科学』の使われ方」中村征樹編『ポスト 3. 11 の科学と政治』ナカニシヤ出版、2013 年
[14] 低線量被ばくリスク管理に関するワーキンググループ「低線量被ばくリスク管理に関するワーキンググループ報告書」内閣官房、2011 年 12 月
[15] 東京電力福島原子力発電所における事故調査・検証委員会『政府事故調 中間・最終報告書』メディアランド株式会社、2012 年 7 月
[16] 東京電力福島原子力発電所事故調査委員会『国会事故調 報告書』徳間書店、2012 年 9 月
[17] 東京電力株式会社『福島原子力事故調査報告書』2012 年 6 月
http://www.tepco.co.jp/cc/press/2012/1205628_1834.html
[18] 独立行政法人科学技術振興機構研究開発センター（JST-CRDS）「政策形成における科学と政府の役割及び責任に係る原則の確立に向けて」2012 年 3 月
http://www.jst.go.jp/crds/pdf/2011/SP/CRDS-FY2011-SP-09.pdf21
[19] 中川保雄『〈増補〉放射線被曝の歴史』明石書店、2011 年
[20] 長瀧重信「放射線の健康影響を巡る「科学者の社会的責任」首相官邸ホームページ「原子力災害専門家グループからのコメント」第 14 回、2011 年 8 月 23 日
http://www.kantei.go.jp/saigai/senmonka.html
[21] 日本学術会議「大学教育の分野別質保証の在り方について」（回答）2010 年 7 月
http://www.scj.go.jp/ja/info/kohyo/pdf/kohyo-21-k100-1.pdf
[22] 同『日本学術会議憲章』2008 年 4 月

http://www.scj.go.jp/ja/scj/charter.pdf

[23] 同『日本の展望——学術からの提言 2010』2010 年 4 月
http://www.scj.go.jp/ja/info/kohyo/pdf/kohyo-21-tsoukai.pdf

[24] 同「科学者の行動規範——改訂版」2013 年 1 月
http://www.scj.go.jp/ja/info/kohyo/pdf/kohyo-22-s168-1.pdf

[25] 日本学術会議社会学委員会東日本大震災の被害構造と日本社会の再建の道を探る分科会「原発災害からの回復と復興のために必要な課題と取り組み態勢についての提言」（2013 年 6 月 27 日）

[26] 日本学術会議社会のための学術としての「知の統合」推進委員会「社会のための学術としての「知の統合」——その具現に向けて」（2011 年 8 月 19 日）

[27] 日本学術会議哲学委員会哲学の展望分科会「哲学分野の展望——共に生きる価値を照らす哲学へ」2010 年 4 月
http://www.scj.go.jp/ja/info/kohyo/pdf/kohyo-21-h-1-2.pdf

[28] 日本学術会議日本の展望委員会人文・社会科学作業分科会「日本の展望——人文社会科学からの提言」2010 年 10 月
http://www.scj.go.jp/ja/info/kohyo/pdf/kohyo-21-tsoukai-1.pdf

[29] 日本学術会議東日本大震災復興支援委員会放射能対策分科会「放射能対策の新たな一歩を踏み出すために——事実の科学的探索に基づく行動を」（2012 年 4 月 9 日）

[30] 日本学術会議東日本大震災に係る学術調査検討委員会「東日本大震災に係る学術調査——課題と今後について」（2013 年 3 月 28 日）

[31] 日本原子力学会『福島第一原子力発電所事故その全貌と明日に向けた提言：学会事故調最終報告書』丸善出版、2014 年 3 月

[32] 日野行介『福島原発事故　県民健康管理調査の闇』岩波新書、2013 年

[33] 平川秀幸「科学的助言のパラダイム・シフト——責任あるイノベーション、ポスト・ノーマルサイエンス、エコシステム」『科学』84(2)「特集：科学的助言：科学と行政のあいだ」、岩波書店、2014 年 2 月

[34] 広渡清吾『学者にできることは何か——日本学術会議の取り組みを通じて』岩波書店、2012 年

[35] 福島原発事故独立検証委員会『福島原発事故独立検証委員会　調査・検証報告書』ディスカヴァー・トゥエンティワン、2012 年 3 月

[36] 文部科学省『科学技術白書〈平成 24 年版〉強くたくましい社会の構築に向けて——東日本大震災の教訓を踏まえて』日経印刷、2012 年 6 月

[37] 吉川肇子「危機的状況におけるリスク・コミュニケーション」『医学のあゆみ』239(10)「特集：原発事故の健康リスクとリスク・コミュニケーション」、2011 年 12 月

[38] 吉川弘之『科学者の新しい役割』岩波書店、2002 年

[39] 吉岡斉『新版　原子力の社会史』朝日新聞出版、2011 年
http://webarchive.nationalarchives.gov.uk/20060715141954/bseinquiry.gov.uk/

〈参考資料1〉審議経過

◆平成 23 年
・11 月 16 日　日本学術会議幹事会（第 140 回）
福島原発災害後の科学と社会のあり方を問う分科会設置

◆平成 24 年
・3 月 2 日　福島原発災害後の科学と社会のあり方を問う分科会（第 1 回）
(1) 役員の決定、(2) 今後の分科会の進め方について
・5 月 3 日　福島原発災害後の科学と社会のあり方を問う分科会（第 2 回）
吉川弘之「日本学術会議の役割」
・7 月 15 日　福島原発災害後の科学と社会のあり方を問う分科会（第 3 回）
吉川泰弘「専門家の科学評価とリスク評価、リスク管理、コミュニケーション」
広渡清吾「Scientific Integrity をめぐって──科学者コミュニティ・市民社会・政府の関係」
・9 月 24 日　福島原発災害後の科学と社会のあり方を問う分科会（第 4 回）
藤垣裕子「『科学者の社会的責任論』と科学的諮問をめぐる国際比較から考えるユニークボイス」
舩橋晴俊「『科学的検討の場』の自律性の成立条件──水俣病と原子力政策の事例から」
・11 月 21 日　福島原発災害後の科学と社会のあり方を問う分科会（第 5 回）
小林傳司「3.11 をめぐる public consultation の課題」

島薗進「放射能の健康影響問題の射程、及び報告書の構成に向けて」

◆平成 25 年
・1 月 12 日　福島原発災害後の科学と社会のあり方を問う分科会（第 6 回）
(1) シンポジウムについて、(2) 今後の進め方について
・4 月 4 日　福島原発災害後の科学と社会のあり方を問う分科会（第 7 回）
吉岡斉「福岡原発事故におけるクライシス・コミュニケーションの失敗の諸相」
起草委員会の立ち上げについて
・7 月 13 日　福島原発災害後の科学と社会のあり方を問う分科会（第 8 回）
(1) シンポジウムと現地視察について、(2) 提言と報告書の作成に向けて
・11 月 25 日　福島原発災害後の科学と社会のあり方を問う分科会（第 9 回）
山川充夫「東日本大震災を契機とする震災復興学」「提言」文案の検討

◆平成 26 年
・2 月 10 日　福島原発災害後の科学と社会のあり方を問う分科会（第 10 回）
「提言」文案の検討
・3 月 27 日　福島原発災害後の科学と社会のあり方を問う分科会（第 11 回）
「科学者からの自律的な科学情報の発信の在り方検討委員会」について、「提言」文案の検討
・6 月 4 日　福島原発災害後の科学と社会のあり方を問う分科会（第 12 回）
今田正俊氏「科学者からの自律的な科学情報の発信の在り方検討委員会」に

資料　提言　科学と社会のよりよい関係に向けて　287

ついて、「提言」文案の修正について

・6月27日　日本学術会議幹事会（第195回）
　福島原発災害後の科学と社会のあり方を問う分科会（提言）「科学と社会のよりよい関係に向けて――福島原発災害後の信頼喪失を踏まえて」について承認

・起草委員会は島薗進（委員長）、鬼頭秀一、後藤弘子、杉田敦の4人で構成され、7回開催された。

〈参考資料2〉公開シンポジウム

(1) 平成25年1月12日　13:00～18:00　於日本学術会議講堂
公開シンポジウム「科学者はフクシマから何を学ぶのか？――科学と社会の関係の見直し」
【主催】
第一部福島原発災害後の科学と社会のあり方を問う分科会
【司会】
島薗進（日本学術会議第一部会員、東京大学大学院人文社会系研究科教授）
後藤弘子（日本学術会議第一部会員、千葉大学大学院専門法務研究科教授）
【報告】
小林傳司（日本学術会議連携会員、大阪大学コミュニケーションデザイン・センター教授）
「もっと前から学んでおくべきだったこと」
吉川泰弘（日本学術会議連携会員、千葉科学大学副学長、危機管理学部教授）
「科学と社会：BSEリスク評価から学んだ

こと」
広渡清吾（日本学術会議連携会員、専修大学法学部教授）
「科学者コミュニティーと科学者の責任」
城山英明（東京大学法学部・公共政策大学院教授）
「原子力安全規制ガバナンスの課題」
【コメント】
杉田敦（日本学術会議第一部会員、法政大学法学部教授）
鬼頭秀一（日本学術会議連携会員、東京大学大学院新領域創成科学研究科教授）

(2) 平成25年7月13日　13:00～18:00　於福島銀行地下会議室
公開シンポジウム「3.11後の科学と社会――福島から考える」
【主催】
第一部福島原発災害後の科学と社会のあり方を問う分科会
【共催】
日本学術会議第一部
【総合司会】
丸井浩（日本学術会議第一部会員、東京大学大学院人文社会系研究科教授）
挨拶　入戸野修（福島大学長）
大西隆（日本学術会議会長）

第1部「福島で何が問われているか」
【司会】
後藤弘子（日本学術会議第一部会員、千葉大学大学院専門法務研究科教授）
【報告】
島薗進（日本学術会議第一部会員、上智大学神学部教授）
丹波史紀（日本学術会議特任連携会員、福

島大学行政政策学類准教授）

【コメント】

広渡清吾（日本学術会議連携会員、専修大
学法学部教授）

第2部「福島で何ができるか」

【司会】

杉田敦（日本学術会議第一部会員、法政大
学法学部教授）

【報告】

舩橋晴俊（日本学術会議連携会員、法政大
学社会学部教授）

小山良太（日本学術会議特任連携会員、福
島大学経済経営学類准教授）

【コメント】

今井照（福島大学行政政策学類教授）

総合討論

【司会】

大沢真理（日本学術会議第一部副部長、東
京大学社会科学研究所教授）

【討論者】

大西隆

小林良彰（日本学術会議副会長）

鬼頭秀一（日本学術会議連携会員、東京大
学大学院新領域創成科学准教授）

舩橋晴俊

中井勝己（福島大学学長特別補佐、うつく
しまふくしま未来支援センター長）

【閉会の辞】

佐藤学（日本学術会議第一部部長、学習院
大学文学部教授）

（山川充夫他「特集2：3. 11後の科学と
社会——福島から考える」『学術の動向』
第19巻第6号、2014年6月、に諸報告
の内容が掲載されている）

あとがき

　東電福島第一原発事故による原発災害は 2011 年 3 月に発生し、およそ 5 年後の今もなお継続し、膨大な被害をもたらしている。そして、被害の全貌が明らかになるのはいつのことか予想することもできない。しかし、安全な生活の基盤を脅かされている住民、生活難に陥っている自主避難者、そして東電福島第一原発の収束に向けて作業に取り組んでいる人びとなどの苦難はきわめて重い。

　この福島原発災害によって科学・技術への信頼が大きく低下した。現代社会は科学・技術への信頼を前提に成り立っている局面が大きいから、この信頼喪失は現代社会の基盤を掘り崩すような危機的事態とも言えるだろう。

　こうした事態を受けて、日本学術会議の人文社会系の部門である第一部は、2012 年 3 月、「福島原発災害後の科学と社会のあり方を問う分科会」を立ち上げた。委員長が島薗進、副委員長が後藤弘子、幹事が鬼頭秀一と杉田敦である。

　この分科会は 2 年半にわたって討議を重ね、2014 年 9 月に「提言　科学と社会のよりよい関係に向けて──福島原発災害後の信頼喪失を踏まえて」を取りまとめた。委員長・副委員長・幹事の 4 人で起草委員会を構成し文案を練り、分科会でもみ、さらに日本学術会議幹事会による入念な査読を経て成ったものである。この「提言」は本書の資料に収録されており、その「はじめに」と「参考資料」に討議の経過が記されている。

　本書はこの「福島原発災害後の科学と社会のあり方を問う分科会」の討議を踏まえ、「提言　科学と社会のよりよい関係に向けて」の背景となる学術的探求を示すために編まれた論文集である。分科会の討議に積極的に関わっていただいた委員の方々にご寄稿いただくとともに、2013 年 1 月に日本学術会議講堂で開催された公開シンポジウム「科学者はフクシマから何を学ぶのか？──科学と社会の関係の見直し」の記録を収録した。

　「提言」がほぼまとまった 2014 年 8 月、分科会の討議に貢献が大きかった舩橋晴俊氏が逝去された。本書、101 ページにあるとおり、舩橋氏の突然の死は、まさに「青天の霹靂」だった。編者一同は、本書を編むにあたって何とか舩橋

氏の考え方を本書に盛り込みたいと考え、日本学術会議学術調査員として分科
会の討議の議事録の作成などで支えてくださった寿楽浩太氏に依頼し、一般読
者の目に触れにくい媒体に掲載された舩橋氏の2編の論考を選んで掲載し、「解
説にかえて」を執筆していただいた。この分野の俊英である寿楽氏には、公開
シンポジウム「科学者はフクシマから何を学ぶのか？」の原稿のまとめから解
説までをもお願いした。

　「提言」の公表から本書の刊行まで1年半が経過してしまったのは、編者の
怠慢や不手際によるもので寄稿してくださった諸氏に申し訳なく思っている。
しかし、本書が取り組んでいる知的課題は今も重い課題であり続けている。本
書の問いかけを受け、「科学と社会の関係のあり方」をめぐってさらに討議が
深まり、実際の対応策の具体化へと進むことを願っている。

2016年5月

島薗　進・後藤弘子

執筆者紹介 (50 音順)

後藤弘子 (GOTO Hiroko)

1958 年生まれ。千葉大学大学院専門法務研究科教授。専門は刑事法。著書に『法のなかの子どもたち』(岩波ブックレット)、編著書に『少年犯罪と少年法』(明石書店)、『犯罪被害者と少年法』(明石書店) など。

小林傳司 (KOBAYASHI Tadashi)

1954 年生まれ。大阪大学教授、理事・副学長。専門は、科学哲学、科学技術社会論。著書に『誰が科学技術について考えるのか』(名古屋大学出版会)、『トランスサイエンスの時代』(NTT 出版)、『公共のための科学技術』(玉川大学出版部) など。

島薗 進 (SHIMAZONO Susumu)

1948 年生まれ。上智大学教授。グリーフケア研究所所長、東京大学名誉教授。専門は、宗教学、死生学。著者に『宗教学の名著 30』(ちくま新書)、『国家神道と日本人』(岩波新書)、『つくられた放射線「安全」論』(河出書房新書社) など。

寿楽浩太 (JURAKU Kohta)

1980 年生まれ。東京電機大学未来科学部人間科学系列助教。専門は、科学技術社会学、エネルギー技術社会論。共編著に Reflections on the Fukushima Daiichi Nuclear Accident: Toward Social-Scientific Literacy and Engineering Resilience (Springer)、共著に『原発 決めるのは誰か』(岩波ブックレット) など。

杉田 敦 (SUGITA Atsushi)

1959 年生まれ。法政大学法学部教授。専門は政治理論。著書に『権力論』『境界線の政治学 増補版』(いずれも岩波現代文庫)、『両義性のポリティーク』(風行社)、『憲法と民主主義の論じ方』(共著 朝日新聞出版) など。

広渡清吾 (HIROWATARI Seigo)

1945 年生まれ。東京大学名誉教授。専門は、ドイツ法、比較法社会論。著者に『比較法社会論研究』(日本評論社)、『統一ドイツの法変動』(有信堂)、『法律からの自由と逃避──ヴァイマル共和制下の私法学』(日本評論社) など。

藤垣裕子 (FUJIGAKI Yuko)

1962 年生まれ。東京大学大学院総合文化研究科・教養学部教授。専門は、科学技術社会論、科学計量学。著書に『専門知と公共性』(東大出版会)、編著に『科学技術社

会論の技法』（東大出版会）、『科学コミュニケーション論』（東大出版会）、『Lessons from Fukushima:Japanese Case Studies on Science, Technology and Society』(Springer) など。

吉岡 斉（YOSHIOKA Hitoshi）

1953 年生まれ。九州大学大学院比較社会文化研究院教授。専門は、科学技術史、科学技術政策。著書に『新版 原子力の社会史——その日本的展開』（朝日新聞出版）、『脱原子力国家への道』（岩波書店）など。

吉川弘之（YOSHIKAWA Hiroyuki）

1933 年生まれ。東京大学教授、同総長、放送大学長、産業技術総合研究所理事長を経て、現在科学技術振興機構特別顧問。その間、日本学術会議会長、日本学術振興会会長、国際科学会議（ICSU）会長などを務める。工学博士。一般設計学、構成の一般理論を研究。著書に『科学者の新しい役割』（岩波書店）、『テクノロジーと教育のゆくえ』（岩波書店）、『ロボットと人間』（日本放送出版協会）など。

吉川泰弘（YOSHIKAWA Yasuhiro）

1946 年生まれ。千葉科学大学副学長・危機管理学部教授。専門は、危機管理学、人獣共通感染症学、食品安全科学。著書に『鳥インフルエンザはウイルスの警告だ！』（第三文明社）、『獣医さん走る』（幸書房）、『生物進化の謎と感染症』（NHK 出版）など。

科学不信の時代を問う
――福島原発災害後の科学と社会

2016 年 5 月 20 日　第 1 刷発行

編　　　者　　島薗 進＋後藤弘子＋杉田 敦
発　行　者　　上野良治
発　行　所　　合同出版株式会社
　　　　　　　東京都千代田区神田神保町 1-44
　　　　　　　郵便番号　101-0051
　　　　　　　電話　03（3294）3506
　　　　　　　FAX　03（3294）3509
　　　　　　　振替　00180-9-65422
　　　　　　　ホームページ　http://www.godo-shuppan.co.jp/
印刷・製本　　株式会社シナノ

■刊行図書リストを無料進呈いたします。
■落丁乱丁の際はお取り換えいたします。

本書を無断で複写・転訳載することは、法律で認められている場合を除き、著作権及び出版社の権利の
侵害になりますので、その場合にはあらかじめ小社宛てに許諾を求めてください。
ISBN978-4-7726-1253-1　NDC304　210 × 148
©Susumu Shimazono + Hiroko Goto + Atsushi Sugita, 2016